dumont taschenbücher

Christian Kellerer, 1909 geboren, verbrachte seine Jugend in München, wo er neben technischen Fächern vor allem Mathematik, Physik und Psychologie studierte; nach seinem Abschluß als Diplom-Ingenieur und seiner Promotion an der philosophischen Fakultät arbeitete er als beratender Ingenieur und setzte seine geisteswissenschaftlichen Studien fort. Außer der ersten Ausgabe dieses Buches in Reinbek bei Hamburg 1968 erschien von ihm »Weltmacht Kitsch« (Stuttgart 1957).

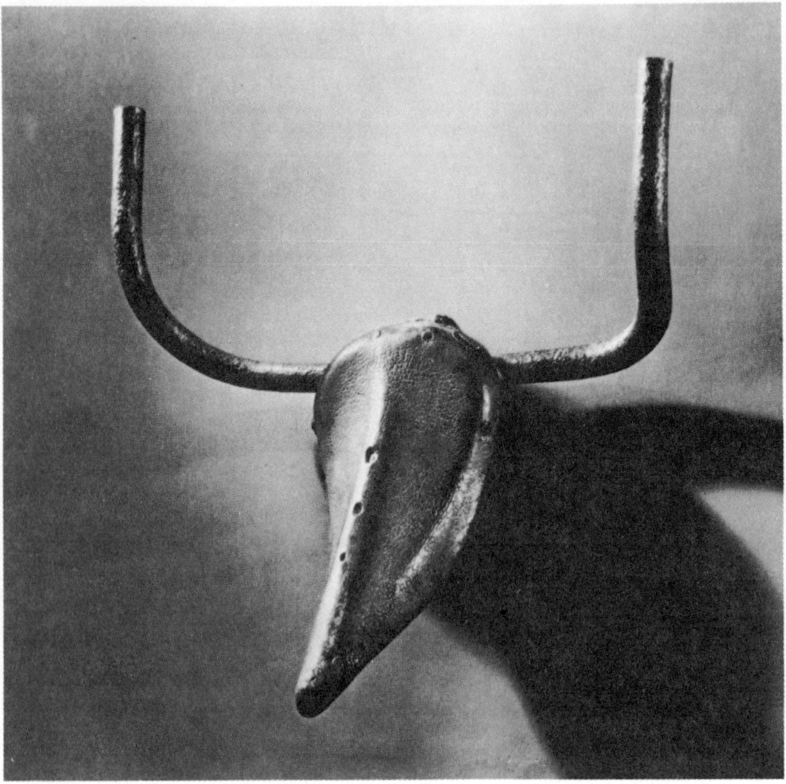

Christian Kellerer

Der Sprung ins Leere

Objet trouvé · Surrealismus · Zen

DuMont Buchverlag Köln

Für die Umschlagvorderseite wurde das Bild von Yves Tanguy »Ohne Titel«, 1930, verwendet.

Frontispiz: Pablo Picasso, Stierkopf, 1943

Umschlagrückseite: Sengai, Der Mond
»Und sehe ich den Schatten der Wirklichkeit,
geworfen in die Leere des Raumes –
wie klar wird doch
der Mond umrissen
von einer herbstlichen Nacht!«

CIP-Kurztitelaufnahme der Deutschen Bibliothek

Kellerer, Christian:
Der Sprung ins Leere: Objet trouvé · Surrealismus · Zen /
Christian Kellerer. – Köln: DuMont 1982.
(DuMont-Taschenbücher; Bd. 126)
ISBN 3–7701–1394–2
NE: GT

Überarbeitete und wesentlich erweiterte Neuausgabe des 1968 bei Rowohlt, Reinbek bei Hamburg, erschienenen Buchs »Objet trouvé · Surrealismus · Zen«
Druck und buchbinderische Verarbeitung: Boss-Druck, Kleve

Printed in Germany ISBN 3–7701–1394–2

Inhalt

Zur Einführung

Die vorliegende Untersuchung ist hervorgegangen aus einer Reihe von Vorträgen und Vortragsmanuskripten, die Christian Kellerer für Gastvorlesungen an der *Staatlichen Hochschule für bildende Künste, Berlin* verfaßt hat und von denen hier diejenigen Teile gesondert bearbeitet wurden, die sich als ein Beitrag zur Diskussion um die Bestimmung der Kunst im 20. Jahrhundert darstellen. Zum besseren Verständnis schien es ratsam, den größeren Zusammenhang, in dem diese Denkbemühungen stehen, und auch einige Voraussetzungen der Terminologie und Methode kurz zu skizzieren.

Kellerer ist, wie er selber andeutet, an das Problem der modernen Malerei weder als Maler noch als Kunstwissenschaftler noch auch als naiver Betrachter herangekommen, sondern »auf dem Umweg erkenntniskritischen Bemühens um Bewußtmachung der menschlichen Erkenntniszusammenhänge im allgemeinen. Wie für jeden im Geist der Mathematik erzogenen Naturwissenschaftler begann auch mein Weg zur individuellen Wirklichkeit bei Descartes. Dieser Ausgangspunkt bietet drei grundsätzliche Möglichkeiten: Der Weg kann sich zwischen Alltagswissenschaft und Sonntagsmetaphysik hindurchschlängeln; er kann im Sande des primitiven Materialismus verlaufen; oder aber er kann sich – drittens – auf Grund der gleichermaßen handgreiflichen Unzulänglichkeit von Metaphysik und ›primärlogischem‹ Materialismus ins Psychologische (oder wie man heute lieber sagt: Anthropologische) ausweiten. Dabei erlebt der im exakten wissenschaftlichen Denken Geschulte, je weiter er in das psychologische Gebiet eindringt, um so mehr die Grenzen einer nur logizistischen Erkenntniskritik«.

Unser abendländisches Denken, sagt Kellerer, sei den begrifflich festgefahrenen Vorstellungen des Leib-Seele-Dualismus mit viel tieferen, den ganzen sprachlichen Ausdruck durchziehenden Wurzeln verhaftet, als wir zunächst glauben. Die bisher allein geltende »Primärlogik« sei auch keineswegs das passive Ordnungsinstrument, als welches sie sich ausgibt, sondern übe gleichzeitig einen unbewußt auswählenden, also hemmenden Einfluß auf den Strom der Assoziationen, des Denkmöglichen, aus. Das zum Gedachtwerden zugelassene Material werde beschränkt, solange sich der »Primärlogik« nicht eine übergeordnete Vorstellungskategorie (»Sekundärlogik«) als Kontrollinstanz anschließe.

Gemäß den psychologischen Erfahrungen spielt sich ein unbewußter Erlebniszwiespalt von Assoziationsfluß und Primärlogik zwischen den Polen »Unterwerfung« und »Auflehnung« ab. Die Untersuchung dieser Erlebnisabläufe ist am leichtesten – außer im Traumausdruck – an manifesten Persönlichkeitsausdrücken möglich, und hier wieder am Ausdruck in seiner besonderen Selbstzweckform, nämlich in der modernen bildenden Kunst. – Dies war einer der Anstöße, die Kellerer zur Auseinandersetzung mit der modernen Malerei führten. Mit einem bestimmten – gleich darzulegenden – Begriffswerkzeug und Frageschema versucht Kellerer, an dieser Kunst die Spanne vom Somatisch-Unbewußten bis zum höchstbewußten Erlebniszustand in zusammenhängender Folge zu beschreiben.

Mit dem Begriff der »Höchstbewußtheit« ist ein zentrales Stichwort seiner Gesamtbemühung gegeben. Der Terminus meint ein »total-relativistisches« Denkerlebnis. Dem mathematischen Vorstellungsschritt von der einfachen Zahl zur wohldefinierenden, beliebig komplizierten Funktion als dem Ausdrucksmittel physikalischer Relativitätsbeziehungen könne – meint Kellerer – im psychologischen Bereich nur ein Vorstellungsschritt äquivalent sein, der von der gleichen Größenordnung ist wie der Unterschied des Denksektors »Mathematik« vom ganzheitlichen menschlichen Erlebnis. Das aber bedeutet, die primärlogischen Vorstellungsoperationen nicht nur allgemein nach ihren artgebundenen, kollektiven Sinnen- und Organgrundlagen analytisch zu erfassen, sondern darüber hinaus sich hinsichtlich ihrer jeweils einmaligen und überdies in steter Wandlung begriffenen Abhängigkeit von der Gesamtheit der Erlebnisschichten eines Individuums zu bestimmen. Eine derartige Analyse sei mit heutigen Mitteln – zumindest quantitativ – praktisch unausführbar.

»Es galt, eine Erlebnismethode zu finden, die einerseits den Assoziationsstrom entfesselt, ihn aber andererseits zu beherrschen und wenigstens nachträglich kritisch zu beobachten gestattet. Im Verlauf dieser Bemühungen stieß ich auf historische Belege für ein dahin zielendes denkerisches Bedürfnis und die Möglichkeit seiner Befriedigung, und zwar u.a. im altchinesischen Zen-Weltbild. Hierzu liegt ziemlich reiches Material vor, und dieses Material hat den Vorteil, daß es in seiner ebenso fremdartigen wie offenkundig wirkungsvollen Lebendigkeit auch den Außenstehenden nicht im Zweifel lassen kann: hier wurden grundlegende Erkenntniserlebnisse vollzogen. Die Analyse des Zen und die damit verbundenen Erfahrungen waren es, die mich schließlich wiederum an die moderne Malerei, diesmal an den Surrealismus, als in gleicher Richtung liegende musische Frühform heranführten.«

Soviel vom größeren Rahmen der Denkbemühung. Das Begriffswerkzeug und die Methoden können so, wie sie Kellerer in einem Vortrag zur *Psychologie der »vorgegenständlichen« Malerei* entwickelt hat, folgendermaßen umrissen werden:

Das Schichtenbild der Person

Das psychologische Schichtenbild der Person soll die Erlebnisvorgänge im Individuum nach dem Grad ihrer Bewußtheit kennzeichnen. Zwei Hauptschichten des Erlebens – eine »obere« der bewußten und eine »untere« der unbewußten Erlebnisvorgänge – werden weiter unterteilt gedacht: die bewußte Hauptschicht in eine oberste Teilschicht des sprachbegrifflichen Denkens und eine darunterliegende der sinnlichen Wahrnehmung. Diese letztere Teilschicht kann man im Bereich der optischen Wahrnehmungen nochmals unterteilen in eine bewußtseinshöhere des dinghaften Gestalterlebnisses und eine darunterliegende (gleichzeitig die unterste Teilschicht der gesamten Bewußtseinshauptschicht) der Wahrnehmungselemente. Ihr sind die Erlebnisse von Farben und Formen zugeordnet, die dann in der darüberliegenden Teilschicht zu Dingvorstellungen verfestigt werden können.

Die Schicht der vorgegenständlichen Gestalterlebnisse ist die eigentliche Erlebnisschicht der sogenannten ungegenständlichen (»abstrakten«) Malerei, die Kellerer deshalb *vorgegenständlich* nennt.

Die Hauptschicht des Unbewußten kann ihrerseits geteilt gedacht werden in eine obere, vergleichsweise bewußtseinsnähere Stimmungsschicht (Ebene der spontanen Zu- und Abneigungen sowie der Lust- und Unlustregungen) und eine darunterliegende unterste, unbewußte Erlebnisschicht des Somatischen. Sie ist an jedem Erlebnis grundlegend beteiligt, denn von ihr aus wird bestimmt, »wie man sich fühlt«. »Erlebnis« läßt sich als mehr oder minder alle Schichten der Person vertikal durchgreifender Vorgang verstehen, wobei sich das Mehr oder Minder lediglich auf die Richtung nach oben bezieht: nicht jedes Erlebnis steigt bis zur obersten Bewußtseinschicht des sprachbegrifflichen Denkens auf, jedes aber bleibt der tiefsten (somatischen) Schicht verbunden.

Die Dreigliedrige Elementare Erlebniskette

Jedes Erlebnis ist stimmungsgetönt, jede Vorstellung erfährt eine Stimmungspolarisation nach Lust- oder Unlustbetontheit. Es wird ein Bedürfnis nach Zuwendung oder Abwendung ausgelöst; so kann die erste Vorstellungsstufe *Bedürfnisvorstellung* genannt werden. Sobald der Protest gegen einen erlebten Mangel einen ausreichenden Bewußtseinsgrad erreicht hat, schließt sich die Wunschvorstellung eines Zustandes an, in dem der Mangel beseitigt ist: eine *Zielvorstellung.* Diese wiederum regelt die Vorstellung eines Weges zur Verwirklichung: die *Wegvorstellung.* Im praktischen Vollzug eines einzigen Erlebnisablaufs werden die drei Glieder der Elementaren Erlebniskette in zahllosen Wiederholungen mit jedesmal wachsendem Bewußtseinsgrad immer von neuem aneinandergefügt.

Das Betrachtungs- und Beschreibungsmodell der Dreigliedrigen Elementaren Erlebniskette läßt sich auf Vorgänge der Individual- wie der Gruppenpsychologie anwenden, und Kellerer beschreibt nun Bedürfnis-, Ziel- und Wegvorstellungen und deren Wandlungen in der modernen Malerei seit dem Impressionismus. Dieser Aufriß eines psychologischen Zusammenhangs ist lediglich *ein* Leitfaden und keineswegs ein Netz, mit dem man die Vielgestaltigkeit der historischen Phänomene einfangen könnte. Der Leitfaden wird jedoch hier hervorgehoben, weil sich daraus die begrifflichen Positionen entwickeln, von denen aus dann die beiden Kunstkomplexe – Objet trouvé und Surrealismus – psychologisch interpretiert werden.

Der Maler ist sich im Malerisch-Formalen der Bedürfnis-, Ziel- und Wegvorstellungen weit mehr bewußt als des dahinter aufdämmernden Weltbildes. Mit der Erlebniskette im Formalen läuft aber stets eine weltanschauliche parallel. Der aus diesen Vorstellungen sich ergebende Entwicklungsaufriß stellt sich folgendermaßen dar:

Die formale Erlebniskette des Impressionismus. Bedürfnisvorstellung: »Protest gegen einen akademisch dürren Naturalismus mit seinen phantasielos-eindeutigen und langweiligen Dingumrissen«. *Zielvorstellung:* »Malerische Wiedergabe des irritierenden Lichtes«. *Wegvorstellung:* »Auflösung der konturierenden Eindeutigkeit und stoffgebundenen Farbigkeit mittels ineinander einstrahlender Farbelemente«.

Die dahinter sich anbahnende *weltanschauliche Erlebniskette des Impressionismus. Bedürfnisvorstellung:* »Protest gegen einen unmusischen, mechanisch-trockenen Positivismus«. Darin ist der Grundton einer langen avantgardistischen Entwicklung der Folgezeit bereits angeschlagen: der Protest gegen die kulturelle Verarmung in technisch-organisatorischer Zivilisation. So wird die *Zielvorstellung* verständlich: »Lebendiges wechselseitiges Zueinander-in-Beziehung-Treten aller Eindrücke«, und die *Wegvorstellung:* »Auflösung der überkommenen begrifflichen Grenzziehungen«.

Um die Jahrhundertwende ist bereits im Begrifflich-Weltanschaulichen eingetreten, was der Maler des Impressionismus in musischer Schau vorausgeahnt hatte: die Begriffe sind mehrdeutig, die Wertungen fragwürdig geworden. Das abendländische Weltbild verliert, nun für jedermann sichtbar, mehr und mehr seine Konturen, ohne neue von annähernd gleicher kollektiver Verbindlichkeit gewinnen zu können. Für die gesteigerte Bewußtheit der künstlerischen Avantgarde der Jahrhundertwende erweist sich die impressionistische Welt des Lichtes (malerisch und in übertragenem Sinne) als »oberflächliche Illusion«.

Wie das zu verstehen ist, zeigt die *formale Erlebniskette des »Expressionismus«. Bedürfnisvorstellung:* »Protest gegen den oberflächlichen Illusionismus mit seiner Unbestimmtheit der Farb- und Formgebung«. *Zielvorstellung:* »Bannung der Unsicherheit und Mehrdeutigkeit im malerischen Ausdruck«. *Wegvorstellung:* »Eindeutiger Ausdruck durch flächige Farbe und zusammenfassende Konturen«.

Die Bezeichnung »Expressionismus« entstand nur aus der polaren Stellung zum Impressionismus. Das besondere Ausdrucksstreben geht aus der *Erlebniskette* der aufkeimenden *Weltanschauung* hervor. *Bedürfnisvorstellung:* »Protest gegen die Unausgeprägtheit und Richtungslosigkeit einer Weltanschauung, die ganz auf dem äußeren Anschein beruht und sich passiv der davon ausgelösten Gestimmtheit hingibt«. *Zielvorstellung:* »Erneuerung des *élan vital*, des allgemeinen Lebensantriebes«. *Wegvorstellung:* »Besinnung auf das ›Wesentliche‹«. Wesentlich ist das eigene, von den Wahrnehmungs- und Vorstellungserlebnissen ausgelöste Stimmungserlebnis, die »Tiefe des Subjekts«.

Die *zweite Generation des Expressionismus* verzweifelt an dem Ziel des »erneuerten Lebensantriebes«. Mit zunehmender Bewußtwerdung der weltanschaulichen Wegvorstellung bricht ein Vulkan von Bildern aus den unbewußten Tiefen. Die *formale Erlebniskette* wandelt sich. *Bedürfnisvorstellung:* »Protest gegen unser ganzes optisches Kollektiv-Weltbild, das als seelenloser Schematismus empfunden wird«. *Zielvorstellung:* »Zerstörung aller bisherigen Abbildungsnormen«. *Wegvorstellung:* »Zerstückelung, Deformation, Überlagerung der Formen, Verzicht auf jeden eindeutigen Betrachterstandpunkt und alles überkommene Regelwerk«. Die *weltanschauliche Erlebniskette. Bedürfnisvorstellung:* »Protest gegen die Sinnlosigkeit unseres zivilisatorisch-organisatorischen Betriebes schlechthin«. Die automatenhaft sich fortsetzende Ordnung der Dinge und Lebensformen scheint sich nur noch auszudrücken in der Überwindung und Einverleibung einer organisatorischen Einheit durch die stärkere, was in letzter Folge sinnlose Kriege bedeutet. *Zielvorstellung:* »Leben ohne Angst«. *Wegvorstellung:* »Zerschlagung der automatenhaften Ordnung der Dinge; das sinnlose Getriebe zum Stillstand bringen; vielleicht fände man Muße, sich auf sich selbst zu besinnen und einen neuen Lebensantrieb zu gewinnen«.

Doch der erneuerte Lebensantrieb wurde nicht gefunden. Der Zwang zum abermaligen Wandel der Bedürfnis-, Ziel- und Wegvorstellung führt zur *vorgegenständlichen* (»abstrakten«) Kunst. Das Vorgehen der fälschlich »abstrakt« genannten Malerei ist *genau entgegengesetzt dem der sprachbegrifflichen Abstraktion;* denn diese Malerei strebt nicht nach »oben« ins Begriffliche, sie will vielmehr den Formen des sinnlich-anschaulichen Wahrnehmungserlebnisses in entgegengesetzter Richtung nachspüren, nach »unten« in Richtung der unbewußten Tiefenschichten. Elementares Farb- und Formerlebnis wendet sich unmittelbar an die Stimmungsschicht. Die zentrale Bedeutung des vorgegenständlichen Gestalterlebens scheint auch daraus hervorzugehen, daß wir vorgegenständlichen Elementarformen in den ersten schöpferischen Ausdrücken von Primitivkulturen begegnen, in denen verwandte Figurationen immer wieder als magische Zeichen und Symbole auftreten. Von begrifflich-gegenständlichen Assoziationen unbelastete Formerlebnisse strahlen unmittelbar in die Stimmungsschicht ein. Das als »Abstraktion« bezeichnete Formerlebnis wäre richtiger *Reduktion* zu nennen.

Die formale *Bedürfnisvorstellung der vorgegenständlichen Malerei* läßt sich etwa formulieren als: »Überwindung der als sinnlos erlebten Formensprache der Dingwelt und des Standpunkts, der das Erleben an diese Gegenstandswelt fesselt«. Diese Bedürfnisvorstellung enthält implizit den stillschweigenden Protest gegen den Protest der vorangehenden Phasen (gegen Naturalismus, gegen Illusion, gegen das optische Weltbild schlechthin). Die totale Abwendung von der Gegenstandswelt ist die Antwort auf den nicht mehr steigerungsfähigen Protest innerhalb der Gegenstandswelt, sie stellt psychologisch ein »Kipperlebnis« dar. Die formalen Zielvorstellungen bis zur Zerstörung aller gegenständlichen Abbildungsnormen kippen schließlich um zur *vorgegenständlich-formalen Zielvorstellung:* »Malerei, die jeden darstellerischen oder assoziativen Zusammenhang mit den Dingen hinter sich läßt«. Die *formale Wegvorstellung* läßt sich an Hand des Schichtenbildes der Person formulieren als: »Direkter malerischer Ausdruck des individuellen Stimmungsgefüges«.

Dieser formalen Erlebniskette entspricht die *weltanschauliche. Bedürfnisvorstellung:* »Entbindung aus dem Chaos der Dinge bzw. ihrer Erscheinung«. Es ist die bewußtseinsgesteigerte Folge des vorangehenden Protestes gegen die Sinnlosigkeit unseres zivilisatorischen Gefüges. Die *Zielvorstellung* ist weltanschaulich: »Hingabe an das Erlebnis des Selbst« (auch dies eine Bewußtseinssteigerung gegenüber der Vorstellung »Leben ohne Angst«, da nach psychologischer Erkenntnis Angst als Einengung des Bewußtseins auf die oberen Schichten der Person umschrieben werden kann, d. h. auf das Ich – im Gegensatz zum alle Schichten umgreifenden Selbst).

In der vorgegenständlich-formalen Wegvorstellung »malerischer Ausdruck des individuellen Stimmungsgefüges« ist die ursprüngliche Protesthaltung überwachsen. Unter Überwachsen eines Problems versteht die Psychologie die Bewältigung einer an sich unaufhebbaren Erlebnisdiskrepanz durch das Erreichen eines psychischen Reifezustandes, der die Problemlösung unwichtig und überflüssig macht. Bei der Reduktion, dem Rückführungserlebnis, das zur vorgegenständlichen Malerei führt, geht es um den Rückzug aus einem kollektiv-verbindlichen Weltbild. Die Malerei lehnt schließlich ausdrücklich jeden Gegenstandsbezug als vordergründig und scheinkollektiv ab und bezeichnet jede zufällige gegenständliche Assoziation im Bild als »Fehler« des Malers bzw. »Mißverständnis« des Betrachters. Der Rückzug aus der Illusion einer kollektiv-wirklichen Welt in Richtung auf ein Weltbild des Allein-mit-sich-selbst-Seins (Solipsismus) ist eine Tendenz, die mit einem bestimmten Bewußtseinsgrad zwangsläufig verbunden ist und auch an außereuropäischen Kulturabläufen nachgewiesen werden kann. So ist die *weltanschauliche Wegvorstellung* zu umschreiben als: »Bewußtwerdung des Wesentlichen durch Innenschau, die zugleich Weltschau ist, da Innenschau überhaupt die einzige uns zugängliche Erlebnisform darstellt«.

Nach Manuskripten von Christian Kellerer wurden dessen Ansatz und Methode für die Erstausgabe (1968), zum besseren Verständnis und im Einverständnis mit dem Autor, kurz dargelegt von Walter Heß.

I. Zur Psychologie des Objet trouvé

1. Allgemeinpsychologische Bemerkungen über den Zufall

Im Begriff des Zufalls sind zwei verschiedene Bedeutungen zu unterscheiden: eine mathematisch-physikalische und eine psychologische. Die mathematisch-physikalische Sinngebung des Zufalls betrifft die Wahrscheinlichkeit des Eintritts eines Ereignisses, d.h. dessen, was gemäß der jeweils zugrunde gelegten wissenschaftlichen Arbeitshypothese den Anschein hat, »wahr« (im Sinne von Verwirklichung) zu werden. Die Wahrscheinlichkeitsrechnung kann die prozentuale Wahrscheinlichkeit des Ereigniseintrittes aus den mitwirkenden Faktoren genau ermitteln.

Freier und gelenkter Zufall
Die individuelle Stellungnahme

Die psychologische Sinngebung des Zufalls beschreibt das individuelle Verhältnis eines Menschen zu seinen Erlebniszufällen. Zu dieser Beschreibung bedarf es einiger begrifflicher Differenzierungen. Da ist zunächst die Unterscheidung nach *aktivem* und *passivem* Zufall. Der passive, sozusagen »zufälligere« Zufall ist von einer schicksalhaften Art, welche die Mathematik als Zufall höheren Grades bezeichnet – im Gegensatz zum bereits in seinen Möglichkeiten eingegrenzten aktiven, d. h. herausgeforderten Zufall, wie ihn z. B. die vorgegenständliche Malerei als Action-painting und als gelenkten Zufall pflegt.

Eine weitere zweckmäßige Unterscheidung bezieht sich auf die Erlebnishaltung des Menschen dem Zufall gegenüber. Hier lassen sich vier Haupttendenzen unterscheiden, nämlich *Angst, Neugier, Schicksalsergebenheit* und *Nützlichkeitsstreben*. Angst und Neugier dem Zufall gegenüber sind biologisch-elementare Verhaltensweisen. Angst entspringt dem Sicherheitstrieb, d. h. einer speziellen Form des individuellen Selbsterhaltungstriebes, und Neugier dem Erlebnistrieb. Gesteigerten Erlebnistrieb des Menschen pflegt man als Sensationslust zu bezeichnen. Die beiden anderen Erlebnistendenzen, Ergebenheit in den Zufall und Nützlichkeitsstreben in seiner Auswertung, sind weitgehend Erziehungsfolgen, also sekundäre Verhaltensweisen.

Alle vier Erlebnishaltungen können sich in einem Zufallserlebnis mehr oder weniger überschneiden. So steht bei einem Glücksspieler der zur Sensationslust gesteigerte Erlebnistrieb im Vordergrund, wobei das Gefühl der Angst vor möglichem Verlust als masochistischer Reiz mitschwingen kann, zumal im Berufsspieler, der damit ein Nützlichkeitsstreben verbindet, was aber nicht ausschließt, einen Verlust mit Ergebenheit hinzunehmen. Eine durchaus ähnliche Haltung wie der Glücksspieler zu seinem Tun nimmt der Maler eines avantgardistischen Bildes ein, weshalb sich das Wort vom »Abenteuer der modernen Malerei« gebildet hat. Denn auch der avantgardistische Maler weiß zunächst nicht, wo es mit seinem Bild »hinausgehen« wird. Sein Tun ist ein »Libidowurf« ins Unbekannte, nämlich in den Bereich seines Unbewußten, ähnlich dem Traum.

Zur ausreichenden psychologischen Beschreibung eines Zufallserlebnisses bedarf es nun noch eines Schemas, welches das Erlebnis näher mit Charakter- und Begabungsstruktur des Erlebenden in Beziehung setzt. Dies geschieht am zweckmäßigsten mittels der drei Individualfaktoren *Erlebnisbereitschaft, Assoziationstendenz* und *psychisches Bedeutungsgewicht.*

Hinsichtlich der *Erlebnisbereitschaft* weisen die verschiedenen menschlichen Verhaltensmöglichkeiten eine sehr erhebliche Spannweite auf. Sie reicht vom extravertierten Primitiven, dem, psychologisch gesehen, auch das Kind nahesteht, bis – beispielsweise – zum Typ eines introvertierten Buchhalters. Während der Primitive mit seiner ganzen unbewußten wie bewußten Aufmerksamkeit auf den Zufall aus der ihn umgebenden Umwelt eingestellt zu sein pflegt, der damit zum zentralen Faktor seines Erlebens wird, gibt es im Erleben des introvertierten

Pablo Picasso, Sitzende Frau im Sessel, 1913; Privatbesitz ▷

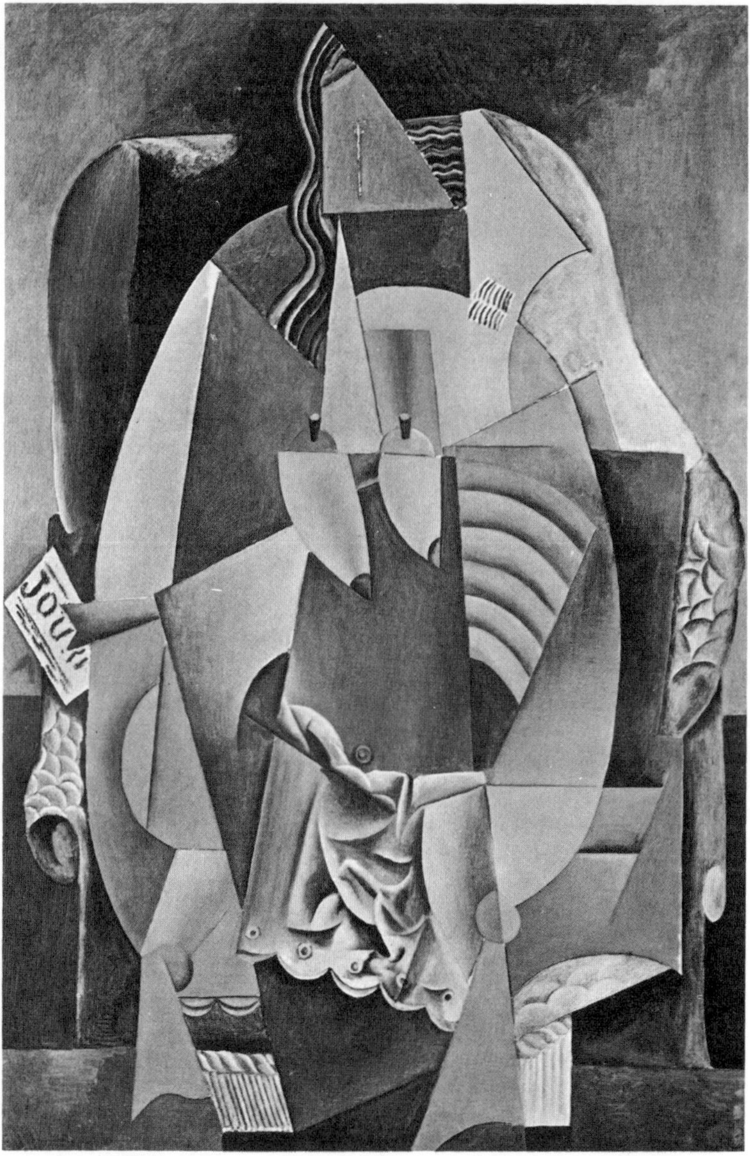

Buchhalters im Grunde überhaupt keinen anderen Zufall als den bekannten Dachziegel, der ihm trotz aller Vorsicht einmal unversehens auf den Kopf fällt, also den Unfall – gegen den er überdies versichert ist. Zwischen diesen beiden polaren Typen erstreckt sich eine ganze Skala verschiedener Grade von psychischer Zufallsabhängigkeit – vom stupiden Aberglauben bis zur hohen künstlerischen Schau weit auseinanderliegender Zusammenhänge und latenter Erlebnismöglichkeiten.

Die *Assoziationstendenz* kennzeichnet die Fähigkeit zur Verknüpfung verschiedener Eindrücke und Vorstellungen. Es handelt sich hier, neben der Merkfähigkeit, die die Grundlage bildet, um die Zentralfähigkeit zum Denken überhaupt. Vorstellungsverknüpfungen können sich nicht nur auf den verschiedensten Bewußtseinsebenen abspielen, sondern theoretisch alles mit allem unter allen nur denkbaren Gesichtswinkeln in Beziehung setzen. Die dabei auftretenden Grenzfälle sind einerseits die frei schweifende, spielerisch träumende Phantasie und andererseits das auf ein bestimmtes Ziel gerichtete Nützlichkeitskalkül. Die Spannweite zwischen diesen Polen sowie die Art der Assoziationen ist individuell außerordentlich verschieden. Eine reichhaltige Assoziationstendenz bietet dem Zufall ein großes Verwirklichungsfeld. Bei großer Erlebnisbereitsschaft werden einem Menschen mit breiter Assoziationstendenz besonders viele Einfälle zufallen. Sofern er ein Künstler ist, wird sein Schaffen eine große Stilvielfalt aufweisen. Picasso mit seinen vielen malerischen Perioden ist ein besonders schönes Beispiel dafür.

Als dritten Individualfaktor des Zufallserlebnisses haben wir das psychische *Bedeutungsgewicht* genannt. Es läßt sich zwar nicht in Zahlen ausdrücken, doch kann man seinen jeweiligen Relativwert angeben, d.h. das Mehr oder Weniger der Bedeutung eines Zufalls für den Erlebnisablauf des betroffenen Individuums. Wie das gemeint ist, wird klar, wenn man sich beispielsweise vor Augen hält, daß ein Mensch mit dem gleichen rechnerischen Wahrscheinlichkeitsgrad auf einer Ferienreise nach Griechenland zufällig auf seine alte Putzfrau stoßen kann wie auf eine große Liebe auf den ersten Blick – wobei hinsichtlich des psychischen Bedeutungsgewichtes ein gewaltiger Unterschied zwischen den beiden Zufällen besteht. Eine besonders amüsante Studie zur Frage des psychischen Bedeutungsgewichtes ist übrigens die Szene »Der Zufall« von dem tief- und hintersinnigen Karl Valentin, der auf einer vielbefahrenen Straße zufällig einem Radfahrer begegnet.

Welche Rolle das psychische Bedeutungsgewicht schon für den Eintritt eines Zufalls spielt, d.h. wie unter dem Einfluß des individuellen Bedeutungsgewichtes die Wahrnehmung sektorell geschärft ist und damit der passive Zufall in den aktiv gelenkten übergeht, dafür ist eines der anschaulichsten Beispiele das sprichwörtliche Jägerauge. Ihm entgeht kein Wild, obwohl seine organische Sehtüchtigkeit nicht größer ist als die eines normalsichtigen Laienauges. Das Jägerauge ist auf bestimmte Merkzeichenkomplexe geübt, die es aus der Umgebung heraussieht und die dem Nichtjäger ungeläufig sind. Aus einer solchen speziellen Übung auf Merkzeichenkomplexe unter dem Einfluß ihres spezifischen Bedeutungsgewichtes erklären sich auch die erstaunlichen prähistorischen Tierbilder der Höhlenmalerei. Mit der Feststellung, daß es sich dabei um kultische Jagdzauberbilder handle, ist noch nicht die erstaunlich treffsichere Darstellung charakteristischer Erscheinungsbilder erklärt. Wir kommen dem Phänomen näher, wenn wir uns vorstellen, wie das Denken dieser Jägerstämme unentwegt um die für sie lebenserhaltenden Beutetiere kreist, wie sich die Männer bei jeder Gelegenheit volltränken mit dem Bild des ersehnten Wildes, wie sie sich mit seinem Bewegungsbild identifizieren, das sie dann schließlich in unmittelbarer Ahmung (s. S. 276) und mit ganzer Hingabe abbildend aus sich herausstellen. – In solchem hingebend wünschenden Ausdruckstun fällt, wenn überhaupt, dem Menschen die Vollendung zu, heute wie ehedem. Wie sehr in diesem Sinne Vollendung eines Werkes trotz allen Könnens und aller wissenden Erfahrung letztlich Zufall bleibt, weiß jeder Künstler.

Den Gegenpol zur so geschärften Wahrnehmung bildet ein anderes Phänomen, und zwar pathologischer Art, nämlich die sogenannte Seelenblindheit. Sie besteht in einem Zustand, der im hypnotischen Versuch auch am gesunden Menschen demonstriert werden kann und in dem bestimmte Dinge oder Dinggruppen – z.B. Stühle – einfach nicht wahrgenommen werden. An den gegensätzlichen Phänomenen von Jägerauge und Seelenblindheit wird verständlich, daß man aus dem optischen Angebot seiner Umwelt sowohl ganz bestimmte Komplexe mit gesteigerter Schärfe sich ersieht als auch andere über-sieht. Damit ist das, was einem Menschen überhaupt zufallen kann, schon auf einen wesentlich geringeren Sektor eingeengt, als man zunächst annimmt. – Wir können sagen: Die Art eines Zufalls ist zumindest weitgehend durch Erlebnisbereitschaft und Assoziationstendenz bestimmt.

Dementsprechend finden wir sowohl in verschiedenen biologischen Lebensabschnitten eines Individuums als auch in verschiedenen Kulturepochen eines Kollektivs ganz spezifische psychologische Zufallshäufungen. So ist es aus biologischen Gründen ohne weiteres verständlich, wenn der Mensch in seiner Jugend mehr bezaubernden Wesen des anderen Geschlechts zu begegnen glaubt als später in den Jahren des biologischen Abbaus. Oder wenn sich, um auch ein kollektives Beispiel anzuführen, in einer Kulturepoche bestimmte modische Typisierungen ergeben, die allmählich, dem zeitgeistbedingten Vorstellungsbedürfnis entsprechend, aus der Vielzahl der möglichen Formen herausgesehen und dann durch Ahmung vervielfältigt werden.

Solche individuellen wie kollektiven Weltbildwandlungen pflegen vom einzelnen meist kritiklos, d. h. unbewußt hingenommen oder auch abgelehnt zu werden. Dabei bedeutet »Hinnahme« ein Assimilieren der von der Umwelt angebotenen Erlebnismöglichkeiten und damit ein mehr oder minder konfliktloses Einreihen des Individuums in seine Umweltgegebenheiten. »Ablehnen« dagegen bedeutet Anlaß entweder zu fruchtbarer Auseinandersetzung – z. B. als Künstler – oder zu unfruchtbarem neurotischen Ressentiment. Nicht selten sind auch Mischformen aus beiden Verhaltensweisen.

Bereits aus diesem wenigen, das wir über selektive Wahrnehmung und die daraus für das Individuum oder ein Kolletiv sich ergebenden Zufälle ermittelt haben, läßt sich nun noch pointierter formulieren: Nichts ist Zufall – alles ist Zu-Fall, d. h. Zufall ist unbewußte Auswahl aus dem Ereignisspektrum.

Die Psychologie hat bewiesen, daß dies nicht etwa nur vom erfreulichen, sondern auch vom unerfreulichen Zufall, vor allem dem Unfall gilt, hinter dem nicht selten uneingestandene Selbstvernichtungs- und andere Zerstörungswünsche stehen.

2. Zufall und bildnerisches Schaffen – Der Spieltrieb

Nachdem wir uns nun darüber klar sind, was wir unter Zufall im psychologischen Sinn verstehen wollen, sind wir in der Lage, die Bedeutung des Zufalls im besonderen Fall des bildnerischen Schaffens näher zu untersuchen.

Für das bildnerische Schaffen gleich welcher Art bedarf es wie für jedes Tun eines spezifischen tiefenschichtigen Antriebes, den man in diesem Falle am treffendsten als Spieltrieb bezeichnen kann. Das ist jene unmittelbare Freude am Tun, die dem gesunden Menschen wie auch höheren Tieren eigen ist, deren Kraft und Interesse nicht völlig vom Daseinskampf aufgebraucht werden. Der Spieltrieb ist also ein Sekundärtrieb. Im Spieltrieb wird aus einer zufälligen Situation heraus ein Tun angeregt, das eine spielerische Parallele zur Triebbefriedigung oder zu anderen lebenswichtigen Funktionen darstellt. Ohne diesen übenden Spieltrieb kämen wir nicht in den Besitz unserer körperlichen und geistigen Fähigkeiten.

Etwas von diesem Spieltrieb steckt in allem, was wir nicht unter Zwang tun. Es kann sich dabei sogar um große körperliche Anstrengungen handeln, die wir freiwillig leisten, wie im Sport und anderen Freizeitbeschäftigungen. Etwas von diesem Spieltrieb als Trieb zu überflüssigem Tun steckt aber beispielsweise auch in allen kultischen Handlungen, Riten, Gebräuchen, Findungen und Erfindungen. Man kann ohne Übertreibung sagen: Ohne Freude am Spiel, insbesondere am Spiel mit dem Zufall, gäbe es keine Kultur.[1] Und man kann hinzufügen: Mit einem gewissen kollektiv-kulturellen Bewußtheitsgrad wird das Spiel mit dem Zufall eine Erlebnisform, ohne die die Kultur und vor allem die Zivilisation nicht mehr zu ertragen wären – nämlich dann, wenn sich der Mensch in dem von ihm geschaffenen Kultur- und Zivilisationsrahmen beengt zu fühlen beginnt. Die aus einer unklaren, romantischen Sehnsucht entsprungene Rousseausche Devise »Zurück zur Natur« heißt in die weit bewußtere moderne Künstlersprache übersetzt: »Zurück zum Zufall«, nämlich als unmittelbarem Anschluß an die Quelle allen Erlebens.

Unabhängig von dieser, die Kulturfesseln ausgleichenden Wirkung des Spieles bleibt die Tatsache, daß auch weiterhin gerade im Spiel des teils frei schweifenden, teils streng ordnenden Verstandes mit dem Zufall, mit dem zufälligen Einfall, neue Bewußtseinsstufen gewonnen werden. Daß dabei der optische Zufall, und zwar vor allem in der Malerei, die wichtigste Rolle spielt, wird verständlich angesichts des Primats des optischen Eindrucks für die Orientierung des Augentieres Mensch in seiner Umwelt. Diese primäre Stellung des optischen Erlebens spiegelt sich besonders einleuchtend in der menschlichen Sprache, deren hauptsächlichster Anteil an Ausdrucksbildern dem optischen Bereich entstammt. – Einen anderen Beleg finden wir im experimentalpsychologischen Vergleich des Kollektivitätsgrades elementar-sinnlicher Erlebnisse aus dem optischen mit solchen aus dem akustischen Sinnesbereich, wie er sich aus den bekannten Versuchen mit Farbklavier und Farborgel ergibt, also mit Instrumenten, die synchron mit den Tönen Farbeindrücke vermitteln. Es hat sich dabei gezeigt, daß die Menschen zwar mit optischen wie mit akustischen Merkzeichen und Merkzeichen-Kombinationen bestimmte Gefühlseindrücke zu verbinden pflegen, daß aber zwischen beiden Sinnesbereichen keine allgemeingültigen Zuordnungen hergestellt werden können – wobei dem Erleben optischer, elementar-sinnlicher Eindrücke von allen Sinnesbereichen der weitaus größte Kollektivitätsgrad zukommt. Das Scheitern der Farbklavier-Versuche wird aus zwei Gründen verständlich: Erstens ist nur ein kleiner Prozentsatz aller Menschen überhaupt empfänglich für Synästhesieerlebnisse, wie man solche Erfahrungen der Analogie und des Zusammenhangs aus zwei Sinnesbereichen nennt –, und zweitens, was für uns besonders interessant ist, verlaufen die optisch-akustischen Synästhesien individuell sehr verschieden, d. h. die akustische Erlebnisschicht ist, um im Schichtenbild zu sprechen, bereits »höher« gelegen und damit individuell differenzierter.

3. Das Objet trouvé

Nachdem wir uns darüber klar geworden sind, daß der psychische Zufall einen der wichtigsten Faktoren unseres gesamten Erlebens darstellt und die optischen elementar-sinnlichen Eindrücke die hauptsächlichste Erlebnisquelle sind, stellen wir die Frage, ob und wie Objets trouvés, also zufällig Gefundenes – von Steinen und Wurzeln aus dem Walde bis zu alten Konservendosen, Matratzenfedern und verrosteten Fahrradteilen vom Müllhaufen – Ausdruck, ja mehr als das: Kunstausdruck sein können.

Zum chronischen Tascheninhalt eines sechsjährigen Lausbuben gehörten in meiner Jugendzeit alte Schrauben und Nägel, Teerbatzen, Schusser und runde Steinchen, Spiegelscherben, alte Tubenverschlüsse und ähnliches. Die Tendenz dieser kindlichen Objets trouvés dürfte

Jean Tinguely, Baluba Nr. 3, 1959; Museum Ludwig, Köln

heute nicht viel anders sein, höchstens daß Kunststoffabfälle eine neue Note in das klassische Repertoire gebracht haben. Das Kind nämlich sammelt in seiner Extravertiertheit alles, was ihm auffällt, ohne darüber nachzudenken, was es im einzelnen daran beeindruckt. Auf Befragen aber, was denn diese Dinge aufhebenswert mache, bekommt man von den kleinen Objet-trouvé-Liebhabern meist genau die richtige Antwort: »Weil es so schön glänzt« – »weil es so rund ist« – »weil es so spitz ist« – »weil es so komisch ausschaut« usw. Alle derartigen Antworten beziehen sich auf vorgegenständliche elementar-sinnliche Merkzeichen, welche diesen Schutt des Alltags im Auge eines Kindes gegenüber anderem, genauso wertlosem Schutt auszeichnen. Das Kind erlebt die Dinge nicht nach ihrem Gebrauchswert, sondern nach den von ihren Farben und Formen ausgelösten Stimmungsinhalten.

Damit ist im Grunde auch bereits das Wesentliche zur Kunst des Objet trouvé gesagt. Wir haben nun zu zeigen, daß die Ausdruckssuche im Objet trouvé (dieser Ausdruck wurde erstmals von Schwitters für seine aus Abfallprodukten zusammengefügten Collagen gebraucht) sich als durchaus legitime Folge unserer bisherigen abendländischen Kunstentfaltung ergibt, und zwar in unmittelbarem Anschluß an die vorgegenständliche Malerei. – Um es vorwegzunehmen: Das Objet trouvé stellt formal nichts anderes dar als die nicht mehr unter Mitwirkung der gestaltenden Hand, sondern allein vom Auge vollzogene Wahl erlebnisauslösender vorgegenständlicher Strukturen im Sinne eines vom Auge gelenkten Zufalls. Im Objet trouvé wird die Dingwelt also in einem unmittelbaren malerischen Rückführungserlebnis auf die elementar-sinnliche Erlebnisschicht erfahren.

Die Elementare Erlebniskette der Kunst des Objet trouvé

Zur Erhärtung unserer These wollen wir uns die hinter der Kunst des Objet trouvé stehende Elementare Erlebniskette, also Bedürfnisvorstellung, Zielvorstellung und Wegvorstellung, in formaler und weltanschaulicher Hinsicht bewußt machen; wobei wir uns daran erinnern – erstens –, daß der Bewußtheitsgrad des avantgardistischen Malers selber gegenüber seiner formalen Elementaren Erlebniskette ein mäßiger, gegenüber der entsprechenden weltanschaulichen aber überhaupt erst

ein geahnter ist und – zweitens – daß gerade in dieser weitgehenden, oft geradezu somnambulen Unbewußtheit des Malers seinen Elementaren Erlebnisketten gegenüber das von Vorurteilen unbelastete, kulturvorausschauende Moment gesichert ist.

Der innere Widerspruch im Erlebnis der vorgegenständlichen Malerei

Nach den Erfahrungen im Kulturablauf im allgemeinen und in der Malerei im besonderen läßt die Elementare Erlebniskette der Kunst des Objet trouvé gegenüber derjenigen der vorgegenständlichen Malerei eine Wandlung in Richtung auf relative Bewußtheitssteigerung erwarten.

Halten wir uns die formale Bedürfnisvorstellung der vorgegenständlichen Malerei nochmals vor Augen: »Überwindung der malerisch als sinnlos erlebten Formensprache der Dingwelt und damit Überwindung des Standpunktes, der das malerische Erleben an diese sinnentleerte Gegenstandswelt fesselt«. Wir hatten den avantgardistischen Protest der vorgegenständlichen Malerei nur noch als mittelbaren Protest gefunden, nämlich als Protest gegen den nihilistischen Protest gegen die als unerfreulich und diskrepant erlebte Dingwelt, ausgedrückt in der formalen Zielvorstellung: »Mit den Dingen nichts mehr zu tun haben wollen«.

In dem Versuch der Abwendung von der Dingwelt gemäß der formalen Wegvorstellung der vorgegenständlichen Malerei – »Malerischer Ausdruck des individuellen Stimmungsgefüges mittels Farb-Form-Elementen aus der vorgegenständlichen Erlebnisschicht der Person« – gibt es bei genauerem Hinsehen einen Widerspruch. Er besteht darin, daß bildende Kunst definitionsgemäß ihr Wesen im Schaffen von Dingen findet – oder zumindest im künstlerisch schauenden Herausgreifen bestimmter Dinge aus einer Vielzahl vorhandener wie im Falle des Objet trouvé. Daran ändert auch der Umstand nichts, daß das vorgegenständliche Bild ausschließlich aus elementar-sinnlich konzipierten, d.h. eben vorgegenständlichen Farb-Form-Elementen mit bewußter Ausklammerung jeden Dingbezuges besteht. Das vorgegenständliche Bild ist trotzdem »Ding«, sonst könnte es nicht optisch erlebt werden. Denn um die Binsenwahrheit kommt man nicht herum: Nur Dinge sind sichtbar – oder umgekehrt ausgedrückt: Alles, was sichtbar ist, ist Ding oder zumindest an Dinge gebunden, so vor allem elementar-sinnliche

Merkzeichen nebst ihren Veränderungen in Bewegungsvorgängen. Indem also die vorgegenständliche Malerei mit Hilfe des Gegenstandes »Bild« gegen den Gegenstand protestiert, versucht sie den Teufel mit Beelzebub auszutreiben. Da, wie wir wissen, dieser Protest der vorgegenständlichen Malerei nur mehr ein mittelbarer ist, wird dieser Widerspruch zunächst nicht bemerkt. Trotzdem konnte er der nunmehrigen Avantgarde nicht länger verborgen bleiben auf Grund der zwangsläufig allmählich zunehmenden Bewußtwerdung der dahinterstehenden Elementaren Erlebniskette.

So wurde ein gewisses Unbehagen an der vorgegenständlichen Malerei verständlich. Hier allerdings von Protest zu sprechen, wäre nicht richtig. Denn das Unbehagen erwächst nicht gegen die vorgegenständliche Formensprache als solche, die auch heute noch lange nicht malerisch ausgeschöpft ist, d.h. nach wie vor das malerische Interesse fesselt und somit vom malerischen Standpunkt aus noch gar nicht protestreif geworden ist. Dazu kommt noch, daß sie in der abendländischen malerischen Erziehung eine große Rolle spielt als die Elementar-Farb-Form-Schule schlechthin, die wie keine andere das formale Urteil schärft.

Das Unbehagen der Avantgarde erwuchs vielmehr daraus, daß es dem Menschen, der an sich und als Maler im besonderen ein Augentier ist, biologisch und damit in tiefsten Erlebnisschichten ungemäß ist, den Dingen als der Welt des Sichtbaren einfach den Rücken zu kehren, sie glatt zu verleugnen – selbst, wenn man sie scheußlich findet. Dieses malerische Unbehagen ist zunächst, wie nicht anders zu erwarten, rein formal begründet. Es dringen nämlich allmählich Vorstellungen ins malerische Bewußtsein vom grundlegenden Richtungsunterschied zwischen Abstraktions- und Rückführungserlebnis und dem hier vorliegenden Irrtum in der bisherigen Malersprache.

Wie wir schon feststellten, stößt das Abstraktionserlebnis nach »oben«, d.h. in immer höhere Bewußtseinsschichten vor. Das Rückführungserlebnis, auf das sich die vorgegenständliche Malerei gründet, führt dagegen nach »unten« in Richtung des bisher Unbewußten, um es ans Licht zu heben. So wird die Tatsache der *Vor-* und nicht *Un*gegenständlichkeit des elementar-sinnlich geschöpften optischen Ausdrucks zunehmend klarer.

Der unbehagliche Zusammenklang des formalen Widerspruchs in der Malerei, die von den Dingen nichts mehr wissen will, um dann doch

Dinge herzustellen, mit dem gleichzeitigen Bewußtwerden der Vorgegenständlichkeit der elementar-sinnlichen Merkzeichen, die das Bild aufbauen, führt den sensiblen Maler begreiflicherweise in eine bedrängte Lage. Einige vorgegenständliche Maler suchen dem Dilemma zu entgehen, indem sie mehr oder minder gegenständliche Konfigurationen in ihren vorgegenständlichen Bildausdrücken auftauchen lassen, so wie es als erster Pollock in seinen großen Schwarz-Weiß-Bildern erprobte. Wir wollen indessen auf die spezielle Elementare Erlebniskette dieses Weges der vorgegenständlichen Malerei an dieser Stelle nicht näher eingehen.

Der Kunst des Objet trouvé liegt sichtlich eine viel entschlossenere und nach Avantgardistenart um die Folgen gänzlich unbekümmerte formale Elementare Erlebniskette zugrunde. Sie ist zu verstehen als Geständnis der Avantgarde, sie habe Sehnsucht nach einer Welt der Dinge – allerdings nicht nach der bisherigen Welt der malerisch unbrauchbar gewordenen Dinge; dazu ist man viel zu skeptisch und hat – ganz im Sinne des wissenschaftlich denkenden und zweckorientiert lernbegierigen 20. Jahrhunderts – die schlechten Erfahrungen der väterlichen und großväterlichen Avantgarde mit ihrer Dingwelt und dem Protest gegen sie nicht vergessen. Diese neue Dingsehnsucht ist also keineswegs naiv. Sie gleicht vielmehr der verzweifelten Sehnsucht eines allmählich Erblindenden nach Erhaltung seiner Sehkraft. Mit anderen Worten: Die junge Avantgarde dieser Epoche litt unter der Vorstellung, das Auge gleichsam nur noch als Projektionsapparat von »innen« nach »außen«, als Laterna Magica des Selbst, zu benutzen, um ohne unmittelbaren Bezug auf das Schaubare psychische Abläufe in eine vorgegenständliche Formensprache zu übersetzen. Kurz, es bricht sich hier die Erkenntnis Bahn, daß es ohne die in der vorgegenständlichen Malerei verleugneten Dinge letztlich überhaupt nichts zu erleben gäbe – nicht einmal die eigene Langeweile diesen Dingen gegenüber, da ja Erleben als Vorgang nicht für sich allein bestehen kann, sondern die psychische Reaktion des Selbst-Dinges auf die Erscheinungsdinge darstellt.

Die Malerei ist damit an einem Punkt angelangt, an dem sich ihre Geister scheiden. Es kristallisieren sich zwei polare Standpunkte heraus: Die eine Gruppe bleibt der vorgegenständlichen Malerei verschworen, gerade weil sie sich darüber zunehmend klarer wird, daß in der strengen vorgegenständlichen Malerei das ganze malerische Bemühen seinen ausschließlichen Antrieb in sich selbst zu suchen hat – eben auf dem Wege der Projektion der jeweiligen Selbststruktur auf die malerisch abbildungsfähige elementar-sinnliche Erlebnisschicht. Hier handelt es sich zweifellos um den grandiosen Höhepunkt des malerischen Allein-mit-sich-selbst-Seins, auch wenn dies vielen vorgegenständlichen Mitläufern immer noch nicht aufgegangen ist. Wer es begreift, steht jedenfalls am folgenschwersten Scheideweg seines Mal-Erlebens. Denn natürlich kann eine solche im Eise des Bewußtseins tiefgekühlte Erlebnishaltung nicht jedermanns Sache sein – auch nicht desjenigen Malers, der zwar von der abgedroschenen Dingwelt genug hat, aber seiner individuellen Erlebnisstruktur nach sich nicht imstande fühlt, auf den äußersten Eisgipfeln des Solipsismus, des Allein-mit-sich-selbst-Seins, auszuharren. Es zieht ihn, ob er will oder nicht, zurück zu den Dingen . . . die er lieben könnte, wenn das Erlebnis davon nicht so traditionell verödet wäre.

Bedürfnis-, Ziel- und Wegvorstellung in der Kunst des Objet trouvé

Diese Lage zwischen öder Wüste und Gletscherwelt scheint verzweifelt. Das war allerdings bisher für einen von seiner Kunst überzeugten Maler noch nie Anlaß, das Malen aufzugeben. Die aus der Situation geborene *neue formale Bedürfnisvorstellung* lautet: »Heraus aus dem Zwiespalt zwischen Sehnsucht und Abscheu gegenüber der Dingwelt!«

Zwiespalt ist die Münze, mit der man bisher jede Bewußtheitssteigerung bezahlen mußte. Das wußte schon die Schlange im Paradiese; nun weiß es auch der Maler; er weiß sogar noch mehr: »Solchen Zwiespalt kann man nicht lösen. Man kann ihn nur überwachsen in einer neuen Bewußtheitssteigerung, die, wenn sie gelingt, erkauft ist mit neuem Zwiespalt – da ist kein Ende abzusehen.«

Ins Leere geworfen, beneidet der Maler fast den Bürger um seine gesicherte Welt, in der er nur das bißchen Angst kennt, diese seine Welt vielleicht eines Tages zu verlieren. Würde der Maler seine *neue weltanschauliche Bedürfnisvorstellung* formulieren, sie lautete: »Eingereiht sein – nicht in die Umwelt, wie sie ist, aber in eine Umwelt, die man lieben könnte. Wie diese Welt aussehen soll? – Keine Ahnung . . . Anders . . . neu . . . noch nie gesehen!«

Jackson Pollock, Number Fourteen, 1951; Privatsammlung

So kommt es zur neuen *formalen Zielvorstellung:* »Neuer Bezug auf die Dingwelt in einer neuen malerischen Weltschau – frei und unabhängig wie die Malerei des Solipsismus in ihrer Vorgegenständlichkeit.«

Als *weltanschauliche Zielvorstellung* steht dahinter: »Erneuerte Harmonie des Menschen in der Welt der Dinge«. – Das klingt beinahe nach Kitsch und Idealen. Aber es kommt nur darauf an, was man unter »Harmonie« versteht – sagen wir deshalb moderner und damit trockener: »Im Biologischen begründete Gemäßheit des Erlebens«. Das ist das gleiche, ausgedrückt auf höherer Bewußtheitsstufe. Der Wunsch nach biologischer Gemäßheit ist schließlich im Zeitalter beginnender Wissenschaftlichkeit nicht so absurd.

Die erste ahnungsweise Probe für die Erreichbarkeit dieses Zieles liefert die *formale Wegvorstellung,* deren Wurzeln wir in der formalen Zielvorstellung zu suchen haben; untersuchen wir also diese auf die darin verborgenen Möglichkeiten.

Da finden wir Folgendes: »Neuer Bezug auf die Dingwelt«. – Ein wirklich neuer Bezug auf die Dingwelt, der also unverbraucht ist, der überrascht, kann nur einer sein, der nicht vorgeplant, nicht vorausgesehen ist – kurz, ein zufälliger. – Ein Zufall ist aber keineswegs immer neu und überraschend; er wird es jedoch um so mehr, je ungewöhnlicher die Bedingungen sind, unter denen er sich ereignet – also: ein zufälliger Bezug auf die Dingwelt, eine Begegnung, eine Findung in der Dingwelt unter ungewöhnlichen Bedingungen. – Man muß diese ungewöhnlichen Bedingungen schaffen. Wenn alle Bedingungen schon bekannt, verbraucht, Tradition geworden sind, dann ist das allerdings schwierig. Da gibt es nur noch eine neue Bedingung: Voraussetzungslose Begegnung mit der Dingwelt.

Die formale Richtung der Wegvorstellung ist damit gegeben, nämlich: »Zufällige Begegnung mit einer Dingwelt, die unter keiner Bedingung steht«. Das scheint freilich zunächst unvorstellbar. Denn Dinge erfüllen in ihrer Definition als Wahrnehmungsdinge bereits zwei primäre Bedingungen – nämlich, im Raum zu sein und eine Gestalt nach Farbe und Form zu haben. Darüber hinaus aber stehen die Dinge noch unter einer Reihe sekundärer Bedingungen, auf Grund deren sie von anderen Dingen in beliebig differenzierter Weise unterschieden werden können.

Alle diese Bedingungen, die primären wie die sekundären, werden von den Wahrnehmungsdingen jedoch nur in dem Maße erfüllt, in dem sie tatsächlich von einem Menschen wahrgenommen werden und diese Wahrnehmung in sein Bewußtsein dringt. Man sieht hier den Unterschied der Ding-Definition der klassischen Physik, die vom Ding als statischem Zustand ausgeht, und der psychologischen Ding-Definition, die ebenso wie die der modernen Physik eine dynamische ist, insofern sie – im Falle der Psychologie – nicht vom Ding selbst, sondern von seiner Wahrnehmungserscheinung ausgeht. Dieses Erlebnis von einem Wahrnehmungsding ist ein psychischer Ablauf, eine Funktion der Wahrnehmung. Diese Funktion ist überdies keine kontinuierliche, sondern eine stufenweise, sprunghafte – wie alles, was in der Natur vorgeht. Denn wie wir heute wissen, nachdem uns Begriffe wie Wirkungsquantum und Schwellenwert geläufig geworden sind, macht die Natur keineswegs keine, sondern vielmehr nichts als Sprünge; nur sind sie meist so klein und schnell, daß wir sie nicht unterscheiden können.

Im Fall der Dingwahrnehmung lassen sich in einer für unsere Zwecke ausreichenden Unterteilung sechs Funktionsstufen unterscheiden, die gleichzeitig identisch sind mit dem, was wir oben »Bedingungen« nannten.

Wahrnehmungsstufe Null:	Man weiß noch nichts von der Existenz des Dinges im Wahrnehmungsraum.
Wahrnehmungsstufe Eins:	Ein »Etwas« wird als vorhanden wahrgenommen.
Wahrnehmungsstufe Zwei:	Das »Etwas« wird in der elementar-sinnlichen Erlebnisschicht hinsichtlich seiner vorgegenständlichen Farb-Form-Struktur wahrgenommen.
Wahrnehmungsstufe Drei:	Das »Etwas« wird als Strukturkomplex, d. h. als Ding erkannt.
Wahrnehmungsstufe Vier:	Die Dingwahrnehmung wird mit Erinnerungsvorstellungen vergleichend assoziiert, d. h. das Ding wird identifiziert.
Wahrnehmungsstufe Fünf:	Das Ding wird begrifflich benannt.
Wahrnehmungsstufe Sechs:	Das Ding wird in einem neuen assoziativen Vergleichsprozeß beurteilt, d. h. gewertet – z. B. nach seiner Sympathie/Antipathie auslösenden Gefühlswirkung, nach seiner Schönheit, nach seiner Zweckmäßigkeit, nach seiner Seltenheit usw.

Zwischen diesen einzelnen Wahrnehmungsstufen wird gemäß der allmählichen Bewußtwerdung der Elementaren Erlebniskette in der Regel ein oftmaliges Hin- und Herspringen des *spot-light,* des engen Scheinwerferkreises der Bewußtwerdung stattfinden, wobei z. B. eine Identifikation und Benennung der Dingwahrnehmung bereits erfolgen kann, wenn die elementaren Farb-Form-Strukturen erst teilweise wahrgenommen sind. Im wiederholten Rückgriff auf die rein optische Wahrnehmung kann dann eine zunehmend genauere Identifizierung und begriffliche Einreihung der Dingerscheinung erfolgen, bis der Gegenstand in dem jeweils gewünschten Grad erkannt und beurteilt ist. In diesem Zusammenhang wird auch verständlich, warum der sogenannte »Erste Eindruck« vielen Menschen ein besonders sicheres Urteil gestattet. Hier sprechen nämlich die elementar-sinnlichen Merkzeichen in noch unreflektierter Unmittelbarkeit das physiognomische Sinnverstehen an. Deshalb wird der Ersteindruck besonders gegenüber lebenden

Wesen und Kunstdingen, also Dingen mit starkem physiognomischen Ausdrucksgehalt, als gültig empfunden.

Von der Tatsächlichkeit der geschilderten Stufenfolge kann sich jeder unschwer überzeugen; er braucht sich nur daran zu erinnern, was man erlebt, wenn man in einem nicht völlig dunklen Raum aus dem Schlaf erwacht und sofort die Augen öffnet. Man hat dann den Eindruck, es dauere eine ganze Weile, bis man sich zurechtgefunden, d. h. seine Umgebung dinglich erkannt und identifiziert habe. Vor dieser Identifizierung steht man dem elementar-sinnlichen, vorgegenständlichen Wahrnehmungserlebnis gegenüber. Dieser Zustand, der den Anschein erweckt, relativ lange – viele Sekunden, ja vielleicht Minuten – zu dauern, umfaßt in Wirklichkeit oft nur Sekundenbruchteile. Wir stehen lediglich im Augenblick des Erwachens – hauptsächlich durch den verlangsamten Herzschlag im entspannten Zustand des Körpers – unter dem Eindruck eines veränderten Zeitgefühls. Die Zeit scheint sich zu dehnen. Sekunden werden eine lange Erlebniszeit, wenn auch nicht mehr so lang wie im Traum, der wahrscheinlich ein Augenblickserlebnis ist, das, sozusagen bildhaft abgelesen, erst nachträglich mit dieser Lesegeschwindigkeit bewußt wird. Auf Wahrnehmungsstufe Zwei, also im vorgegenständlichen Erlebnis, ist zwar die Dingwelt bereits der Bedingung der Farb-Form-Struktur, aber noch nicht des Im-Raum-Seins unterworfen, die erst auf Wahrnehmungsstufe Drei im Erkennen als Struktur*komplex* erfüllt wird. Ein Gegenstand ist damit wenigstens für einen Augenblick und soweit er eben zur ersten – vorgegenständlichen – Ausdrucksreife in unserer Wahrnehmung gediehen ist, ein »Gegenstand ohne Bedingungen«.

Damit wird nun tatsächlich eine formale Wegvorstellung denkbar, die der formalen Zielvorstellung »Neuer Bezug auf die Dingwelt in einer vorgegenständlichen Weltschau« entspricht. Diese *neue formale Wegvorstellung* kann etwa lauten: »Spontane Begegnung mit unbegrifflich erlebten Dingformen als elementar-sinnlichen optischen Strukturen von jeweils stimmungsangepaßtem Erlebnisgehalt«.

Im jeweils stimmungsangepaßten Erlebnisgehalt einer Wahrnehmungsstruktur liegt also deren individuelles Bedeutungsgewicht. Dieses ist es, was dazu führt, daß gerade diese Struktur aus den sie umgebenden herausgesehen wird. Die soeben formulierte Wegvorstellung ist also durchaus sinnvoll.

Doch jetzt erhebt sich die praktische Frage: Kann man denn so etwas malen? Erstens den Zufall und zweitens jenen Bruchteil eines Augenblicks noch vor dem sogenannten Ersten Eindruck? – Man kann es leider nicht! Wir haben zwar einen Weg des malerischen Erlebens gefunden, aber nicht des malerischen Ausdrucks. Aber jetzt geschieht etwas gänzlich Überraschendes, Unerwartetes: Der Maler sieht und ersieht das Ding in seinen Farb-Form-Elementen – und will es gar nicht malen. Er ist trotzdem nicht mehr verzweifelt, sondern erlebt im Gegenteil in einer solchen zündenden persönlichen Dingbegegnung das Gefühl einer nicht minder spontanen Befreiung vom peinigenden Zwiespalt. Seine psychische Reaktion ist etwa folgende: »Hier ist das Ding. Da – nimm es! – Warum es malen? Sehen! Wenn du es nicht siehst, würdest du auch das Bild nicht sehen ... das man überdies gar nicht malen kann.« Und weiter: »Wozu überhaupt malen? – Nur um sehen zu lernen ... um die Dinge, die einen etwas angehen, sehen zu lernen, zu finden – sehen lernen in der Schule der vorgegenständlichen Malerei – dann aber Schluß mit dem Malen ... nur noch sehen – und zeigen, um zu sehen, ob auch andere sehen, wie man selber sieht – Menschen, mit denen man sich dann wird verständigen können ... ohne Scheinverstehen – aus den Tiefen, dort, wo das Sehen beginnt: im elementar-sinnlichen Erlebnis.«

Vor diesem Gefühlshintergrund entwickelte sich die Kunst des Objet trouvé. Es ist dem Maler mit dem Objet trouvé tatsächlich gelungen, aus seinem zunächst formalen Zwiespalt herauszukommen, mit den Dingen nichts mehr zu tun haben zu wollen und dennoch auf die Dinge Bezug zu nehmen. Das Objet trouvé ist Ja und Nein in einem – oder richtiger: eine gleichzeitige Bejahung beider Seiten des Zwiespalts »Gletscherlandschaft oder öde Wüste«, wodurch die Gletscherlandschaft keine Gletscherlandschaft und die Wüste keine Wüste mehr ist, sondern beides zusammen eine neue Erlebnisweise, also eine neue Welt darstellt. Wir können gespannt sein auf die dahinter ahnungsweise aufdämmernde weltanschauliche Wegvorstellung im Anschluß an die weltanschauliche Zielvorstellung: »Erneuerte Harmonie des Menschen mit der Welt der Dinge«.

Dazu müssen wir uns allerdings erst noch mit dem Formalismus der Kunst des Objet trouvé, die uns nun nicht mehr so absurd erscheint, etwas gründlicher auseinandersetzen.

Verlagerung des Erlebnisstandpunktes

Genau besehen, handelt es sich bei der Kunst des Objet trouvé gegenüber der vorgegenständlichen Malerei nicht um eine Änderung des Zieles, das in diesem Bewußtheitsstadium stets Darstellung des eigenen Stimmungsgefüges bedeutet, sondern nur um eine Verlagerung des Standpunktes, von dem aus das Stimmungsgefüge anvisiert wird, mit einer entsprechend gewandelten Wegfindung.

Bei der vorgegenständlichen Malerei liegt der Erlebniskeim in der Stimmungsschicht selbst; bei der Kunst des Objet trouvé liegt er in der spontanen zufälligen Dingbegegnung; d. h. der Erlebnisstandpunkt der vorgegenständlichen Malerei ist die Stimmungsschicht selbst, von der aus das Stimmungsgefüge sozusagen von »unten« in die darüberliegende vorgegenständliche Wahrnehmungsschicht projiziert wird. Im Fall der Kunst des Objet trouvé wird der Erlebnisstandpunkt nach »oben – außen« in die elementar-sinnliche vorgegenständliche Erlebnisschicht verlegt, um nun in umgekehrter Richtung mit dem darunterliegenden Stimmungsgefüge assoziiert zu werden. In diesem Bezug auf eine gemeinsame Bewußtseinsebene sind also alle Dinge einschließlich des Dinges, das man selber ist, nun in gleicher Weise gleichzeit überschaubar geworden. In Anbetracht dieser zunehmend bewußter werdenden identischen Selbst- und Welterfahrung wird deutlich, warum in der Kunst des Objet trouvé von einem Protest gegen die richtungweisende vorgegenständliche Malerei nicht die Rede sein kann. Es bedurfte nämlich der Stufe der dingabgewandten vorgegenständlichen Malerei, um auf die Kunst des Objet trouvé zu verfallen: Die physiognomischen Hintergründe des vorgegenständlichen Farb-Form-Erlebens liegen in einer so tiefen Schicht unseres Leibeserlebnisses, daß sie nicht im Umgang mit den Dingen, sondern nur mit dem Selbst ergründet werden können.

Zum Objet trouvé geeignete Dinge

Daß das Wesen der Kunst des Objet trouvé keineswegs offen zutage liegt, zeigt sich auch daran, daß es gar nicht so leicht ist, auf ein überzeugendes Objet trouvé zu stoßen. Deshalb hierüber noch einige Bemerkungen:

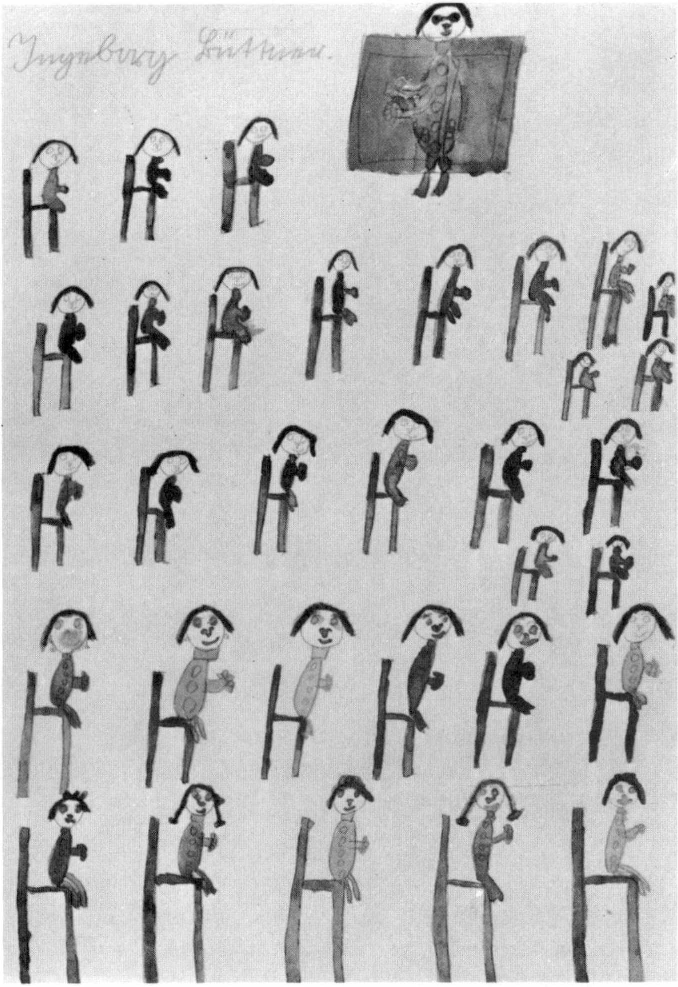

Ingeborg Büttner (8jährig), Die Klasse und der Lehrer

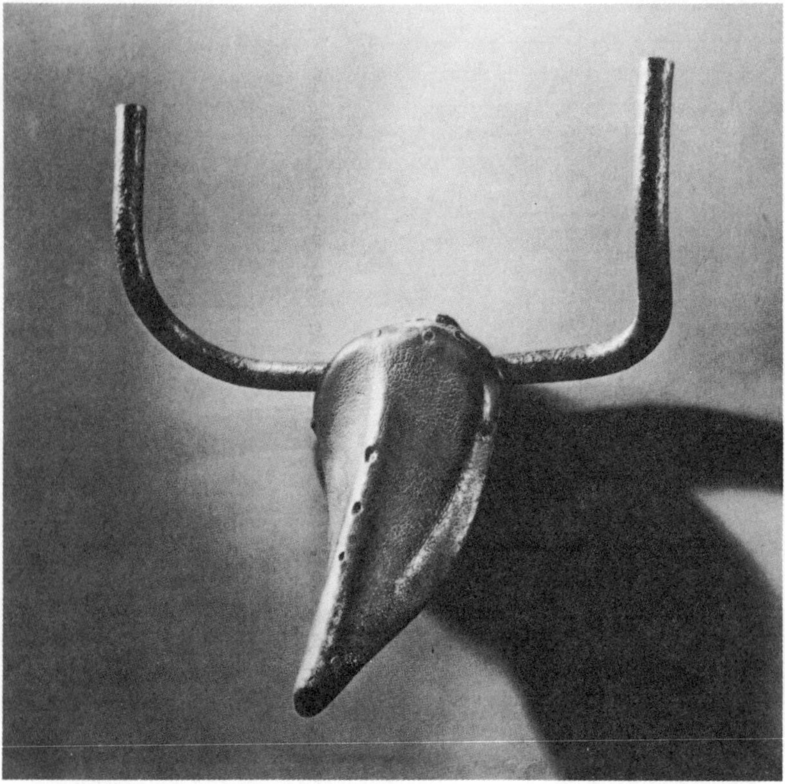

Pablo Picasso, Stierkopf, 1943; Privatbesitz

Es wird nach dem Bisherigen einleuchten, daß das Heraussehen bedeutungsgewichtiger vorgegenständlicher Strukturen, zumal für den Ungeübten, zunächst dort am leichtesten fällt, wo der traditionell eingefahrene Automatismus zweckbegrifflicher Sinngebung dem Gesehenen gegenüber am schwächsten ist. Man kann das beispielsweise erfahren, wenn man handschriftliche Briefe auf den Kopf stellt. Man macht sich dadurch vom Bedeutungssinn der Schriftzeichen frei und kann sich ungestört dem Strukturerlebnis hingeben. Ähnlich wirkt der Anblick von technischen Spezialgeräten auf den Laien, der ihren Verwendungszweck nicht kennt. Desgleichen erfährt der Berufsfremde den Blick in ein Mikroskop, besonders bei starken Vergrößerungen, als vollkommenes Fremdheitserlebnis, das den Blick für die vorgegenständlichen Strukturen freigibt.

So wird verständlich, daß als Objet trouvé vorzüglich halbzerstörte Dinge geeignet sind, deren Verwendungszweck und Ursprung nicht mehr in die Augen springt, die also, wie man heute zu sagen pflegt, sich in einem Verfremdungszustand befinden. Zerbeulte und verrostete Blechteile, Holz und Textilien in verwittertem, versengtem oder verkohltem Zustand, zerfallende Mineralien fordern den aufgeschlossenen Betrachter heraus, den begrifflichen Funktionalismus fallenzulassen. Deshalb werden solche Materialien auch besonders gern von der informellen Kunst verwendet. Gestatten sie doch sozusagen widerstandslos, einen nur von Farb- und Form-Elementen bedingten Zusammenklang wahrzunehmen, d. h. ein ursprüngliches, nur strukturbedingtes Anschauungserlebnis daraus zu schöpfen.

Ferner macht man die Erfahrung, daß gerade ursprünglich symmetrische oder auch einförmig klobige Gebilde in der Zerstörung oft besonders geglückte Verfremdungen in Form von abwechslungsreichen, subtilen Gestaltauflösungen ergeben. In diesem Sinne hörte ich in der Trümmerzeit unmittelbar nach dem Kriege aus dem Munde eines jungen Malers die treffende Bemerkung, die häßlichsten Häuser lieferten oft die schönsten Ruinen. Als Motto solcher ersten Befreiungen vom Begrifflichen angesichts von unerwartet veränderter Materie könnte man wählen: »Die Welt ist zerstört – Es lebe die Schöpfung!« – Es ist das alte Stirb-und-Werde-Motiv allen Geschehens auf einer gesteigerten Bewußtheitsebene.

Vorgegenständliche Malerei und Objet trouvé formal

Nachdem wir nun das Wesentliche zum Formalismus der Kunst des Objet trouvé zusammengetragen haben, können wir den Wesensunterschied zwischen ihr und der vorgegenständlichen Malerei unter folgenden zwei Gesichtspunkten zusammenfassen:

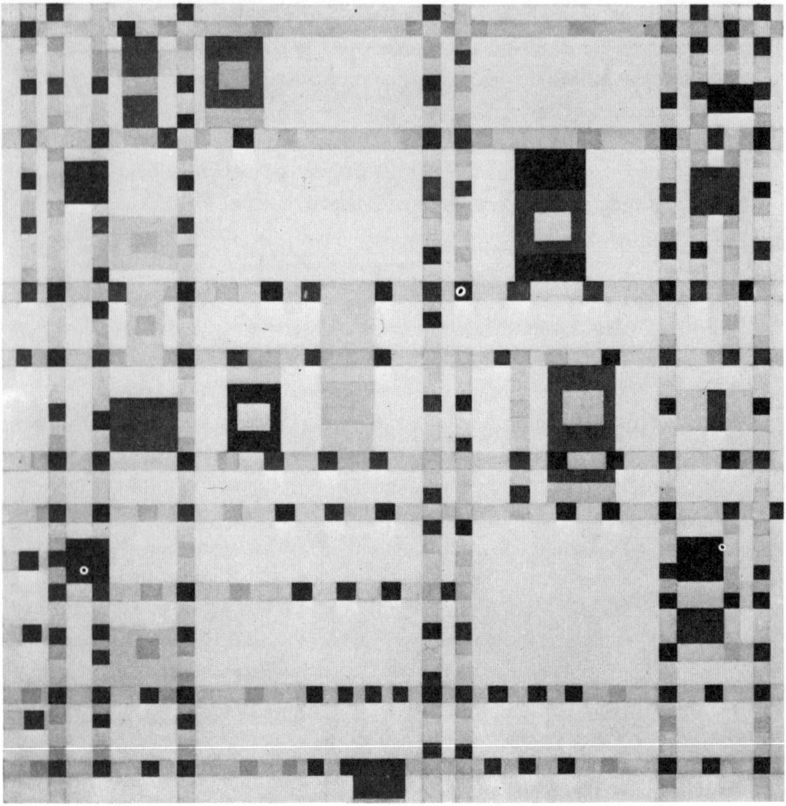

Piet Mondrian, Broadway Boogie Woogie, 1942–43; The Museum of Modern Art, New York

1. Die Kunst des Objet trouvé verwirklicht sich, vom Standpunkt des Selbst aus gesehen, vergleichbar der Liebe auf den ersten Blick, von »außen – oben« nach »innen – unten«, indem die fiktive Umwelt zentripetal mit dem Selbst in Beziehung gesetzt wird. Eine solche Suche, die im scheinbaren Außen beginnt, um dann überraschend auf das Selbst zu stoßen, »um den, der sucht, zu finden«, wie die alten Chinesen sagen – eine solche Suche wird von der abendländischen Psychologie mit ihrem in einem scheinbar objektiven Außen gelegenen Standpunkt

als Extraversion, als Umweltzuwendung, bezeichnet. – Die vorgegenständliche Malerei dagegen verwirklicht sich, vom Standpunkt des Selbst aus gesehen, umgekehrt von »innen – unten« nach »außen – oben«, indem sie das Selbst auf eine fiktive Umwelt, verkörpert durch die Malfläche, zentrifugal herausprojiziert. Ein solches Verhalten, das sein erklärtes Ziel ausschließlich in einer Projektion des Selbst sieht und nicht danach verlangt, etwas anderes als dieses Selbst erkennen zu wollen (weshalb es sich nicht selten auf das bewußte Ich reduziert sieht) – ein solches Verhalten bezeichnet die Psychologie als Intraversion, als Ich-Einkapselung.

2. Das Objet trouvé muß im großen und ganzen, d. h. von geringen Korrekturen abgesehen, so genommen werden, wie man es findet – also vergleichsweise wie ein Objet trouvé der Liebe. Die vorgegenständliche Malerei dagegen versucht, als im engsten Wortsinn selbstgemacht, sich kompromißlos-ideal zu verwirklichen. Daß ihr dies bisher nur in seltenen Zufällen gelingt, spricht nicht gegen sie, sondern für ihre nach wie vor zukunftsträchtige Lebendigkeit.

Tragweite des neuen Versuchs der Harmonisierung mit der Erscheinungswelt

Nachdem wir uns mit dem Formalismus der Kunst des Objet trouvé im Vergleich mit der vorgegenständlichen Malerei auseinandergesetzt haben, können wir nun auf der Suche nach der hinter dem Objet trouvé verborgenen weltanschaulichen Wegvorstellung einen weiteren Schritt tun. Dazu gilt es, sich als Nächstes folgendes klar zu machen: Daß im Objet trouvé als nicht notwendig oder sogar als störend empfundene Komplexanteile mit in Kauf genommen werden müssen, bedeutet keinen »Mangel« oder »Fehler«, wie der vorgegenständliche Maler, der mit Recht auf ein formales Ideal bedacht ist, dergleichen auf seinen Bildern erleben würde. Vielmehr ist es gerade dieses vorgefundene So-sein des Objet trouvé, das die erwähnte zentripetale Erlebnisumkehr ausmacht. Hier begegnet nämlich der Künstler jener natürlichen Erlebnissituation, die wir bei der allgemeinen Betrachtung des Zufalls mit dem Motto »Zurück zum Zufall« gekennzeichnet haben. Gerade in der Zusammenlagerung mit natürlichen Struktur-Unvollkommenheiten wird das Erlebnis des individuellen Bedeutungsgewichtes der ansprechenden Strukturen aktiviert, das uns nicht nur das uns Gemäße heraussehen, sondern auch uns Ungemäßes übersehen läßt – nicht anders, als es das Leben selbst von uns fordert. Hier ist die Kunst also nicht nur wirklichkeits*nah* – hier ist sie die Wirklichkeit selbst mit ihren unvermeidlichen Zufällen, die wir uns und denen wir uns anpassen müssen, wenn wir leben wollen. Gleichzeitig setzen wir uns im Erleben der Zufälle – im Objet trouvé wie im Leben –, die uns, und zwar uns allein gemäßen Maßstäbe, ohne uns dessen im einzelnen bewußt zu sein. Hier baut sich unsere individuelle Welt, und wir verstehen: Wer sich dem Erlebnis des individuellen Bedeutungsgewichtes im psychischen Zufall verschließt, indem er nach kollektiven Meinungsregeln zu werten und zu leben versucht, der kann letztlich überhaupt nichts erleben als den Zwiespalt zwischen äußerlich Angelerntem und den verdrängten Bedürfnissen seiner ihm unbekannt bleibenden Eigenwelt. Wenn er nicht zunehmend in Stumpfheit versinkt, wird er unentrinnbar das Opfer von Neurosen aller Art, die bekanntlich nicht von ungefähr als Krankheit unserer Zeit gelten.

Um der im wahrsten Wortsinn lebensgefährlichen Zwangsjacke der angelernten Meinung zu entgehen, hat sich die vorgegenständliche Malerei auf das Allein-mit-sich-selbst-Sein zurückgezogen und ist zum Ausdruck äußerster Introversion geworden – bis in dieser Brutkammer des Selbst die Bedingungen für einen neuen Weg nach außen herangereift waren. – In dem spontanen Wandel der Introversion der vorgegenständlichen Malerei zur Extroversion der Kunst des Objet trouvé stehen wir vor einem psychischen Kipperlebnis von kulturentscheidender Bedeutung. Es ist der erste Harmonisierungsversuch gegenüber der Erscheinungswelt seit der Epoche des Naturalismus, der in seinem vertrockneten akademischen Bemühen in unmusischem Stumpfsinn endete. Nun wird mit ganz neuen Mitteln, d.h. auf einer neuen Bewußtheitsebene abermals eine Brücke zur Dingwelt geschlagen. Das bedeutet nichts Geringeres als eine grundsätzliche Erlebnisumkehr im Kreisen des kollektiv-kulturellen Weltbildes zwischen den Urpolen Extroversion und Introversion, Umweltzuwendung und Umweltabkehr. Dieses Kreisen vollzieht sich, um im anschaulichen Bilde zu bleiben, nicht in einer Bewußtheitsebene, sondern strebt spiralig jener Ebene höchst-

Vincent van Gogh, Straße mit Zypressen, 1898; Museum Kroeller-Müller, Otterlo

Pablo Picasso, Der junge Maler, 1972; Musée Picasse, Paris

möglicher Bewußtheit zu, die man in jeder Hochkultur als den neuzeitlichen Abschnitt definieren kann.

Aus diesem periodischen Wandel kollektiver Extro- und Introversion erwächst in jeder Kultur immer gerade dann wieder ein neuer Lebensantrieb, wenn sie sich »am Ende« glaubt, d. h. wenn die gerade herrschende intro- oder extrovertierte Kollektivtendenz sich im Rahmen des mit ihr verbundenen Bewußtheitsgrades erschöpft hat. Stets ist es der nun periodisch einsetzende kollektiv-kulturelle Verzweiflungszustand, der schließlich zu einer Erlebniskippe führt, so wie der letzte malerische Extroversionsausklang im Naturalismus hinweggefegt wurde vom introvertierten Sturm der vor rund hundert Jahren aufbrechenden modernen Malerei als einem neuen Pendelschwung des kulturellen *élan vital.*

Dabei hat es den Anschein, als ob die allgemein-weltanschauliche Wucht des anhebenden Extroversionsschwunges sogar von mehr als säkularer Bedeutung sei. Wir kommen zu dieser Vermutung, indem wir nicht nur davon reden, sondern selbst den Mut aufbringen, unser eigenes Sehen mit unserem eigenen Denken zu verknüpfen, uns nicht mehr der konventionellen, starren Dingwelt ausliefern – einer Dingwelt, die von den Vorfahren vor-gesehen und uns begrifflich eingezäunt überkommen ist. Indem wir uns von diesen ererbten, nur noch begrifflichen Vor-Urteilen freimachen, treten wir in eine uns persönlich gemäße, durchaus individuelle Vorstellungswelt, ähnlich der, wie wir sie bisher nur vom Traum her kennen, von dem Heraklit als einer der Erzväter der abendländischen Kultur meinte: »Die Wachenden haben eine einzige und gemeinsame Welt; doch im Schlummer wendet sich jeder von dieser ab in seine eigene.«[2]

Seit Anbeginn steht unsere Kultur also schon unter einem großen introvertierten Pendelschwung, dem sich periodisch nur kleine Extroversionswellen überlagern. Man begreift, daß dieser Introversionsschwung endlich erlahmt. Man begreift aber auch, was eine entsprechende Erlebnisumkehr bedeuten muß. Indem der Mensch in den Stand versetzt wird, auch am Tage in einer ihm gemäßen individuellen Wirklichkeit zu leben statt in einer präfabrizierten, erfährt er, ohne die Philosophie zu bemühen, am eigenen Leibe: Der Sinn des Lebens ist das Leben selbst. Auf diese Weise wird der antivitale Widersinn der Frage nach dem Sinn des Lebens diskussionslos überwachsen in der möglichst

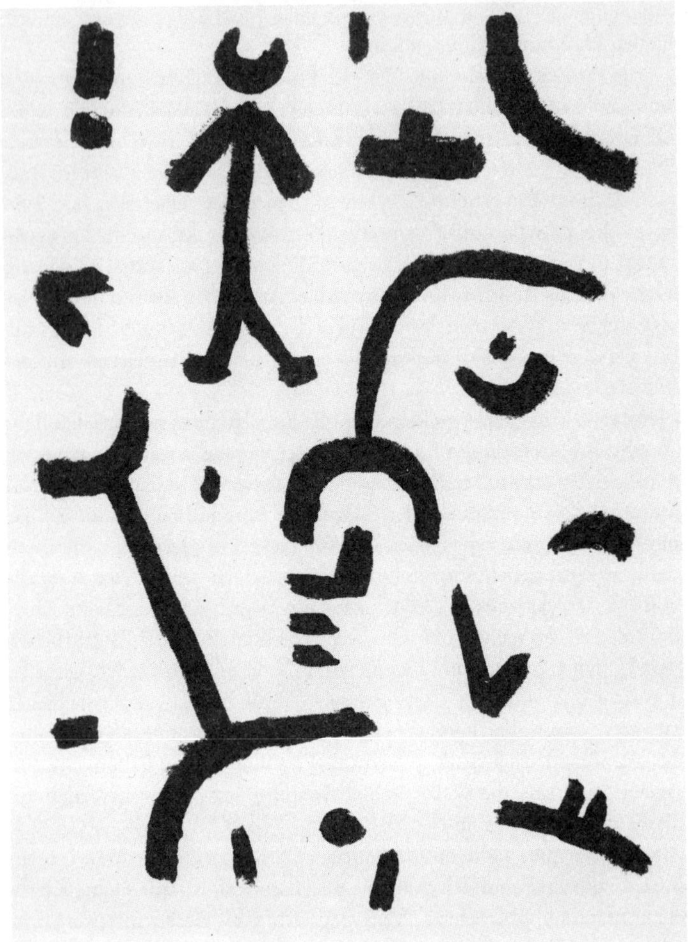

Paul Klee, Der Kleine hat Ausgang, 1937; Privatbesitz

geglückten Verwirklichung der dem einzelnen Individuum möglichen Zufälle, im Sinne der modernen Kunstausdrücke: als gelenkter Zufall – eines Malerbegriffes, der erstmalig gleichzeitig den psychologischen Sachverhalt trifft; das ist nun keineswegs ein Zufall, sondern ein Beweis dafür, daß wir hier bereits mitten in jenen elementaren Erlebniszusammenhängen stehen, in denen Psychisches und Physiologisches nahtlos ineinanderfließen, wie wir es in dem unmittelbar aus unserer Leibesstruktur erwachsenden physiognomischen Sinnverstehen der optischen, elementar-sinnlichen Erlebnisschicht vor Augen haben.

Psychologisch-dynamische Definition der Kunst

Im Wandel der vorgegenständlichen Malerei zur Kunst des Objet trouvé wird der Widersinn dessen besonders deutlich, was man der ganzen modernen Kunst seit rund hundert Jahren in Verwechslung von Ursache und Wirkung als Verfallserscheinung ankreidete: Die primäre Zielvorstellung der Avantgarde ist nicht vom Willen zur Zersetzung bestimmt. Insofern sie tatsächlich dazu beiträgt, erfolgt dies als Rückkoppelungsprozeß auf dem Weg der in ihren Werken sich anbahnenden Bewußtmachung des künftigen Zeitgeistes – gelte es Verfall oder neuen Aufstieg. Gleichzeitig wird verständlich, daß mit dem Hintreiben auf das kulturelle Kippmoment von Introversion zu Extroversion immer mehr die Persönlichkeit des Künstlers ins Gewicht fällt, während in gleichem Maße seine Fähigkeit als handwerklicher Abbildner seiner Vorstellungen in den Hintergrund rückt.

Diese zunehmende Bedeutung der hinter dem künstlerischen Ausdruck stehenden Persönlichkeit ist auch der Grund, warum sich der Begriff »junger Maler« heute nicht mehr auf das biologische Alter beziehen läßt, sondern so lange gilt, wie der Künstler noch neue Wege zu gehen bereit und in der Lage ist, wobei sich seine kulturelle Aufgabe vom Werker immer mehr verschiebt zum vorbildenden Seher – oder moderner ausgedrückt: zum experimentierenden Erforscher psychischer Zusammenhänge, eine Stellung, deren sich unser Kulturkollektiv freilich erst sehr zögernd bewußt wird. Das ist verständlich. Aufgrund der Typenwandlung, der der Kreis der Künstlerpersönlichkeiten der Avantgarde unterworfen ist, entfernt sich dieser nicht weniger weit von den traditionellen Vorstellungen wie ihr Kunstausdruck davon, was sich der Bürger als Zimmerschmuck an die Wand hängt. Das legt schließlich die Frage nahe: »Was hat moderne Kunst mit Kunst zu tun?« Womit wir wieder einmal vor der Frage stehen: »Was ist Kunst?«

Die Antwort fällt auf Grund unserer bisherigen Überlegungen nicht mehr schwer. Sie kann natürlich wie jede erkenntniskritisch fundierte Aussage nur eine relative sein, hat aber dafür den Vorteil, standpunktdefiniert, d. h. innerhalb ihres umschriebenen Geltungsbereiches eindeutig zu sein.

Wenn man den Begriff »Kunst« ein für allemal definieren könnte, so gäbe es ihn nicht. Stets schwingt in ihm etwas Wesentliches als in Worten nicht oder – richtiger – noch nicht faßbar mit. Nach dem bisher Vorgetragenen kann lebende Kunst nur der jeweils herrschende Avantgardismus sein, insofern dieser musischer Ausdruck des erst geahnten künftigen Weltbildes ist und damit jeweils Vorstufe einer kommenden kollektiven Bewußtheitssteigerung. Mit ihrem Eintritt hat die sie anzeigende Kunstrichtung ihren bedürfnisbedingten Antrieb verloren; sie wird sich zu einer neuen avantgardistischen Form wandeln. Das besondere Kennzeichen der modernen Kunst, also der seit einem runden Jahrhundert herrschenden, besteht im Sinne dieser psychologisch-dynamischen Kunstdefinition lediglich in der lawinenartigen Beschleunigung ihrer Wandlungen. Dadurch wird der Wandlungsvorgang, wie mit Zeitraffer aufgenommen, in einem weit höheren Maße überschaubar und wirkt gleichzeitig noch irritierender als ehedem. Es wird sichtbar, daß das Kollektiv um einige Generationen hinter der künstlerischen Avantgarde nachhinkt.

Das übermäßige Nachhinken der kollektiv-kulturellen Bewußtheit läßt sich summarisch unter den Stichworten »menschliche Denkträgheit« und »gefühlshafte Rückbindung an Überkommenes« begreifen. Im einzelnen ergeben sich für die offenkundige und eindeutig negative Reaktion des Kollektivs auf die jeweils avantgardistische Kunst folgende fünf Gründe:

1. Das Augentier Mensch nimmt am leichtesten optische Veränderungen in seinem Weltbild wahr.
2. Aufgrund des Sicherheitstriebes erfolgt vom Unbewußten her auf jeden neu- und andersartigen Eindruck zunächst eine spontane Abwehrhaltung.
3. Die Abneigung gegen Neues fällt besonders heftig aus, wenn mit dem dadurch angesprochenen Bereich ein psychisches Verdrängungserlebnis verbunden ist (hier vor allem: Verdrängung des kritischen Denkens, das der Entlarvung haltloser Metaphysik dienen könnte).

4. Noch gesteigerte Abwehrtendenzen treten bei der alten Generation auf, die die Richtwerte ihres mit ihr altgewordenen Weltbildes bedroht fühlt.

5. Die Abneigungshaltung gegen Neues wächst mit erhöhter Wandlungsgeschwindigkeit des jeweiligen Kunstausdrucks, da dem Kollektiv keine Zeit zur Gewöhnung an die jeweils dahinterstehende Weltbildänderung bleibt.

Die weltanschauliche Wegvorstellung der Kunst des Objet trouvé

Mit solchen Einsichten gerüstet, können wir nun an die immer noch offenstehende Formulierung der weltanschaulichen Wegvorstellung gehen, die hinter der formalen in der Kunst des Objet trouvé auftaucht. Um den darin enthaltenen Bewußtheitsanstieg möglichst lebhaft vor Augen zu führen, sei nochmals kurz an die weltanschauliche Elementare Erlebniskette der vorgegenständlichen Malerei erinnert:

»Wunsch nach Entbindung aus dem Chaos der Dinge« war die Bedürfnisvorstellung,

»Hingabe an das Erlebnis des Selbst« die Zielvorstellung,

»Bewußtwerden der Identität von Selbst- und Weltschau« die Wegvorstellung.

Dazu nun die bereits ermittelten beiden ersten Glieder der weltanschaulichen Elementaren Erlebniskette der Kunst des Objet trouvé:

»Wunsch nach Eingereiht-sein in eine annehmbare Welt« lautete die Bedürfnisvorstellung,

»Erneuerte Harmonie« die Zielvorstellung;
dazu nun noch die *formale* Wegvorstellung: »Spontane zufällige Begegnung mit vorgegenständlich erlebten Dingformen«.

Und nun als Fortsetzung in Richtung der Bewußtheitssteigerung deren Übersetzung ins *Weltanschauliche:* »Neues Welt- und damit identisches Selbst-Erlebnis in spontaner Erlebnishingabe«.

4. Praktische Auswirkungen und Vermutungen über weiteren Wandel

Hinter der weltanschaulichen Wegvorstellung der Kunst des Objet trouvé tauchen zwei Fragen auf:

1. Worin können ihre praktischen Auswirkungen bestehen?
2. Welcher weitere avantgardistische Wandel der bildnerischen Kunstformen läßt sich vermuten?

Wir wollen die zweite Frage zuerst angehen, um festzustellen: Die bildnerische Avantgarde wird es niemals aushalten, darauf zu verzichten, in irgendeiner Weise mit Farbe und anderen Materialien auf Flächen loszugehen. Und hinsichtlich des zu erwartenden Formalismus läßt sich bereits sagen, daß das in vorgegenständlicher Malerei und am Objet trouvé geschulte elementare Farb-Form-Erlebnis wie jeder Bewußtheitsschritt zwar vom einzelnen stets persönlich errungen werden muß, sich aber als allgemeiner Maßstab nicht mehr rückgängig machen läßt. Kein bildender Künstler wird also darauf verzichten können, durch die Erlebnisschulung der vorgegenständlichen Malerei zu gehen. Diese Schulung läßt sich verstehen als ein Initiationsvorgang ohne Mystik, aber mit ähnlicher, die Stellung zum Selbst verändernder Wirkung. Hier ist nämlich weniger ein Wissen oder eine Erfahrung im üblichen Sinne zu übertragen als vielmehr, wenn das Mitteilungsziel erreicht werden soll, nur eine komplexe Erlebnishaltung, um nicht zu sagen: eine Lebensform.

Als Action-painting nähert sie sich, ohne sich darüber schon im einzelnen klar zu sein, einem Erlebnis, wie es ähnlich der spontanen chinesischen Tuschemalerei des Zen zugrunde liegt. Ich kann den Zusammenhang an dieser Stelle nur andeuten: Diese Tuschemalerei mit dem der leisesten Regung nachgebenden, nassen Schriftpinsel ist bekanntlich unmittelbar aus der chinesischen Schrift hervorgegangen. Ihr Wesen ist die im Hingabeerlebnis völlig geglückte Idendifikation des wahrnehmenden Selbst mit der sensiblen Pinselspitze – also auch materialmäßig vollendetes Action-painting. Einer ähnlich vollkommenen, aber sicherlich völlig unbewußten Identifikationshaltung sind wir in den Tierbildern der eiszeitlichen Höhlen begegnet.

Bezeichnenderweise sagt die höchstbewußte chinesische Tuschemalerei von sich selbst: »Jeder Pinselstrich hat sein eigenes Leben und

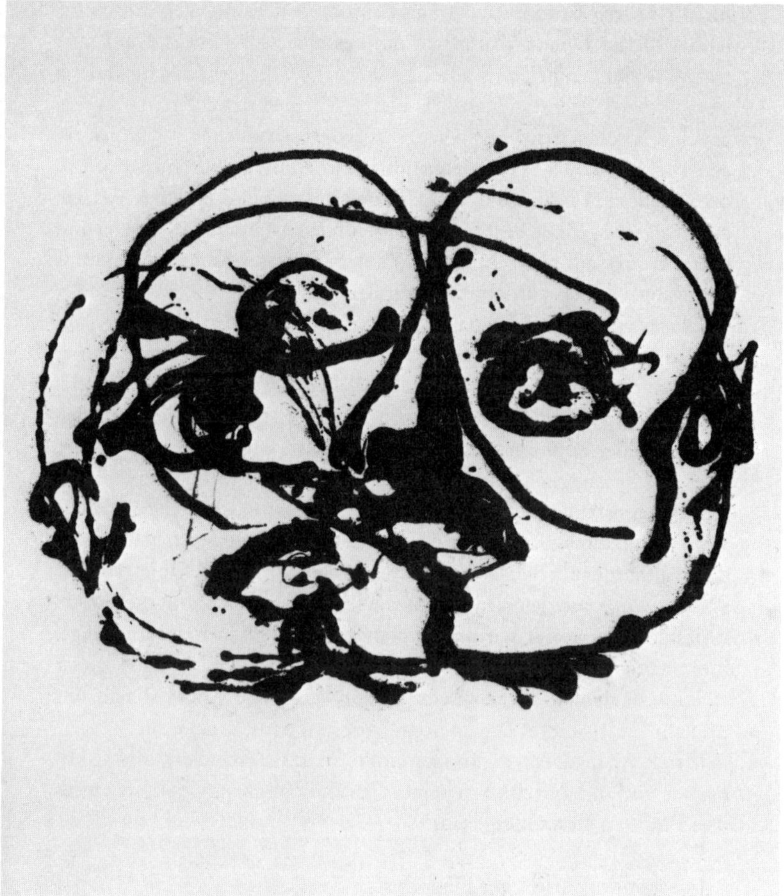

Jackson Pollock, ohne Titel, vor 1952; Privatbesitz

stirbt seinen eigenen Tod.« Die Bewußtheitshöhe dieses Action-painting spricht auch aus der Tatsache, daß hier ursprünglich keine Bilder hergestellt, sondern Erlebnisabläufe vollzogen werden sollten – die Produkte pflegten weggeworfen zu werden, so daß von dieser Kunst nur Zufälliges erhalten geblieben ist. Gelegentlich Aufbewahrtes sollte nicht Kunstwerk sein, sondern als Belegstück für einen geglückten Erlebnisvollzug dienen. Womit wir uns besonders der hinter dem Objet trouvé stehenden Erlebnishaltung nähern. Daß die fernöstliche Malerei stets auf den Gegenstand bezogen bleibt, sich aber trotzdem in unserem psychologischen Sinn in höchster vorgegenständlicher Formqualität ausdrückt, macht sie für den abendländischen Maler vorläufig noch so unerreichbar. Faßt man diese Malerei mit dem blitzschnellen Tuschepinsel als eine geniale Verbindung von vorgegenständlicher Malerei und Objet trouvé auf, dann kommt man dem dahinterstehenden Erlebnis wenigstens in den vordergründigen Bezügen nahe.

Es war vorauszusehen, daß die abendländischen Avantgardisten aus den am Objet trouvé erörterten Sehnsuchtsgründen ebenfalls zu einer spontanen Koppelung vorgegenständlicher Formen mit gegenständlichen Bezügen kommen würden, wie dies dann tatsächlich seit den Anfängen der Popkunst geschehen ist beispielsweise bei Rauschenberg oder den Spätwerken Pollocks.

Vorgegenständliches Wahrnehmen wird uns um so leichter fallen, je weitergehend die praktischen Konsequenzen gezogen sein werden aus der weltanschaulichen Wegvorstellung der Kunst des Objet trouvé: »Neues Welt- und damit identisches Selbst-Erlebnis in spontaner Erlebnishingabe« – womit wir uns zu der zuerst gestellten Frage zurückgeführt sehen: »Worin können die praktischen Auswirkungen dieser weltanschaulichen Wegvorstellung bestehen?« Die Antwort fällt uns nun am Ende unseres langen Weges wie eine reife Frucht zu.

Man kann diese Auswirkungen einerseits unter einem erkenntniskritischen und andererseits unter einem psychologischen Aspekt in jeweils drei Punkten zusammenfassen.

In erkenntniskritischer Hinsicht:
Vorschieben der Bewußtheitsgrenze

1. als Bewußtmachung der eigenen elementar-sinnlichen Erlebnisse als Grundlage des gesamten Selbsterlebnisses unter Einschluß des kritischen Denkens;
2. als Bewußtmachung des Kollektivitätsgrades der elementar-sinnlichen Erlebnisse;
3. als Bewußtmachung neuer zwischenmenschlicher, tiefenschichtig begründeter Verständigungsmöglichkeiten.

In psychologischer Hinsicht stehen wir vor folgenden Möglichkeiten:

1. Man trainiert bewußt auf das Spontan-Erlebnis aus der elementarsinnlichen Erlebnisschicht;
2. dadurch kann jedes beliebige Erlebnis immer wieder zu einem Erstmaligkeitserlebnis gemacht werden;
3. daraus ergibt sich zwangsläufig ein neues, erregendes, irritierendes Welt-, bzw. Selbst-Erlebnis und damit endlich eine Erneuerung des *élan vital.*

Vom Standpunkt der modernen Psychologie aus wird man vielleicht sagen: »Das ist analytisch-psychologisch ausgerichtete Therapie«; und eine gewisse Kenntnis ostasiatischer Erlebnis-Praktiken mag zu der Vermutung führen: »Das scheint etwas mit Zen zu tun zu haben«.

Beide Seiten haben recht: Moderne Psychologie nähert sich mit ihrer nun rund drei Generationen umfassenden Erfahrung und der daraus erwachsenen Bewußtheitssteigerung einem psychologischen Weltbild, das, ohne zunächst davon Kenntnis genommen zu haben, zunehmend mehr bewußtheitlichen Endformen zustrebt, wie wir sie ähnlich in der ostasiatischen Hochkultur antreffen. Das ist kein Zufall, sondern es zeigt sich, daß alle reifenden Kulturen, wenn sie sich dem Endstadium der dem Menschen möglichen Bewußtheitshöhe nähern, zu identischen Vorstellungen über das kommen, was man bei uns in noch dualistischer Perspektive die »unsterbliche Seele« nennt. – Es mögen diese Kulturen vorher auch noch so verschiedene Wege gegangen sein: Alle ihre Umwege oder richtiger: Entwicklungswege münden schließlich in ein Weltbild zunehmender Relativvorstellungen, das jedem Individuum seine eigene Welt zubilligt. Das bedeutet das bewußtheitliche Überwachsen des Glaubens an eine gemeinsame absolute Wirklichkeit in den Erfahrungen einer Vielzahl von individuellen Wirklichkeiten oder einer alle Individualwirklichkeiten übergreifenden, nur noch theoretischen, unbegrenzten Wirklichkeit, innerhalb derer jede Individualwirklichkeit einen in der psychischen Struktur des einzelnen Individuums definierten Standpunkt darstellt. Wir können in Anbetracht der Verschiedenartigkeit der jeweiligen individuellen Bedeutungsgewichte äußerlich gleichartiger Erlebnissituationen, wie wir sie im Zusammenhang mit dem Zufall erörtert haben, von individuellen Wertwelten sprechen. Etwas Ähnliches schwebte in seiner Monaden-

Theorie bereits Leibniz vor, der sich – nicht nur aus diesem Grunde – als der seit Jahrhunderten modernste Denker in unserer Kultur erweist; er war übrigens auch der erste in Europa, der sich – wir ahnen nun die Gründe – für das ostasiatische Zen-Weltbild interessierte.

Von der erkenntniskritisch-psychologischen Vorstellung der individuellen Wertwelten, für die unsere Kultur nun allmählich reif zu werden scheint, läßt sich erwarten, daß sie vor allem wirksam werde, um einer modernen, alle Dualismen oder, was dasselbe ist, alle dogmatischen Gegensätze auflösenden Relativitätspsychologie ihren Stempel aufzuprägen. Dadurch würde sich für alle Wissenschaften eine gemeinsame Verständigungsbasis gewinnen lassen von einer Bewußtheitshöhe, wie sie sich in der modernen Mathematik und der an ihr orientierten theoretischen Physik mit ihren Relativitätsvorstellungen seit einem halben Jahrhundert mit einer auf keinem menschlichen Wissensgebiet bisher jemals auch nur annähernd erreichten Subtilität der Definitionen ausgebildet hat. Damit wird der unsere ganze Kultur mehr und mehr lähmende Zwiespalt der doppelten Buchführung über Werktagswissenschaft und Sonntagsmetaphysik überwachsen in einem theoretisch einheitlichen und praktisch vielfältigen Weltbild einer unbegrenzten Wirklichkeit – so wie in der Kunst des Objet trouvé der Zwiespalt zwischen Abscheu und Sehnsucht gegenüber der Welt der Dinge überwachsen wurde.

Wenn wir nun am Ende die kulturvorausschauenden Ergebnisse unserer Analyse überblicken, scheint uns der Weg in die Zukunft und damit in die Neuzeit unserer Kultur nicht wie ein Weg in den Abgrund, sondern wie eine ansteigende Gratwanderung. Dieser Weg kann nicht mühelos sein; denn es gibt keinen mühelosen Weg in ein so unbekanntes und schwieriges Gelände, wie es die Zukunft ist und zu allen Zeiten war. Auch in einer Kulturepoche der Höchstbewußtheit werden die Menschen sicherlich nicht »besser« im Sinne primitiven Fortschrittsglaubens. Aber es können Formen des Zusammenlebens der noch immer größer werdenden menschlichen Herde gefunden werden, bei denen die Schwächen des einzelnen sich nicht mehr in so katastrophalen Folgen auszuwirken vermögen wie im noch mittelalterlichen 20. Jahrhundert.

Curt Stenvert, Manipulateur V, 1964; Privatbesitz

Um solche Formen zu entwickeln, stehen uns bereits heute in abendländischer Wissenschaft und Technik weit wirkungsvollere Werkzeuge zur Verfügung als jemals in irgendeiner anderen Kultur. Dazu steht zu erwarten, daß unsere Kultur zumindest seit der Epoche der Renaissance keiner annähernd so tiefgreifenden Wandlung ausgesetzt war – nicht wie der, in der wir uns, allen sichtbar, gerade befinden, sondern wie der, die von der kulturellen Wetterwarte der avantgardistischen Malerei aus am Horizont des kommenden Jahrhunderts geahnt werden kann.

II. Abendländischer Surrealismus und chinesisches Zen-Weltbild

1. Die traditionelle Stellungnahme der Psychologie zum Surrealismus

Das Assoziationsexperiment

An der Entstehung des Surrealismus gegen Ende des Ersten Weltkrieges (also fast ein Jahrzehnt nach den Anfängen der vorgegenständlichen Malerei) hatten psychoanalytisch interessierte Künstler- und Schriftstellerkreise Anteil. Diese Herkunft gab dem Surrealismus ein intellektuelles Gepräge, das ihn von vornherein in einen offenkundigen Gegensatz zur vorgegenständlichen Malerei mit ihrer ausdrücklichen Ablehnung allen Psychologisierens stellt. Gleichzeitig scheint diese intellektuelle Komponente den psychologischen Zugang zu den Ausdrucksformen des Surrealismus zu erleichtern. Wie sich im weiteren Verlauf unserer Analyse zeigen wird, trägt sie indessen in einem mindestens ebenso hohen Maße dazu bei, seine tiefsten psychischen Wurzeln hinter einem besonders dichten Gewebe begrifflichen Mißverstehens zu verbergen. Zur Verdeutlichung wollen wir in unsere Darstellung mit der Umschreibung des Standpunktes eintreten, von dem aus sich der heutige Surrealismus selbst sieht. Das ist bereits mit dem »surrealistischen Imperativ« getan, in dem der Surrealismus sein Ausdrucksbedürfnis von Anfang an auf eine rezeptartige Weise zusammengefaßt hat: »Male (oder schreibe), was dir spontan in den Sinn kommt, und füge ebenso spontan alle folgenden Einfälle hinzu – unbekümmert darum, was daraus entsteht! Das einzige, was du aktiv dazu beizutragen vermagst, sind vorbereitende Maßnahmen, die auf das Erreichen eines dem Assoziationsfluß günstigen, eventuell sogar tranceartigen Zustandes zielen.«

Psychologisch gesehen, bedeutet also der Surrealismus ein Assoziationsexperiment und damit ein Zielen auf den gleichen Erlebnisbereich wie etwa beim bekannten Jungschen Reizworttest, bei dem der Zuruf einzelner Worte mit spontanen Assoziationen zu beantworten ist. Allerdings bestehen zwischen den beiden Experimentalformen drei wesentliche Unterschiede: Im Jungschen Test werden die Reizvorstellungen der Versuchsperson vom Versuchsleiter durch Zuruf aufgezwungen, während sie beim surrealistischen Schaffen aus dem eigenen Erlebnis hervorgehen. Ferner werden beim Jung-Test die Reize in Form von Begriffen verabreicht, das heißt, im Sinne des psychologischen Schichtenbildes, »von oben« an die Versuchsperson herangebracht – wogegen sie beim Surrealismus aus den eigenen Tiefenschichten geschöpft werden. Endlich aber handelt es sich beim Reizworttest um eine lange Reihe von alleinstehenden Einzelreizen – im surrealistischen Ausdrucksgestalten dagegen um den möglichst ungestörten Aufbau einer sich beliebig verzweigenden Assoziationskette, die sich an eine Anfangsvorstellung anschließt. Mit anderen Worten: Der Jungsche Test stellt ein Ermittlungsverfahren dar, das nur einen mäßigen Libidoeinsatz der Versuchsperson in Form der Bereitwilligkeit erfordert, während das surrealistische Ausdrucksschaffen um so vollkommener gelingt, in je höherem Maße eine Libido investierende Hingabe an das Tun erfolgt. Über das damit ausgedrückte besondere Bedürfnis zur Tiefenschau hinaus zielen beide Experimente in zwei durchaus verschiedene Richtungen, nämlich das Jungsche Verfahren in die Richtung der vom Individuum abgelehnten, verdrängten Erlebnisinhalte durch Feststellung jener Reizworte, auf die verzögert reagiert wird und die sich damit als komplexbeladen verraten – der Surrealismus aber zielt in die Richtung der angenommenen und bevorzugten Erlebnisinhalte. Das Gemeinsame an den Ergebnissen beider Verfahren ist, daß es sich letztlich um das bewußtmachende Herausstellen von Individualsymbolen handelt, wobei, im ganzen gesehen, das eine Mal der Vergleich mit dem photographischen Negativ und das andere Mal mit dem photographischen Positiv von einer querschnittweisen tiefenschichtigen Bestandsaufnahme naheliegt. In beiden Fällen tritt unter der Vorstellung der Spontanreaktion eine weitgehende Entbindung von der auswählenden Kritik des Bewußtseins ein, so daß in den Assoziationen die ganze Persönlichkeit übergreifende Erlebnisstrukturen – das heißt die sogenannte »Tiefenperson« – sichtbar werden. Ihrem Charakter nach gleichen die so gewonnenen Assoziationen somit denen des Traumerlebnisses. Dabei ist klar, daß das Assoziationserlebnis der surrealistischen Malerei dem des Traumes auch in formaler Weise besonders nahesteht, da es sich unmittelbar in der optischen Vorstellungsebene des Bildhaft-Komplexen abspielt, in der auch der Schwerpunkt der Traumvorstellungen gelegen ist. Auf Grund des gemeinsamen Kriteriums der persönlichkeitsumspannenden Assoziationen kann also auch vom Traumerlebnis

Salvador Dali, Als Tisch geeignetes Gespenst Vermeer van Delfts, 1934; Privatbesitz

selbst als von einem surrealistischen Erlebnis gesprochen werden. Hier wie dort handelt es sich um eine realistische Vorstellungskomponente, insofern die einzelnen Assoziationsbestandteile Vorstellungen aus dem Bereich der sinnlich wahrnehmbaren Wirklichkeit darstellen, nebst einer imaginären, daß heißt, den Realismus übersteigenden, »sur-realen« Komponente infolge der Verknüpfungsart der einzelnen Individualsymbole miteinander in einer Weise, die sich schrankenlos über alle realistisch-funktionellen Zusammenhänge hinwegsetzt. So kommt es zu den bekannten surrealistischen Bildern, auf denen zum Beispiel belaubte Äste aus menschlichen Körpern wachsen oder Maschinen- und Eingeweideteile als gemeinsamer Mechanismus funktionieren oder merkwürdige, nicht näher identifizierbare Gebilde in weiten Landschaften stehen usw. Diese aus Individualsymbolen aufgebauten Bildausdrücke sind, wenn man nicht vorher mit der Psyche ihres jeweiligen Erzeugers vertraut ist, im allgemeinen nur schwer deutbar – schon gar nicht aber an Hand eines einzelnen Bildes.

Individualsymbole

An dieser Stelle bedarf es einiger Bemerkungen über das Entstehen und die psychische Wirkung von Individualsymbolen:

Von allen Wahrnehmungen werden nur bestimmte Merkzeichen und Merkzeichenkomplexe bewußt gemacht. Das gleiche gilt bei der späteren erinnernden Vorstellung. Die Auswahl dieser individuell herausgesehenen Merkzeichen und Merkzeichenkomplexe wird bestimmt durch die individuelle charakterliche Struktur des Erlebenden. Aus dem individuell betonten Ansprechen auf bestimmte Merkzeichen und Merkzeichenkomplexe, die mit der persönlichen Erlebnisstruktur und dem damit verbundenen Erlebnisrhythmus korrespondieren, erwächst nicht nur die Formensprache des Künstlers, sondern jeder Ausdruck überhaupt. Jeder Ausdruck trägt unvermeidlich das persönliche Gepräge des Ausdrückenden: *Le style c'est l'homme* – der Mensch ist identisch mit seinem Stil. Damit wird das Erleben gewisser Merkzeichenkomplexe für den einen nachhaltiger, bedeutungsvoller als für einen anderen. Wird in einem Individuum die assoziative Verknüpfung gewisser äußerer Wahrnehmungskomplexe und innerer Erlebnisabläufe

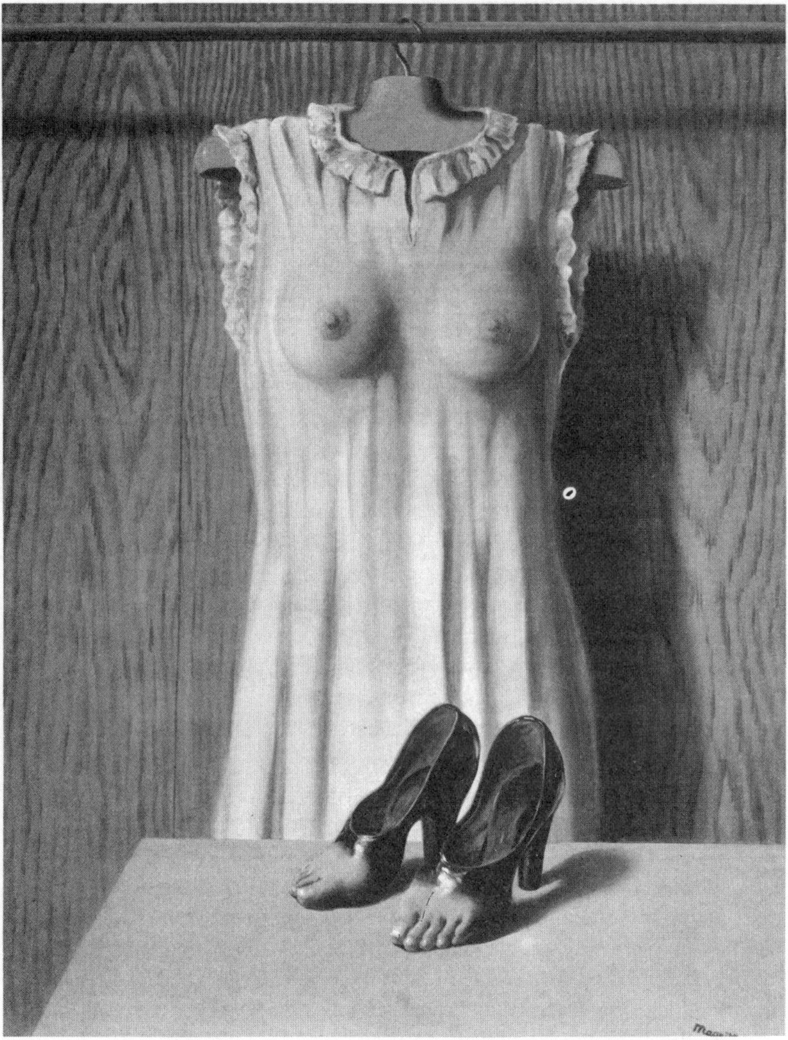

René Magritte, Die Philosophie im Schlafzimmer, 1947; Privatbesitz

so intensiv, daß eine Vorstellung die andere zwangsläufig auslöst, so kann man von einem Individualsymbol sprechen. Derartige individualsymbolische Bedeutungen können sich mit Wahrnehmungen aller Sinnesbereiche verbinden. Im Schichtenbild der Person läßt sich die Wirkung eines Individualsymbols ebenso wie die eines Kollektivsymbols als ein schichtenübergreifendes Vorstellungserlebnis besonderer Art beschreiben. Jedes Kollektivsymbol ist als Individualsymbol entstanden; aber nur die wenigsten Individualsymbole werden zu Kollektivsymbolen.

Da die Entstehung eines Symbolerlebnisses sich stets in Verbindung mit einem sinnlichen Wahrnehmungserlebnis, also in der physiognomischen Erlebnisschicht vollzieht, kann man von dieser Schicht auch als von der Symbolschicht sprechen. Diese Symbolschicht ist identisch mit der Vorstellung, die die Tiefenpsychologie mit dem Begriff der »Bildseele« verbindet. Von der Symbolschicht aus strahlt die »Wirkung« des Symbols in die darunter- und darüberliegenden Schichten aus, die wir dementsprechend auch als vor- bzw. nachsymbolisch bezeichnen können.

Vom Erlebnis der Symbol*entstehung* zu unterscheiden ist der Vorgang der anschließenden Symbol*wirkung*. Denn wenn sich die Symbolentstehung in der physiognomischen Schicht vollzieht, so ist die Symbolwirkung gerade dadurch gekennzeichnet, daß sie alle Erlebnisschichten in vertikaler Richtung miteinander verbindet – zwar nicht in ihrer horizontalen Gesamtausdehnung, wohl aber in dem durch das Symbol bestimmten Erlebnisbereich. Beim Antönen der dem Erlebnis des Individualsymbols entsprechenden Note in *irgendeiner* Erlebnisschicht wird nicht nur das Individualsymbol selbst erinnert, sondern gleichzeitig auch alles, was damit in den übrigen Erlebnisschichten als dazugehörig assoziiert ist. Dieses gebietsweise Kommunizieren aller Erlebnisschichten mittels eines Individualsymbols läßt von einem punktuellen Schichtenkurzschluß sprechen. Jede derartige Kurzschlußsituation zwischen den Schichten bedeutet eine starke Libidobindung. Das hat eine merkwürdige Folge. Insofern es sich nämlich bei den Individualsymbolen häufig um Vorstellungskomplexe handelt, die nichts mit kollektiv-kultureller Wertung zu tun haben, ja oft sogar im Widerspruch dazu stehen, führen sie dazu, das Individuum vom Kollektiverlebnis zu trennen, ihm eine eigene individuelle Wertwelt zu schaffen, die sich von der kollektiven oft sehr wesentlich unterscheidet. Solche individuellen Wertesetzungen mit der damit verbundenen hohen Libidoinvestierung wirken sich für den davon Betroffenen bei einem gewissen Intensitätsgrad sehr störend aus. Man pflegt dann derartige individualsymbolische Libidobindungen als fetischistisch zu bezeichnen – bezugnehmend auf das Fetischerlebnis der Primitiven, die in ihrer Vorstellung in ähnlicher Weise einem an sich belanglosen Ding einen ihr ganzes Tun und Lassen dirigierenden Einfluß einräumen.

In der Rolle des Fetischs hat das Individualsymbol den Gipfel seiner Wirksamkeit erreicht. Wie groß diese reflexhaft sich abspielende Wirksamkeit zu werden vermag, zeigen die zahllosen Neurosefälle, unter deren Symptomen sich derartige Fetischbindungen finden – Vorstellungs- und Erlebnisfesseln, die vom Standpunkt des davon nicht Befallenen im wörtlichsten Sinne als verrückt, d. h. als wert-verrückt erscheinen. Die Entbindung von der Verhaftung an den Fetisch und damit die Wiederherstellung einer natürlichen, biologisch vernünftigen Wertehierarchie ist Aufgabe der bewußtmachenden Analyse mit anschließender Therapie. Natürlich sind wir alle mehr oder minder intensiven Individual-Symbolerlebnissen ausgeliefert. Ohne diese Tatsache gäbe es nicht nur keinen originalen *musischen* Ausdruck, sondern überhaupt keinen Ausdruck.

Denn alles Ausdrücken ist letztlich aus dem dahinterstehenden physiognomischen Sinnverstehen erwachsen, das ohne scharfe Grenze in Symbolerleben übergeht. Ob mit Symbolerlebnissen aber eine neurotische Wertverrückung verbunden wird, hängt im Einzelfall nicht von ihrer mehr oder minder starken Individualnote ab, sondern davon, wieweit wir uns der Symbolwirkung jeweils bewußt werden. Die in der definiert-begrifflichen Schicht in Verbindung mit dem Symbolerleben erwachsenden Intuitionen sind nämlich von besonderer Art: hier werden die Libidomengen, die eventuell auf Grund einer absolut geglaubten, fetischistischen Wirksamkeit des Symbols mit ihm verknüpft wurden, wieder freigegeben. In der wohldefinierenden Merkzeichenauflösung und im hochbewußten Verstehen der Erlebniswirkungen kommt es zur Entkleidung des Symbols von seiner fetischistischen Bewertung. Das Symbolding wird wieder Ding unter Dingen, die nun im definiert-begrifflichen Urteil nach ihrer Bedeutung für die biologisch vernünftige Interessenbefriedigung bewertet werden. Eine solche Bewertung braucht durchaus nicht ausschließlich nach der unmittelbar praktischen Nützlichkeit allein im Sinne der geradlinigen Befriedigung der Elementarinteressen zu erfolgen; es können vielmehr sehr wohl die im physisch-psychischen Persönlichkeitsgefüge verankerten Zu- und Abneigungstendenzen (das ist das individuelle Wertwelterleben) wie auch die kulturell bedingten Sublimierungsvorstellungen – etwa die der Selbstverwirklichung im künstlerischen oder wissenschaftlichen Ausdruck – in diese Bewertung Eingang finden, wobei dann allerdings über die Art dieser Interessentendenzen bewußtheitliche Klarheit herrscht. Auf diese Weise wird das, was in einer erst wenig bewußten Elementaren Erlebniskette noch als dunkles Symbol wirkt, zu einem bis in die Tiefen seiner physiognomischen Axiomatik und ihrer individuellen Relativbedeutung aufgehellten Erlebnis.

Nachdem wir den Zusammenhang des Symbolerlebens mit den einzelnen Bewußtheitsschichten erkannt haben, können wir den Symbolbegriff im psychologisch definierten Sinn zweckmäßigerweise gebrauchen nicht zur Bezeichnung eines Dinges, sondern eines Erlebnisses von einem besonderen, psychisch betonten Geschehen, das mit einer sinnlichen Wahrnehmung verknüpft ist. Der Begriff »Symbol« bezeichnet also eine komplexe Erlebnisform, die je nach den Umständen mit allem Wahrnehmbaren und Vorstellbaren verbunden sein kann, sei es Ding, Verhalten, Laut, Geruch, Geschmack, tastsinnliches Erlebnis, Begriff, sei es unmittelbar Wahrgenommenes oder wache wie geträumte Vorstellung.

Man kann, vom Symbolbegriff und seiner Wertverrückung im Fetisch ausgehend, die ganze Kultur und ihre Zerrbilder darstellen. Deshalb wollen wir hier abbrechen, nachdem wir so viel darüber zusammengetragen haben, wie wir zum Verständnis des Surrealismus benötigen, den wir als eine besondere Erlebnishaltung den Individualsymbolen gegenüber auffassen können.

Die im Surrealismus erreichte Freizügigkeit im individuellen Symbolgebrauch setzt eine fortgeschrittene kollektivkulturelle Bewußtseinsstufe voraus, in der man über die zugrundeliegenden Psychomechanismen, wenn auch noch nicht im Einzelnen Bescheid weiß, wohl aber sich darüber im klaren ist, daß hier kein Gott zum Menschen spricht, sondern sein eigenes Unbewußtes. Es ist reizvoll, bei der Untersuchung derart kulturspezifischer, zeitgeistbedingter Ausdrucksformen wie der surrealistischen Malerei einen Blick auf die weitere Vergangenheit zu werfen. Man wird dort meist auf einen vom damaligen Kulturkollektiv unverstandenen Vorläufer stoßen, der wie ein erratischer Block in seiner Umwelt liegt – so etwa die Schriften des Meister Ekkehard, der mit seinen totalrelativistischen, ketzerischen Vorstellungen vom Denken des Menschen der abendländischen Bewußtwerdung ein rundes Jahrtausend vorauseilte. Wäre er zu seinem Glück nicht ebenso total mißverstanden worden, wäre sein Ende auf dem Scheiterhaufen sicher gewesen. Als eine solche einzelgängerische, nachfolgelose Vorwegnahme der surrealistischen Malerei vor rund vier Jahrhunderten können wir heute die fantastischen Schöpfungen des Hyronimus Bosch und Pieter Breughel d. J., Höllenbreughel genannt, erkennen. Der Streit darüber, ob ihre Werke etwas mit Surrealismus zu tun haben, d. h., ob sie individualsymbolische Spontanassoziationen darstellen oder ob darin religiös-moralische Vorstellungen des umgebenden zeitgenössischen Kulturkollektivs als thematisch bedachte Symbolismen ihren Niederschlag gefunden haben, kann jetzt im Sinn der ersten Annahme entschieden werden, nachdem festgestellt wurde, daß beide Maler Umgang mit halluzinogenen Drogen pflegten. Über den spontanen und somit definitionsgemäß surrealistischen Charakter ihrer Werke konnte freilich ihre zeitbedingte Symbolwahl hinwegtäuschen, insofern es dem kollektivkulturellen Ausdrucksrepertoire entsprach, Skurriles, Deformiertes, Fratzenhaftes automatisch mit dem Teufel zu assoziieren – nicht anders als die Surrealisten des naturwissenschaftlich und technisch geprägten, zwanzigsten Jahrhunderts von ihrer gewandelten Umwelt für ihre unbewußte Individualsymbolik auf technisch maschinenartige, medizinische, anatomische oder auch auf undefinierbare Materieformen von erst zu Erforschendem u. ä. hingewiesen werden. Bosch und Höllenbreughel haben somit Anrecht darauf, Altväter des Surrealismus genannt zu werden.

Die naheliegende Frage, warum Boschs und Breughels Surrealismus erst in unserem Jahrhundert eine Nachfolge erfahren hat, deren Ende nicht abzusehen ist, beantwortet sich dadurch, daß eine solche surrealistische Bewegung den Zeitgeist des von der Psychoanalyse geprägten kollektiv-kulturellen Weltbildes bedurfte. Auch wenn der Surrealismus selber auf Grund seines musisch-komplexen, malerisch-dichterischen Erlebens im grundsätzlichen Widerspruch zur begrifflich sezierenden Haltung des psychoanalytischen Denkens verharren mußte, so ist es doch diese spannungsreiche, alles relativierende Hintergrundbeziehung zur Umwelt, die das vorurteilslose, ungehemmte Strömen traumhaft freizügiger Bilder und ihre Ausdrucksverwirklichung im Werk gestattet. Kein Zweifel: Die zunehmende Gewöhnung des umgebenden Kulturkollektivs an surrealistische Bildnereien wirkt rückkoppelnd-verstärkend als Aufforderung, die bisherigen Vorstellungsgrenzen zu durchbrechen, was von den »Ewiggestrigen« durchaus richtig als »zersetzend«, nämlich die bestehenden kollektivkulturellen Vorurteile zersetzend, erlebt wird.

Abschließend soll der Hinweis nicht fehlen, daß keineswegs alle malerischen Merkwürdigkeiten als Surrealismus angesprochen werden können. Vieles davon ist stilnachahmendes Machwerk, also billige Mitläufermanier, wie sie sich stets im Gefolge eines vom Zeitgeist angenommenen Ausdrucksprinzips einstellt. Solche Manier ist auch nicht zu verwechseln mit dem Manierismus eines Guiseppe Archimboldo, der keine Hintergründigkeit sucht, sondern seinen formalen Einfall der Obst- und Gemüseporträts dazu benützt, um in sorgfältigen Bildkonstruktionen seine malerischen Qualitäten auf originelle Weise sichtbar zu machen.

Neigung zum Schizophrenen. Keine Begriffsfeindlichkeit

Was nun die an Hand des surrealistischen Imperativs geschaffenen Bildausdrücke betrifft, so haben wir den psychischen Mechanismus ihres Entstehens ganz allgemein als dem von Traumbildern und ihren Symbolschöpfungen ähnlich erkannt; wir müssen nun hinzufügen, daß trotzdem die Träume zahlreicher Menschen lebenslänglich weit entfernt bleiben von den Sonderbarkeiten surrealistischer Bilder. Ihnen vergleichbare Träume oder auch im wachen Zustand auftretende ähnliche individualsymbolische Vorstellungen werden vielmehr nur von einer gewissen Gruppe von Menschen produziert, wobei diese Vorstellungen im einzelnen in allen Graden der Erlebnisintensität – von spielerischer Intuition bis zum als Wirklichkeit geglaubten Wahnbild, als Halluzination – erlebt werden. In pathologischer Steigerung werden solche Erlebnisstrukturen mit Bleuler als der Formenkreis der Schizophrenie, zu deutsch »Spaltsinnigkeit«, definiert. Die davon in bereits wahnhaft auffälligen Graden betroffenen Personen machen nach vorsichtiger Schätzung in Mitteleuropa mindestens ein Prozent der Bevölkerung aus, doch scheinen in romanischen Ländern die Zahlen hierfür wesentlich höher zu liegen. Als die eigentliche Landschaft der Schizophrenie erscheint Spanien, aus der auch in Gestalt des *Don Quijote* die unsterbliche dichterische Verkörperung solcher Vorstellungsformen hervorgegangen ist. Cervantes' geniale Schöpfung des verzauberten Ritters von der traurigen Gestalt mit der empfindsamen Seele zeigt jene Merkmale, die wir auch im Anblick der meisten surrealistischen Bilder zu erleben pflegen: In der unvorhersehbaren Überkreuzung einer realen und einer imaginären Komponente spricht sich eine merkwürdige Mischung von Grauen und einem gleichzeitig hintergründigen wie spirituellen Humor aus (wobei das Grauen im Erlebnis des asthenischen *Don Quijote* lokalisiert ist, der Humor dagegen in der pyknischen Figur des *Sancho Pansa*) – eine Mischung, die durch einen stets etwas sadistisch gefärbten Charme gekennzeichnet ist.

Übereinstimmend mit der offenkundigen Neigung des Surrealismus zum Schizophrenen ergibt sich zwangsläufig, daß er – im Gegensatz zur vorgegenständlichen Malerei – keineswegs begriffsfeindlich eingestellt ist. Dies kommt nicht nur in der gleichzeitig mit den Bildausdrücken aus dem Surrealistenkreis hervorgegangenen Literatur zum Ausdruck, sondern auch in der Gewohnheit der surrealistischen Maler, ihre Bilder zu betiteln. Diese Bildtitel weisen die gleichen Wesenszüge einer oberflächlichen Zusammenhanglosigkeit und einer hintergründig-komplexen Beziehungsetzung auf wie die Bildausdrücke selbst. Dabei wird das Wort oft geradezu dinghaft verselbständigt – nicht anders als im magischen, nicht selten rein lautphysiognomischen Wortgebrauch der Primitiven oder auch der Pathologisch-Schizophrenen.

So weit die Stellungnahme der heutigen Wissenschaft zum Surrealismus, der sich die Publikumsmeinung in vergröbernder Form anschließt, indem sie die surrealistische Malerei kurzerhand als Ausgeburt von Verrückten abtut.

2. Die Elementare Erlebniskette des Surrealismus

Wie wenig die obige Kurzanalyse des Surrealismus, die nur die Individualstruktur des Ausdruckschaffenden ins Auge faßte, dem Surrealismus als Kulturerscheinung gerecht zu werden vermag, wird sich zeigen, wenn wir nunmehr versuchen, der surrealistischen Malerei unter einem allgemeineren Aspekt, nämlich an Hand der dahinterstehenden Dreigliedrigen Elementaren Erlebniskette des psychologischen Expressionismus nahezukommen. Dabei wird sich eine Gegenüberstellung von surrealistischer und vorgegenständlicher Malerei ergeben, die erkennen läßt, in welcher einander teils widersprechenden, teils ergänzenden Weise beide Richtungen zusammen Ausdruck eines übergreifenden abendländischen Kulturbedürfnisses sind, das ins Künftige reicht.

Vorgegenständliche und surrealistische Malerei haben ihren Erlebnisschwerpunkt in verschiedenen Bewußtseinsschichten: Die vorgegenständliche Malerei in der Schicht, in welcher Farbe und Linienzug in ihrem physiognomischen Erlebnisgehalt erfühlt und noch keine dingbegrifflichen Assoziationen damit verknüpft werden. Deshalb betrachten auf Reinheit des vorgegenständlichen Ausdrucksprinzips bedachte vorgegenständliche Maler (wie Hartung oder Mathieu zum Beispiel) ihr fertiges Werk nur dann als geglückt, wenn sich keinerlei zufällige Konfigurationen eingeschlichen haben, die zu gegenständlichen Vorstellungsassoziationen anregen könnten. Solcher Purismus führt zu Bildern, die als unmittelbare Diagramme der Persönlichkeitsstruktur des Malers gelten können. Deshalb weisen deren Werke oft ein besonders hohes Maß an Gleichartigkeit auf, sobald der Künstler einen vollkommenen Ausdruck des ihm strukturgemäßen Farb-Form-Erlebnisses gefunden zu haben glaubt. Änderungen in ihrer Bildsprache würden in diesem Fall mit einem Wandel ihrer vorgegenständlichen Erlebnisstruktur gleichzeitig einen Persönlichkeitswandel anzeigen. Wogegen andere vorgegenständliche Maler ihre Farb-Form-Sprache nicht so eindeutig festlegen und sie in längeren Perioden abwandeln (wie z. B. Baumeister). Hier wird eine persönlichkeitskennzeichnende Vorstellungs- und Erlebnisbeweglichkeit sichtbar, welche die Bildsprache zwar im Laufe längerer Perioden wechselt, aber gleichwohl die strukturbedingte, eigene Handschrift des Malers erkennen läßt. Als oberflächliche, nicht aus der Struktur geschöpfte Machwerke lassen sich dagegen

Piet Mondrian, Komposition: Dame-Brett, Helle Farben, 1919; Gemeente Museum, Den Haag

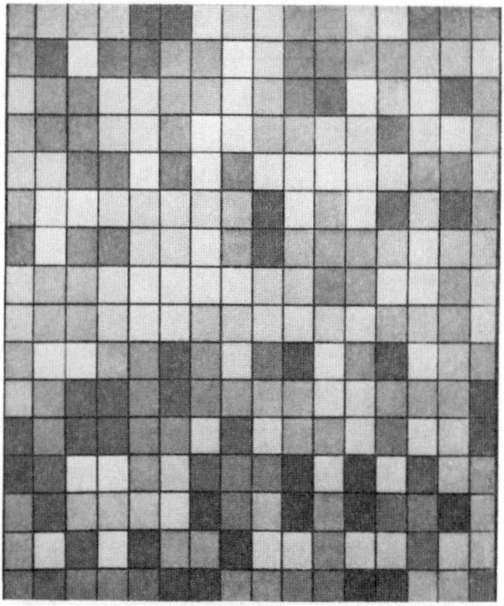

Willi Baumeister, Helle Gestalten, 1944; Privatbesitz ▽

die Erzeugnisse von sogenannten vorgegenständlichen Malern entlarven, deren Bildwandlungen sich ohne Zusammenhang sprunghaft wechselnd vollziehen.

In der surrealistischen Malerei verschiebt sich nun der Erlebnisschwerpunkt nach »oben« in Richtung Bewußtwerdung und zwar in die Schicht des gefühlsbegrifflichen (Sprach-)Denkens. Dem entspricht die Tatsache, daß der Surrealismus als literarische Bewegung entstanden ist. Das im Vergleich zur vorgegenständlichen Malerei begriffsnähere Erleben surrealistischer Maler kommt auch durch das in ihren Bildern häufige Auftreten von Schriftzeichen, ganzen Worten und eingeklebten Druckerzeugnissen zum Ausdruck, vor allem aber in den gewählten Bildtiteln, die im übrigen vielfach von ihren zahlreichen Dichterfreunden stammen, die vom Surrealistenkreis untrennbar sind. Es zeigt sich, daß die Beziehungen der Surrealisten zum Begrifflichen von Haßliebe bestimmt sind, wie ihr zwiespältiges Verhältnis zur Psychoanalyse zeigt: Nicht wenige von ihnen (z.B. Dali) interessieren sich für diese auf spielerisch-komplexe Weise, aber mit sichtlicher Scheu, von ihr als Bewußtwerdungsinstrument ernsthaften Gebrauch zu machen. Das Wort wird im Surrealismus nur als dichterisch-komplexes, gefühlsgeladenes Symbol verwendet; dem um genaue Erfassung von Tatsachen bemühten, definierenden Begriff jedoch geht man aus dem Weg. Dieses merkwürdig zwiespältige Verhältnis zum begrifflichen Ausdruck wird uns im weiteren Verlauf unserer Betrachtung auf die Spur der auch heute noch immer verborgenen kollektiv-kulturellen Bedeutung des Surrealismus führen, die, wie sich zeigen wird, nicht leicht überschätzt werden kann.

Psychologisch aufschlußreich ist in diesem Zusammenhang die oft leidenschaftliche Ablehnung vorgegenständlicher Malerei von Seiten surrealistischer Maler. Das bemühte Verharren vorgegenständlicher Maler auf ihrer vergleichsweise geringen Bewußtheitsstufe erscheint dem surrealistischen als künstlicher Primitivzustand, obwohl er sich selber geflissentlich vor zu weit getriebener Bewußtwerdung hütet, die sein musisch-komplexes Schaffen beeinträchtigen könnte. Sein analytisches Denken pflegt schon vor der Einsicht zu scheuen, daß seine Bildkunst zur ausdruckslosen Illustration eines schizophrenen Sachverhaltes absinken müßte, hätte sie nicht ihre Wurzeln, wie alle Malerei, im letztlich gleichen Erlebnisgrund des elementaren Farb-Form-Verstehens, das der vorgegenständliche Maler in vom Dingbegriff befreiter Reinkultur pflegt und dadurch mit größerer Folgerichtigkeit aufdeckt als je zuvor. Durch den Verzicht auf die Vorstellungs-Zwangsjacke gegenständlicher Beziehungen der Elemente von Farbe und Form ist es möglich, eine auf andere Weise nicht erreichbare Höhe der Unterscheidungsfähigkeit des Auges zu entwickeln. Unter diesem Gesichtswinkel läßt sich eine, die ganze Menschheit übergreifende, physiologisch begründete, optische Erlebniskomponente und damit ein biopsychologisches Naturgesetz der Ästhetik erkennen. Wäre es anders, könnten wir nicht urzeitliche Höhlenmalereien oder die Kunstausdrücke primitiver Völker unserer Zeit als hochrangigen künstlerischen Expressionismus erleben. Die kollektiv-ästhetische Begabung erweist sich als eine der Grundlagen des menschlichen Herdenzusammenhalts. Aus ihr entwickelt sich in rückkoppelnder gegenseitiger Steigerung das gefühlsmäßige Ausdrucksverstehen und damit die zwischenmenschliche Verständigung. Mit anderen Worten: Ohne ästhetische Kollektivbegabung würde die instinktschwache menschliche Art ohne Herdenrückhalt bleiben und somit zugrundegehen. Die durch ihre Ausdruckskraft überraschenden Bildnereien Geisteskranker weisen darauf hin, in welchen tiefen, dem Somatischen nahen Persönlichkeitschichten ästhetisches Erleben gründet, d. h. wie weitgehend die Erlebnisstrukturen einer Persönlichkeit gestört bzw. zerstört sein können, bis ästhetisches Erleben unmöglich wird. Dies ist offenbar erst im lebensunfähigen Zustand völliger Verblödung der Fall. In welche entwicklungsgeschichtlichen Tiefen über das Säugetier Mensch hinaus noch ästhetische Erlebniselemente als Brückenfunktion zwischen Individuen zurückreichen, wird im übrigen besonders eindrucksvoll durch jene Vogelart beleuchtet, welche zur Partnerwerbung nach dem gleichen ästhetischen Naturgesetz auch vom Menschen als dekorativ erlebte Arrangements aufbaut, die mit der organischen Funktion der Paarung nichts zu tun haben.

Wenn trotz solcher tiefenschichtiger ästhetischer Gemeinsamkeit allen malerischen Erlebens vorgegenständliche und surrealistische Maler, selbst als Künstler eines gemeinsamen Kulturmilieus, einander polar gegenüberstehen, so wird daraus ersichtlich, welche vergleichsweise geringfügigen Verlagerungen von Vorstellungs- und Erlebnisschwerpunkten zur Entwicklung gegensätzlicher Weltbilder führen. Den methodisch sichersten Ansatz, um das Wesentliche eines Weltbildes herauszuarbeiten, haben wir in der Erstellung der dahinterstehenden Elementaren Erlebniskette gefunden. Ihre Ermittlung für den Formalismus der surrealistischen Malerei soll unsere nächste Aufgabe sein und zwar, indem wir sie von hinten, d. h. von der *Wegvorstellung* ausgehend, analytisch aufrollen. Denn der surrealistische Imperativ: »Gib spontan von dir, was dir spontan einfällt« stellt bereits die begrifflich ausgesprochene formale Wegvorstellung dar. Dieser von vornherein begrifflich bewußten Formel entspricht eine *formale Zielvorstellung*, die sich ebenfalls ohne weiteres begrifflich umschreiben läßt – etwa als: »Bildausdruck unter Verzicht auf die kollektiv wahrgenommenen funktionellen Dingzusammenhänge, jedoch unter Wahrung der mehr oder minder naturalistischen Wiedergabe der einzelnen Dingteile«. Die eine solche Zielvorstellung auslösende *formale Bedürfnisvorstellung* ergibt sich, nachdem die Psychoanalyse erklärtermaßen beim Surrealismus Pate gestanden hat, als »Bedürfnis nach erlebnishafter Entladung des Unbewußten in traumverwandter Bildersprache«.

Was die dahinterstehende *weltanschauliche Erlebniskette* betrifft, so haben wir folgendes zu bedenken: Der frühe Surrealismus wurde bekanntlich als militante Bewegung mit keineswegs nur künstlerischen, sondern nicht geringeren weltanschaulichen Ambitionen unter gewaltigem Saalschlachtenlärm im wahrsten Wortsinn in Szene gesetzt. Hier suchte sich offenbar das spät-expressionistische, nihilistische Protestbedürfnis noch einmal ein lautstarkes Ventil. Das erste Glied der diesbezüglichen weltanschaulichen Elementaren Erlebniskette, d. h. die *Bedürfnisvorstellung* in der dem Surrealismus vorausgehenden Form, haben wir formuliert als »Bedürfnis nach Überwindung der als sinnlos geworden erlebten, konventionellen Formensprache bzw. Bedürfnis nach Überwindung des Standpunktes, der das Selbsterlebnis in diese sinnentleerte Formenwelt fesselt«.

Dieser in das Umwelterlebnis projizierte Protest hat sich im Surrealismus etwas gewandelt. Er spitzt sich nun mehr und mehr zu auf die Bewußtwerdung der Identität des Welterlebnisses mit dem Selbsterlebnis. Das bedeutet, daß der expressionistische Protest dieses frühen Surrealismus nicht mehr unmittelbar gegen die Sinnlosigkeit des zivilisatorisch-organisatorischen Getriebes unserer Kultur gerichtet ist, sondern gegen die physisch-psychische Struktur des Menschen als Träger des Selbsterlebnisses, das identisch mit dem Welterlebnis ist. Im spezifisch surrealistischen Protest wird nun der Mensch, oder genauer gesagt: sein Erlebnis von sich selbst zum wirren Spuk, gemischt aus Chthonisch-Vegetativem und zivilisatorisch »Gemachtem« bis zu modernen technischen Gebilden – mit einem Wort: zu einem Teufelsragout ... Begreiflich, daß sich der Bürger vor diesem Menschenbild der avantgardistischen Malerei bekreuzigt und alles, was danach riecht, mittels des Weihwassers seiner Konventionen als »verrückt« und »frevelhaft« zu bannen sucht – nicht ahnend freilich, daß er damit genauso handelt wie ein Neurotiker, der seine eigenen inneren Unausgeglichenheiten in die Umwelt projiziert bzw. sie psychisch verdrängt und damit nur immer neue neurotische Symptome, neue Gespensterreigen aus seinem Unbewußten herausfordert, die ihm das Wohlbefinden inmitten von Wohlstand und hohem Lebensstandard trüben. Er ist sich nicht bewußt, wie teuer er den unmöglichen Versuch, seine Libido in sinnentleerter Konvention zu investieren, bezahlen muß – so teuer, wie es ihm der surrealistische Künstler mit seinen schrecklichen Bildern vormalt, die nicht »zersetzend« wirken, wie der Bürger wieder einmal in gewohnter Verwechslung von Ursache und Wirkung glaubt, sondern lediglich einen bestehenden Zustand darstellen, den er nicht wahrhaben will.

Aus dem musischen Erlebnis dieses Zustandes heraus läßt sich die *weltanschauliche Bedürfnisvorstellung* jenes frühen Surrealismus formulieren etwa als »Bedürfnis nach Bewußtwerdung des Selbst über die grob mechanistisch-materiellen Zusammenhänge hinaus«, die noch um die Jahrhundertwende als der wissenschaftlichen Weisheit letzter Schluß propagiert worden waren. Daran schließt sich die *weltanschauliche Zielvorstellung* etwa als »Entbindung von der durch die zivilisatorisch-konventionelle Erlebnisverödung unbewußt dämonisierten Komponente des Selbsterlebnisses«.

Als *weltanschauliche Wegvorstellung* drängte sich unter dem Einfluß der damals gerade breiteren Kreisen bekannt werdenden Psychoanalyse die Frage nach dem Unbewußten auf, die dann im surrealistischen Imperativ ihren Niederschlag fand. Diese weltanschauliche Elementare Erlebniskette des Surrealismus wurde damals zeitbedingt noch unterstrichen durch die unmittelbare Nachwirkung des Ersten Weltkrieges. Seine sinnlosen Blutopfer als Folge eines als irrational erlebten Massenwahnes machten zahllosen, vor allem musischen Menschen so viel zu schaffen ... daß dieses unerfreuliche Erlebnis nach dem Prinzip der psychischen Verdrängung schon zwanzig Jahre später vom Kollektiv gründlich vergessen worden war.

Wandlung des Surrealismus

In dieser weltanschaulichen Elementaren Erlebniskette klingt neben dem nihilistischen Protest des psychischen Expressionismus indessen bereits eine neue Note an, die über den Protest hinausweist und dazu berufen ist, der ursprünglichen militanten Bewegung mehr und mehr die Richtung eines musischen Avantgardismus zu geben. Diese *Wandlung* des reifenden Surrealismus läßt sich hinsichtlich der *weltanschaulichen Bedürfnisvorstellung* ausdrücken als »Bedürfnis nach experimenteller Erforschung des Unbewußten« –, hinsichtlich der Zielvorstellung als »Aufschließen der unbewußten Kräfte zur Gewinnung eines erneuerten *élan vital*« –, während die weltanschauliche Wegvorstellung nach wie vor in gleicher Weise die Form der Frage an das Unbewußte beibehält, eine Form, über die der Surrealismus bis heute noch nicht hinausgekommen ist. Dabei hat der experimentelle Surrealismus selber zunehmend das Gefühl, hier vor einer unübersteigbaren Mauer zu stehen. Es ist keine Übertreibung, zu sagen, sein wesentlicher Antrieb, der ihn bis heute trotzdem am avantgardistischen Leben erhalten hat, sei gerade die in jedem echten surrealistischen Maler sich immer wieder erneuernde Verzweiflung über dieses eigene Nicht-Vorwärts-Kommen. Diese Feststellung, die zunächst wie eine Abwertung des Surrealismus zu klingen scheint, läßt bei genauerer Überlegung den ganzen, erstaunlichen surrealistischen Impetus erkennen, der ausreichte, um über sechs Jahrzehnte hinweg etwas dem äußeren Anschein nach Vergebliches zu versuchen. Das allein schon läßt vermuten, daß sich hinter dem Surrealismus trotz seiner starken begrifflich-literarischen Tendenzen ein elementares Bedürfnismoment verbirgt, an das seine Vertreter nur noch nicht bewußtheitlich herangekommen sind.

Dennoch hat die Lebendigkeit der modernen Malerei mit ihren zunächst überraschenden, aber nachträglich als folgerichtig zeitbedingt erkannten Wandlungen vor der Malerei des Surrealismus nicht haltgemacht. Diese Wandlungen haben sich zwar nur hinsichtlich der formalen Wegvorstellung, also der malerischen Ausdrucksformen vollzogen,

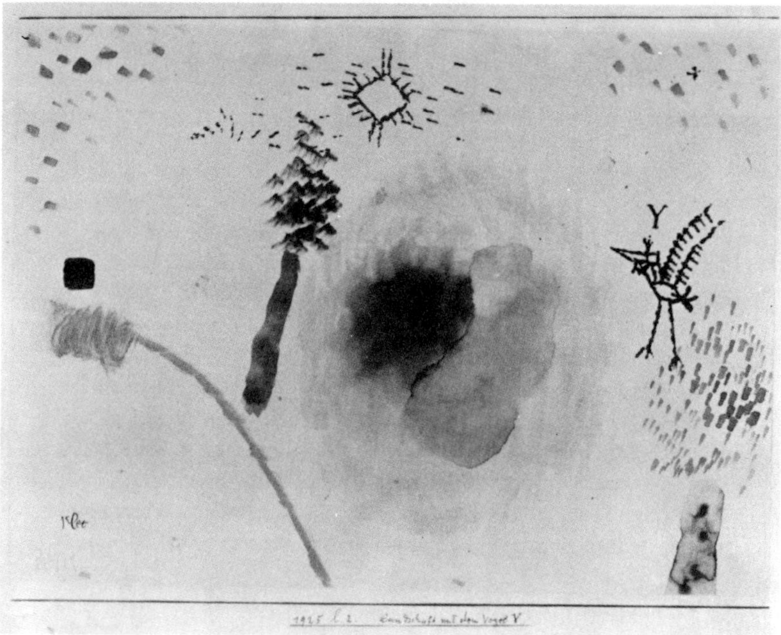

Paul Klee, Landschaft mit dem Vogel Ypsilon, 1925; Privatbesitz

dies aber ist das Einzige, was den Maler unmittelbar interessiert, d.h. in bewußter Weise bewegt. Über die extrem naturalistische Formgebung etwa eines Dali hinaus, die den Begriff »Sur-Realismus« in seinen beiden Wortteilen gleichermaßen puristisch wörtlich nimmt, ist eine Erweiterung der formalen Wegvorstellung eingetreten, wie sie sich etwa folgendermaßen umschreiben läßt: »Bildaufbau in beliebiger Darstellungsmanier aus beliebigen Vorstellungselementen, darunter auch solchen, die keinen Dingbezug aufweisen, unbekümmert um alle funktionellen Erfahrungen einer sinnlich wahrgenommenen Wirklichkeit«. Das bedeutet die Verwendung beliebiger Stilarten einschließlich dem Einbringen bewußt vorgegenständlicher Bildelemente in die surrealistische Komposition. Man denke beispielsweise an Miro, dessen Dinganklänge sich nur noch auf symbolisierende Chiffren mit hohem vorgegenständlichen Ausdruckswert beschränken. Solche Bildausdrücke nähern sich in ihrem Ausdrucksgehalt immer mehr jenen der vorgegenständlichen Malerei, die von ihrer Seite her ebenfalls aus ihrem puristischen Rahmen heraustreten, so etwa wenn bei Pollock in der schwarzen Periode seines Action-painting der letzten Jahre aus dem Unbewußten eingelassene figürliche Anklänge auftauchen. Der dabei stattfindende Erlebnisablauf ist nicht von surrealistischen Vorstellungen angeregt, mögen sie dem Beschauer auch so erscheinen. Das ruhelose Bemühen, sein individuelles, weitgehend unbewußt sich wandelndes Lebensgefühl in Einklang mit seiner malerischen Formensprache zu halten, leitet die Vorstellung des tastenden Malers von Bild zu Bild und damit zwangsläufig zu immer aufs neue irritierenden Konfigurationen, die in komplexer Weise den Zeitgeist der Zukunft atmen. So konnte es gar nicht anders kommen, als daß nach einer Periode bewußtheitlich gesteigerter Polarisation von vorgegenständlicher und surrealistischer Malerei in der ersteren zunächst punktförmige Elemente der letzteren und umgekehrt auftauchen. Dies ist der im Yin-Yang-Symbol dargestellte Wandlungsprozeß, der sich durch polare Vorstellungskeime anbahnt. In der Sprache des Schichtenbildes ausgedrückt, bedeutet dies das Bedürfnis des surrealistischen Malers, seinen Erlebnisbereich bis in die vorgegenständlich-physiognomische Schicht auszudehnen. Der vorgegenständliche Maler mit seinem bildnerischen Erlebnisschwerpunkt in eben dieser Schicht entwickelt dagegen mit seinen figürlichen Bildanklängen das Bedürfnis nach einer auf Gegenständlich-Physiognomisches gerichteten Erlebnisbereicherung, also in Richtung nach »oben«. Dies ist möglich, ohne sich auch auf nur gefühlsbegriffliches Denken einzulassen. Solches von vorgegenständlichen wie von surrealistischen Malern hinsichtlich ihres bildnerischen Ausdrucksschaffens geflissentlich geübte Sichfernhalten von der Schicht des definierten, zur Analyse geeigneten Sprachbegriffs hat nur wenig mit dem jeweiligen Intelligenzgrad des Malers zu tun. Hier wird vielmehr das Bedürfnis offenkundig, sich für seine bildnerischen Gestaltungen auf die noch unmittelbar gefühlsdurchdrungenen, kreativen Erlebnisschichten zu konzentrieren. Es ist sozusagen der Maler-Instinkt, der sich hütet, über jene Kernschichten des Erlebens hinauszugreifen, wo die unbewußte, elementar physiognomische Kraft des Symbols sich in den Schwebezustand begrifflichen Zweifels auflösen würde. Bereits begrifflich geprägte Zweifel lassen sich

Marc Chagall, Um sie herum, 1945; Privatbesitz

aber nicht mehr auf Farbe und Form zurückführen; man kann sie nicht malen. Eben deshalb verlaufen die Elementaren Erlebnisketten für Einfälle, die über Malerisch-Formales hinausgehen und ins Weltanschauliche führen, gerade bei den besten Malern besonders weitgehend im Unbewußten. Das hat ihnen den Ruf unklarer Köpfe eingetragen. Die Tatsache, daß hohe malerische Qualität und analytisches Denken, soweit es sich nicht unmittelbar auf rein Formal-Malerisches bezieht, sich schlecht miteinander vertragen, wird dadurch bestätigt, daß die besten Kunstpädagogen selber nur mittelmäßige Maler zu sein pflegen, wenn sie nicht auf Grund ihrer gesteigerten Kritikfähigkeit das Malen überhaupt aufgeben.

Der Widerspruch von Bild und Begriff hat die Surrealisten zu sich und andere verunsichernden Grenzgängern gemacht. Heute noch, über ein halbes Jahrhundert nach den randalierenden Anfängen der surrealistischen Bewegung, sind Bildausdrücke dieser Richtung mehr als alle anderen der Moderne Anlaß tiefenschichtiger Beunruhigung für Maler und Betrachter geblieben, wie die ungewöhnlich hohe Selbstmordrate surrealistischer Künstler beweist. Solchen Verzweiflungsakten ist der vorgegenständliche Maler nicht ausgesetzt, obwohl auch er von seinem diametralen Ausgangspunkt zum äußersten Expressionismus der Person vorzudringen sucht. Er tut dies jedoch in dingabgekehrter Hingabe an Farben und Formen, eindeutig und zwiespaltlos nach »innen« gewendet, während der Surrealist eine sozusagen schielende Innenschau hält. Seine Einfälle aus dem Unbewußten sind nicht primär auf ihre strukturgemäße Harmonisierungen von Farben und Formen ausgerichtet; sein Bedürfnisziel ist es vielmehr, gerade die Zusammenhangslosigkeit seiner Vorstellungserlebnisse bildhaft sichtbar zu machen. Das kollektiv-kulturelle Zwiespalterlebnis unserer Kulturepoche wird in der Tat nirgends so anschaulich gemacht im wahrsten Wortsinn, wie in der surrealistischen Malerei, die es in doppelter Weise zum Ausdruck bringt, nämlich sowohl in der Gegenüberstellung einer realistischen und einer imaginären Bildkomponente, als auch in den auf Verwirrung der Gefühle zielenden Bildtiteln. Bild und Wort erzeugen damit in einer gegenseitig sich steigernden Wirkung eine für den Surrealismus typische Mischung aus untergründigem Grauen und ebenso untergründigem Humor. Mit diesen beiden Komponenten und ihren Beziehungen zueinander haben wir uns im folgenden auseinanderzusetzen.

Die beiden Erlebniskomponenten Grauen und Humor scheinen im ersten Anblick besonders wenig miteinander zu tun zu haben, insofern sie mit genau gegensätzlichen Stimmungen verbunden sind: Grauen mit unlusterfüllter Spannung, Humor mit lustvoller Gelöstheit. Ihr Zusammenprall in surrealistischen Bildnereien ist dementsprechend dazu angetan, in höchstem Maße die Aufmerksamkeit auf sich zu ziehen. Wir begegnen darin dem surrealistischen Grundwesenszug, gerade das Gegensätzliche unmittelbar nebeneinander zu stellen. Um den Beziehungen zwischen den beiden Erlebniskomponenten Grauen und Humor im Surrealismus nachzuspüren, bedarf es zunächst der allgemeinen Definition der psychischen Vorgänge, die wir mit diesen Begriffen verbinden. Es werden darunter zwei Gefühlsregungen von einander entgegengesetzter Stimmungstönung verstanden. Darüber hinaus unterscheiden sich ihre biopsychischen Auswirkungen durch die sehr verschiedenen Bewußtheitsebenen, auf denen sie sich vollziehen. Es wird sich zeigen, daß die weit unbewußter verlaufende Erlebniskomponente des Grauens wesentlich leichter zu erfassen ist als die des Humors. Was das Erlebnis des Grauens betrifft, so wird es schon in höheren Tieren ausgelöst als instinktive Assoziation von sinnlichen Wahrnehmungen und akuter Gefahr. Diese Gemeinschaft mit der Tierwelt wird dem Menschen unmittelbar physiognomisch verständlich etwa beim Anblick des gesträubten Felles eines Hundes oder des sprichwörtlichen, von der Schlange hypnotisierten Kaninchens. Dies sind die gleichen Grundreaktionen wie die des Menschen in vergleichbaren Situationen. Auch er unterliegt beim Erleben von Grauen einem Spannungsverhalten in Gestalt eines Lähmungsgefühls im Bewegungsapparat, Stocken von Herzschlag und Atmung, »Haarsträuben« als noch von den tierischen Ahnen übernommene Spannung der Kopfhaut. Im Schichtenbild ausgedrückt, spielen sich diese Vorgänge zwischen der erlebnisauslösenden Schicht des gegenständlichen sinnlichen Wahrnehmens und der Stimmungsschicht ab.

Der Mensch erlebt Grauen als Konkretisierung seines latenten Gefühls der Elementarangst. Dieses dumpfe, ungerichtete, meist unbewußt bleibende Gefühl erhält im Zusammenhang mit einem Wahrnehmungserlebnis eine meist symbolisch angedeutete Richtung. Der »Albtraum« ist ein solches Symbol, wobei die Frage offen bleibt, in welchen Fällen des Grauens Restbestände tierischen Instinktes als Warnung vor Gefahr eine Rolle spielen. In diesem tiefenschichtigen Bereich des Grauenerregenden haben indessen viele, höchst individuelle Symbolvorstellungen ihren Ursprung, die dem Außenstehenden erst im Rahmen einer Psychoanalyse verstehbar werden oder, wie im Fall mancher Geisteskrankheiten, überhaupt unverständlich bleiben. Besonders häufig sind jene Symbole neurotischer Erlebnisübersteigerungen, die in der klinischen Psychologie als Phobien (Ängste) bezeichnet werden, wie etwa Platzangst, Wasser- und Feuerscheu, Angst vor Nacht und Nebel, übersteigerte Ängste vor gewissen Tieren, etwa Schlangen, Spinnen, Mäusen, Hunden, Pferden. Die gleichen untergründigen Ängste des Grauens können auch durch den Anblick blutender Wunden, sowie von toten, mißgestalteten oder anderweitig auffälligen Menschen ausgelöst werden, also durch Eindrücke des Unerwarteten, Überraschenden, die in den gewohnten Vorstellungsablauf einbrechen. Gegenüber grauenauslösenden Eindrücken sind zwei grundsätzlich verschiedene Erlebnisweisen möglich.

Die erwartungsgemäß biologisch sinnvolle äußert sich als Ablehnung und Flucht, d. h. psychisch »Verdrängung«. Menschen, die in dieser Weise erleben, pflegen folgerichtigerweise an surrealistischen Bildausdrücken keinen Gefallen zu finden. Sie gehen auch dem Anblick von Unfällen oder grauenerregenden Filmszenen aus dem Weg. Dieser Gruppe steht eine nicht weniger große gegenüber, die geradezu süchtig nach Erlebnissen mit Gruselreiz ist. Wer für diesen Gruselreiz auch in seinen sublimen Formen empfänglich ist, wird sich von der surrealistischen Malerei angezogen fühlen. Die betreffende Geschmackseinstellung ist eine Frage der angeborenen Individualstruktur hinsichtlich ihrer triebhaften Neigung zu sadistischen oder masochistischen bzw. sadomasochistischen Gefühlen, welche das Gesamterleben eines Menschen in allen seinen Höhen und Tiefen bestimmen. Erwartungsgemäß spiegelt sich diese strukturbedingte Triebtendenz eines Menschen auch in der Art seines Humorerlebens. Da der surrealistische Bildausdruck durch die triebhafte Einstellung zum Erlebnis des Grauens tiefenschichtig auf masochistischen bzw. sadomasochistischen Lustgewinn zielt, ist die surrealistische Humorkomponente ebenfalls auf diese leidensfreudige Grundrichtung eingestimmt.

An dieser Stelle liegen drei Fragen nahe. Erstens: Warum erweist sich im surrealistischen Bildausdruck hauptsächlich die Erlebniskomponente des Grauens und nicht die des Humors als wesensbestimmend? – Zweitens: Was sind die besonderen Kennzeichen des surrealistischen Humors? – Drittens: Warum treten im Surrealismus Grauen und Humor in so enger Verbindung miteinander auf, daß sie unmittelbar miteinander verkettet erlebt werden?

Die Frage nach der wesensbestimmenden Komponente des Grauens im Surrealismus findet ihre Antwort in der Lage des Erlebnis-Schauplatzes des Grauens zwischen der unteren Stimmungsschicht und der Wahrnehmungsschicht. Der dabei erreichte Bewußtheitsgrad ist weit geringer als der des Humorerlebnisses, das in der oberen Stimmungsschicht, d. h. der Gefühlsschicht wurzelt und seinen Schwerpunkt im bewußten Bereich des sprachbegrifflichen Denkens hat. Das Humorerlebnis ist also bewußtheitlich steuerbar, während das tiefenschichtige Grauen im allgemeinen der Beeinflussung entzogen ist und damit zur unkontrollierbaren Leitfunktion des Surrealismus wird.

Max Ernst, Sie haben zu lange im Wald geschlafen, 1927; Privatbesitz

Zur Beantwortung der zweiten Frage, nämlich nach den Kennzeichen des surrealistischen Humors, müssen wir etwas weiter ausholen. Ohne im vorliegenden Zusammenhang auf die besonders komplexe Erlebnisform »Humor« in ihren Einzelheiten eingehen zu können, sei daran erinnert, daß der antike Arzt Galen mit dem lateinischen Wort *humor* (= »Feuchtigkeit«) gemäß seiner Säftelehre die Vorstellung der Verflüssigung verdickten Blutes ausdrücken wollte, was von uns heute noch im übertragenen Sinn als Fähigkeit zu leichtflüssigen, lebhaften, heiteren Vorstellungsassoziationen verstanden wird. Die dazugehörige Stimmung ist gegensätzlich zu der des Grauens. Sie äußert sich als Lösung körperlicher Spannungen, begleitet von Bewegungsreizen in den Wangenmuskeln, Atmungsvertiefung beim Losprustenden, zwerchfellerschütterndem Lachen, in letzter Steigerung als Sich-auf-die-Schenkel-schlagen und dem sprichwörtlichen Sich-biegen oder Sich-wälzen vor Lachen. Der surrealistische Humor gehört nicht zu dieser lauten Art. Er ist von kauzig grotesker Hintergründigkeit, die vor allem in der Titelwahl zum Ausdruck kommt, wobei etwa Tanguys »Mama, Papa ist verletzt!« oder Max Ernsts »Sie sind zu lange im Wald geblieben!« zu den leicht verständlichen gehören.

Dieser Humor ist Ausdruck des Protestes gegen das bislang kulturbestimmende abendländische, wissenschaftliche Denken, das gegen alle Begriffe, die nicht in Maßzahlen umgesetzt werden können, ein immer tieferes Mißtrauen entwickelt, um sich erst neuerdings zunehmend mit dem psychologischen Relativgehalt der Worte erkenntniskritisch, also wiederum wissenschaftlich, auseinanderzusetzen. Der sich hier vollziehende Wandel zu einem Sprachverstehen, das zu den Tiefen des Unbewußten vorzustoßen sucht, wird besonders deutlich, wenn wir uns die dazu gegensätzlichen, formalbegrifflichen Spitzfindigkeiten der Scholastik vor Augen halten. Die im 13. Jahrhundert ernstgemeinte Doktorfrage, wieviel Engel auf einer Nadelspitze Platz fänden, erscheint uns auf Grund der absurden Assoziation des dichterischen Symbolbegriffs »Engel« mit dem physikalisch definierten Ort »Nadelspitze« als komisch und humorauslösend. An diesem Beispiel wird das Wesen des bewußtheitssteigernden Wandels von der begriffsfreudigen, scholastischen zur tatsachenbesessenen, wissenschaftlichen Weltschau durch Verschiebung des Vorstellungsschwerpunkts vom schematisch-begrifflichen zum sinnenhaft-beobachtenden Erleben sichtbar. Am Wandel scholastischen Denkens zeigt sich besonders deutlich, wie sehr Humorerlebnisse neben der strukturbedingten, persönlichen Begabung in dieser Richtung an das jeweils herrschende kollektiv-kulturelle Weltbild, und auch hier noch im einzelnen an das jeweilige Gruppenmilieu gebunden sind. Wir stoßen hier auf die allgemeinste Bedingung, unter der nicht nur in uns Heutigen ein Humorerlebnis ausgelöst wird. Sie lautet: »Befähigung zum begrifflich ausdrückbaren Gegensatzerlebnis«. Damit unterscheidet sich Humor von der Heiterkeit des sprachunfähigen Kleinkindes oder des geistig Behinderten. Im übrigen kann sich das humorauslösende Gegensatzerlebnis auf den verschiedensten Bewußtseinsebenen zwischen gefühls- und definiert-begrifflicher Sprachschicht abspielen. Die Spannweite der Umschreibung der psychischen Voraussetzung für Humorerleben als Befähigung zum begrifflich ausdrückbaren Gegensatzerleben kann daran ermessen werden, daß sie auch den auf das Begriffliche konzentrierten Ausdruck des Witzes umfaßt.

Im surrealistischen Bildwerk wird das humorträchtige Gegensatzprinzip als eine Art Bilderrätsel, das heißt verhüllt, aber dafür in der denkbar größten Vielschichtigkeit dargeboten. Es steckt primär im Gegensatz von realen (möglichen) und imaginären (unmöglichen) Bildteilen, sodann in der Gegensätzlichkeit zu den Naturgesetzen bei der Darstellung und gegenseitigen Verbindung der Bildteile. Man denke an Dali's weiche Uhren, deren Fließen außerdem auf das Sprachbild der verfließenden Zeit anspielt. Der sichtbarste Gegensatz aber tritt in Verbindung mit dem Bildtitel in Erscheinung, indem dieser jede vordergründige Beziehung zum Sichtbargemachten ausschließt, wie dies in nicht mehr steigerbarer Form der Fall ist bei Magrittes Pfeifenbild mit dem Titel: »Dies ist keine Pfeife«. Dadurch, daß in surrealistischen Bildausdrücken die Gegensätze, die das allgemeine Erlebnisprinzip des Humors ausmachen, meist nicht einfach zu durchschauen sind, unterscheidet sich der surrealistische Humor von dem gewohnten. Damit ist die zweite der oben gestellten Fragen, die Frage nach der Besonderheit des Humors in surrealistischen Bildwerken, beantwortet.

Die Antwort auf die dritte Frage, die auf die enge Verbundenheit von Grauen- und Humorerlebnis im Surrealismus zielt, ergibt sich ebenfalls aus der Schwerdurchschaubarkeit des surrealistischen Humors, die ohne analytische Durchleuchtung ein außerordentlich irritierendes

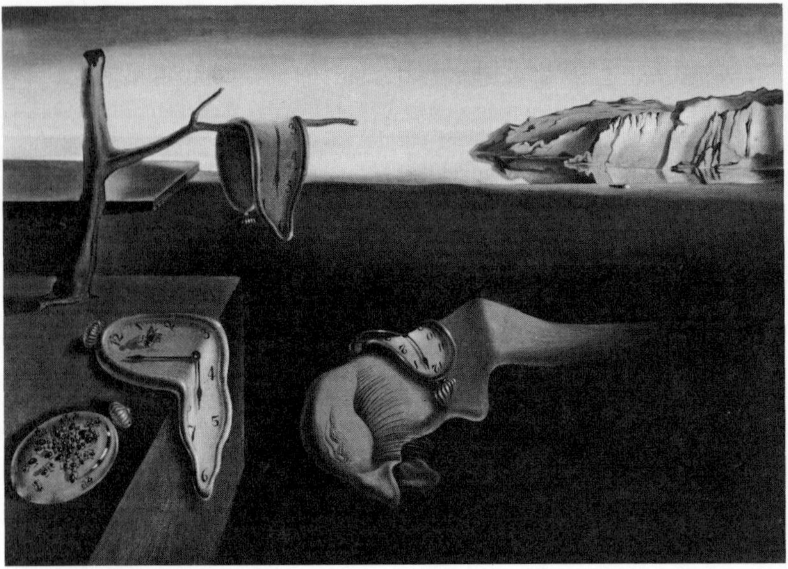

Salvador Dali, Die Beständigkeit der Erinnerung (auch: Die weichen Uhren), 1931; The Museum of Modern Art, New York

Erlebnismoment darstellt. Für diesen Zustand ist das anschaulichste Beispiel Magrittes Pfeifenbild. Wenn das begrifflich ausdrückbare Gegensatzprinzip des Humors zu Aussagen in Bild und Wort kommt wie im Abbild dieser Pfeife, die laut Titel »keine Pfeife« ist, wird das Denken des Beschauers schockartig aus dem Rahmen seines begriffsumhegten Weltbildes gestoßen. Die Humorbedingung »begrifflich ausdrückbarer Gegensatz« stellt hier mit ihrer Gültigkeit selbst in ihrer Aufhebung die besonders begriffsbewußte Existenz des Abendländers in Frage, der sich damit am Rande des nihilistischen Abgrundes als des sprichwörtlichen Ortes des Grauens fühlt. Wie man sieht, verkettet sich im Bilde Magrittes das offenbar so gegensätzliche Humorerlebnis mit dem des Grauens bis zur Identität, zum Erlebniszustand des »Ein-und-desselben« – oder noch genauer: zum Zustand des Erlebnisschwerpunkts zwischen gespanntem Grauen und gelöstem Humor. Dies alles ist mit mehr oder minder großer Eindringlichkeit der irritierende und damit weitere Bewußtwerdung anregende Reiz aller surrealistischen Bildwerke und gleichzeitig der Beleg für die nach wie vor avantgardistische Bedeutung des Surrealismus. Denn wäre diese Irritation schon kollektiv-kulturell und damit allgemein verständlich zur begrifflichen Auflösung gelangt, wie dies beim malerischen Expressionismus einst der Fall war, dann stünde hinter dem Surrealismus nicht mehr der Antrieb eines musisch-komplex suchenden Bedürfnisses. Seine Rolle als Avantgarde wäre zu Ende und sein Ausdrucksweg bliebe den Epigonen überlassen. Dies ist bisher sichtlich nicht der Fall. Daß der Surrealismus in seinen Werken noch nicht die Endform platter Selbstverständlichkeit erreicht hat, läßt für die abendländische Kultur allem Gerede vom Ende der Kunst zum Trotz immer neue Ausdrucksformen der zunehmenden kollektiv-kulturellen Bewußtheitssteigerung erwarten, wobei vorauszusehen ist, daß diese auch weiterhin um den Surrealismus kreisen werden.

Die Ergebnisse unserer analytischen Betrachtungsweise auf der Grundlage unserer arteigenen, abendländischen Erkenntniskritik bestätigen die Fruchtbarkeit dieses Weges – der Pflege des »flüssigen« Vorstellungsvermögens. Es ist grundsätzlich der gleiche Weg der Assoziationen von Gegensätzlichem, der im Surrealismus, vor allem in dessen Humorkomponente, sichtbar wird. Dieser Humor ist freilich das Gegenteil der ungetrübten Idiotenheiterkeit. Er erweist sich als Galgenhumor in den lebensbedrohenden Gegensatzerlebnissen, die unsere Epoche kulturellen Umbruchs kennzeichnen. Der kulturelle Galgenhumor ist Protestverhalten gegenüber Tatsachen, die unentrinnbares Schicksal scheinen. Er wird zum letzten Bollwerk des äußersten Gegensatzes von Lebenswillen und Todesnot, also gegen die Verzweiflung des akuten Grauens und der dahinterstehenden, latenten Elementarangst. Unter dem Eindruck solchen Galgenhumors ist ein allmählicher, dem Zeitgenossen weitgehend unbewußter Wandel der von einer Generation der folgenden vererbten kollektivkulturellen Gefühlsschicht anzunehmen, der aus der zeitraffenden Perspektive der ferneren Zukunft freilich als ein, die Gefühlsstruktur umschmelzendes, Kipperlebnis erscheinen mag.

In dem Maße, in welchem der surrealistische Bildausdruck mit seinen beiden Erlebniskomponenten Grauen und (Galgen-)Humor als musischer, begrifflich noch ungeklärter Protest gegen die Elementarangst und Bedürfnisvorstellung nach Bewußtheitssteigerung begriffen wird, verliert er seinen Fremdheitscharakter. Ohne schon zu diesbezüglicher begrifflicher Bewußtmachung vorgestoßen zu sein, stellt er im abendländischen Kulturablauf den bisher am weitesten getriebenen Versuch dar, sich mit dem Gegensatz einer gleichzeitig scheinbaren wie wirklich-wirksamen Innen- und Außenwelt auseinanderzusetzen. Daß dabei selbst die Humorkomponente nicht sehr gemütlich sein kann, leuchtet ein.

Surrealistischer Solipsismus

Von diesem Gesichtspunkt des Gegensatzes gelangen wir auch hinsichtlich der surrealistischen Bedürfnisvorstellung zu einer genaueren Formulierung, etwa als »Protest gegen die petrefakt gewordenen und deshalb zur Bannung der Elementarangst nicht mehr genügenden Vorstellungen und Begriffe der derzeit noch vom Kollektiv anerkannten Wirklichkeit, und zwar Protest mittels der bildhaften Verwirklichung der jeweils individuellen Innenwelt.« Diese Form eines erklärten Solipsismus, des Allein-mit-sich-selbst-Seins, auf dem Wege der Kontrastbildung von partiellem Naturalismus und durchaus eigenwertweltlichen Vorstellungen unterscheidet sich von dem nicht minder erklärten Solipsismus der vorgegenständlichen Malerei, deren Bedürfnisvorstellung in einer von der Dingwelt radikal abgewandten, sozusagen zentripetalen Selbstschau besteht. In dieser vergleichsweise passiven Erlebnishingabe der vorgegenständlichen Malerei fehlt die Protestbetonung, wie sie sich aus der begrifflichen Komponente des Surrealismus ergibt; darüber hinaus aber taucht beim Surrealismus eine durchaus neue Komponente im expressionistischen Erleben auf.

Um sie aufzudecken, wollen wir uns die Entwicklung und Wandlung des Protesterlebnisses der modernen Malerei nochmals in folgender summarischer Weise vor Augen halten: Seit der Überwindung des Naturalismus im Impressionismus ist ein Fortschreiten der Protesttendenz in Richtung auf einen immer expliziter werdenden Solipsismus festzustellen. Diese letztlich weltanschauliche Protesttendenz konnten wir, vom Formalismus ausgehend, analytisch erfassen. Sie machte sich als Widerspruch zu den bisher vom Kulturkollektiv anerkannten Vor-

René Magritte, Die Begegnung mit dem Vergnügen, 1950; Privatbesitz

stellungszusammenhängen geltend, zuerst im Impressionismus durch die Auflösung der naturalistisch genauen Form- und Farbgebung in subjektive Lichtwahrnehmungen und dann, gesteigert im gegenständlichen malerischen Expressionismus, durch die Auflösung der räumlichen und zeitlichen Bezüge wie Proportionen, Eindeutigkeit der Standpunktwahl und Gleichzeitigkeit des Wahrgenommenen. Diese zunehmenden Auflösungserscheinungen bei noch durchaus zentrifugaler, d. h. auf die Dingwelt gerichteter Erlebniseinstellung führten zur nihilistischen Komponente des späten malerischen Expressionismus – bis dieser schließlich umkippt zur zentripetalen Selbstschau in der vorgegenständlichen Malerei mit ihrer zwar programmatischen, aber natürlich unmöglichen Abkehr von der Dingwahrnehmung, die sich deshalb auf die Abkehr von der Dingdarstellung beschränken muß. Der Solipsismus erreicht damit im vorgegenständlichen Malausdruck einen

Höhepunkt, den wir durch das psychische Überwachsen der nihilistischen Komponente gekennzeichnet gefunden haben. Mit diesem Stadium, in dem der expressionistische Kulturprotest zurückfällt auf ein nur mehr implizites Mitklingen in Gestalt der totalen Dingabkehr, ist ein Endzustand erreicht, über den hinaus ein Fortschreiten des Ausdruckserlebnisses ohne Richtungsänderung nicht mehr vorstellbar ist. Daraus folgt, daß der Surrealismus – vom Malerisch-Formalen ganz abgesehen – auch psychologisch nicht etwa als eine Fortführung und Steigerung der Ausdruckstendenz der vorgegenständlichen Malerei begriffen werden kann – eine Feststellung, die die Gegensatzstellung von surrealistischer und vorgegenständlicher Malerei dem Begrifflichen gegenüber in ihrer psychologischen Bedeutung noch unterstreicht.

Es muß sich also im Surrealismus offenkundig um einen »zweiten Weg« der Auseinandersetzung mit dem Problem des Solipsismus und der expressionistischen Auflösung konventioneller Vorstellungen handeln. Um diesen zweiten Weg im einzelnen zu bestimmen, wollen wir die Entstehung des surrealistischen »Einfalls« zur »bildhaften Verwirklichung der individuellen Innenwelt« etwas genauer untersuchen. Wenn sich der Surrealismus selbst in diesem Punkt ausdrücklich auf Traumerlebnis und Psychoanalyse beruft, so bezeichnet er damit eine Situation, wie ich sie oben als symbolbildenden Schichtenkurzschluß beschrieben habe; das heißt, es handelt sich bei den surrealistischen Einfällen um das bildnerische Festhalten einer Individualsymbolik, wie sie als Einstrahlen von Erlebnissen der gegenständlich-physiognomischen sowie der gefühlsmäßig-begrifflichen Schicht in die obere Stimmungsschicht entsteht. Dabei schlagen, um im anschaulichen Schichtenbild zu bleiben, nur jene Wahrnehmungen und Vorstellungen der bewußten Oberschichten bis zum Tiefenbereich des Stimmungserlebnis' durch, die vom Selbst in seiner physisch-psychischen Ganzheit als wertweltpassend und stimmungsadäquat erlebt werden. Wie wir wissen, bedeutet für den Menschen die Erhebung einer Vorstellung zum Symbol eine Libidobesetzung für eine längere Zeitspanne, nicht selten für das ganze Leben. Es handelt sich also bei solcher Individual-Symbolbildung wie bei jedem Schichtenkurzschluß um ein einschneidendes, weltbildformendes Erlebnis.

Dabei ist, wie wir ebenfalls bereits wissen, das Erlebnis eines Symbols in doppelter Hinsicht bedeutungsvoll: einmal als im symbolbildenden

Schichtenkurzschluß spontan aufflammende Zusammenschau verschiedener Erlebniselemente; zum andern aber erwirkt die das Symbol kennzeichnende Libidobesetzung, daß sein Bild stets aus dem Unbewußten wieder auftaucht, so oft die Stimmungslage seiner Entstehung angetönt oder umgekehrt die Stimmungslage erinnert wird, wenn man dem Symbol begegnet.

Die Vorstellung von der Symbolrückstrahlung aus der Stimmungsschicht liefert uns nun, wie wir gleich sehen werden, einen Schlüssel, um dem bisher so rätselhaft scheinenden Surrealismus in tieferem Verstehen nahezukommen; denn von hier aus lassen sich die merkwürdigen Verknüpfungen formal begreifen, mit denen die Individualsymbole in das surrealistische Bild eingehen. Da nämlich die gegenständlichen Symbolkomplexe aus einem Erlebniskurzschluß mit der Stimmungsschicht geboren werden, sind sie bei ihrer Rückstrahlung aus dem Unbewußten auch den an das Stimmungserlebnis »nach oben« anschließenden, vorgegenständlich-physiognomischen Erlebnisfunktionen unterworfen. Dies aber bedeutet, daß sich an ihnen jene ursprünglichen, vorgegenständlichen Verknüpfungserlebnisse unmittelbar vollziehen können, die unserer physisch-psychischen Leibesstruktur im zentripetalen Selbsterlebnis entsprechen. Mit anderen Worten: Bei der formalen Verknüpfung dieser Symbolkomplexe bleiben alle kollektiv-konventionellen Funktionsvorstellungen, die sich an Hand der Beobachtung der sinnlichen Wahrnehmung gebildet haben, noch ausgeschaltet. Damit kommt es zu jenen individuellen Vorstellungsverwirklichungen, die das Wesen der eigenen Welt, der sich der Mensch im Schlafe zuwendet, ausmachen – um mit Heraklit zu sprechen.

Mit dieser Ermittlung des vorgegenständlichen Verknüpfungsmechanismus für die realistischen Bildteile in der surrealistischen Malerei sind wir nun in der Lage, den Unterschied zwischen surrealistischer und vorgegenständlicher Malerei noch weiter folgendermaßen zu umschreiben: Beide Malformen bemühen sich letztlich in ihren echten Ausdrücken um das erlebnismäßige Ausgehen von der Stimmungsschicht – die vorgegenständliche Malerei beschränkt sich jedoch für ihre Ausdrucksgewinnung auf die noch an keine schichthöheren Vorstellungen geknüpfte, vorgegenständlich-physiognomische Erlebnisdynamik, das heißt auf das schichtenreine Erlebnis der oberen Kernschicht, der Surrealismus dagegen bezieht sich auf die zum Individualsymbol gewordenen Vorstellungseinstrahlungen aus der gegenständlichen und der begrifflichen Schicht, die er jedoch im noch durchaus vorgegenständlichen Leibeserlebnis miteinander zu verknüpfen vermag.

Das noch durch keine funktionellen Vorstellungen der gegenständlich-physiognomischen und begrifflichen Schicht gebrochene Verknüpfungserlebnis der Bildsymbole muß sich nun auch im formalen Bildaufbau des Surrealismus nachweisen lassen, und zwar als unbewußtes Bedürfnis des Malers – nicht anders als in der vorgegenständlichen Malerei –, die Gesamtkomposition seines Bildes unter dieses zentripetal-physiognomische Erlebnis zu stellen. Mit anderen Worten: auch im echtgeschöpften surrealistischen Bild müssen nicht nur in den einzelnen Symbolstellungen zueinander, sondern in den die ganze Bildfläche übergreifenden Gestaltstrukturen jene besonderen vorgegenständlichen Verknüpfungsformen des formalen Wohlfunktionierens des Bildes nachweisbar sein. In der Tat läßt sich dieses typische Bildmerkmal der vorgegenständlichen Malerei auch in allen geglückten surrealistischen Bildern aufspüren. Es tritt vor allem in Erscheinung in Gestalt der immer wiederkehrenden weitspannenden, flächigen Struktur von leeren, oft wüstenähnlichen Landschaften oder auch von kahlen architektonischen Formen und ähnlichem. Diese Strukturen liefern den tragenden Untergrund für die einzelnen Komplexsymbole, ganz ähnlich wie die Malfläche, auf der vorgegenständliche Maler ihre Gestaltungen vollziehen. Auch hier zeigt echte surrealistische Malerei ihre Verwandtschaft mit Traumformen, die mit endlosen Mauern und Gängen oder von einem Raum zum anderen ohne Ende sich öffnenden Türen (um nur ein paar besonders geläufige Beispiele zu nennen) ähnliche hintergrund- bzw. stimmunggebende physiognomische Erlebniselemente aufweisen.

Mit der Ermittlung der unbewußten vorgegenständlich-physiognomischen Erlebniskomponente des Surrealismus ist nun vor allem das Begriffswerkzeug bereitgestellt, um zwei Aufgaben zu erfüllen: eine theoretische, die darin besteht, die Stellung des Surrealismus innerhalb des psychologischen Gesamtexpressionismus (und damit auch gegenüber der vorgegenständlichen Malerei) in wohldefinierter Form zu umreißen – und ferner eine praktische, nämlich den echtgeschöpften surrealistischen Bildausdruck vom äußerlichen Machwerk zu unterscheiden.

Die Abgrenzung des Surrealismus innerhalb des allgemeinen Expressionismus wird zunächst hinsichtlich der *Bedürfnisvorstellung* bestimmt durch die erklärt zentripetale, d.h. auf die innere Erlebniswelt zielende Note in der somit gesteigert solipsistischen Auseinandersetzung mit dem Erlebnis vom Selbst, sodann hinsichtlich der *Zielvorstellung* durch die Tendenz zur psychoanalytisch und damit begriffs-gesteuerten Symbolbewußtmachung und endlich hinsichtlich der *Wegvorstellung* durch das Streben nach einer psychologischen, theoretisch begründeten Methodik, die allerdings – in Gestalt der surrealistischen Spontanregel – vorerst nur eine undifferenzierte Ausformung gefunden hat. Zusammenfassend läßt sich diese Haltung des Surrealismus als Durchforschung der Tiefenschichten der eigenen Person bezeichnen. Von den Bestrebungen der analytisch-therapeutischen Tiefenpsychologie unterscheidet sich dabei der Surrealismus dadurch, daß er zwar an deren Erfahrung anknüpft, im übrigen aber nicht auf das Ingangbringen oder Umstimmen psychischer Prozesse zielt, sondern sich mit deren Darstellung im musisch-komplexen Ausdruck begnügt. In der betonten Tendenz zur allgemeinen Erlebnissteigerung durch Herausstellen der Erlebnisse berührt sich der Surrealismus mit dem ebenfalls weitgehend musisch-komplexen Existentialismus Sartrescher Prägung und seiner Devise *»vivre est agir«* – »Leben heißt handeln«, wobei für den surrealistischen Maler das Bildgestalten immer mehr den Charakter einer nicht nur sublimierenden, sondern unmittelbar lebensverbundenen Handlung annimmt. Wir finden in dieser erlebnisbewußten Betonung des Tuns – und nicht der Rückschau auf das Getane – einen Zug, dem wir auch bei der vorgegenständlichen Malerei begegnet sind. Auf sein Sichtbarwerden in allen modernen Kulturausdrücken werden wir noch an späterer Stelle zu sprechen kommen. Im Augenblick diene er als Hinweis, um nun noch den Vergleich der Elementaren Erlebniskette von Surrealismus und vorgegenständlicher Malerei einzuleiten; denn hier ist ein Punkt, in dem sich die beiden Malformen zwar einerseits auf allgemeine Weise berühren, wie wir gesehen haben – andererseits aber auch, im einzelnen betrachtet, unterscheiden.

Die Betonung des Bildgestaltens als Erlebnisprozeß in der vorgegenständlichen Malerei zeigt sich nämlich mit ihren unmittelbar und ungebrochen in der Stimmungsschicht verankerten Antrieben als »von unten«, also vom Unbewußten her, das Selbsterlebnis ergreifend, während die surrealistische Erlebnisbetonung ihren Ausgangspunkt zusammen mit dem Symbol und somit in den begrifflich-gegenständlichen Schichten nimmt, d. h. letztlich eine Erlebnisauseinandersetzung »von oben her« einleitet. An Hand der Erlebnisbetonung von zwei so verschiedenen Ausgangspunkten aus ergeben sich die gemeinsamen wie die polar entgegengesetzten Wesenszüge von Surrealismus und vorgegenständlicher Malerei mit besonderer Klarheit. So führt die Erlebnisbetonung mit ausschließlicher Zentrierung in der Stimmungsschicht in Verbindung mit der Beschränkung auf die vorgegenständlich-physiognomische Schicht der vorgegenständlichen Malerei zu ihrem von vornherein als total anerkannten Solipsismus und darüber hinaus zu einem Überwachsen des expressionistischen Protests, indem sie jeden Ansatzpunkt für eine Gegensatzvorstellung von vornherein ausschließt. Umgekehrt aber muß sich bei einer Erlebnisbetonung auf surrealistische Weise eine besonders extreme Protesthaltung einstellen – infolge ihrer geteilten und gegensätzlichen Schichtenzentrierung, überdies noch mit Unterstreichung des intellektuellen Moments. Diese Unterstreichung des dualistischen Erlebens durch die realistische und imaginäre Bild- und Erlebniskomponente führt schließlich nicht selten zu einem Machwerk-Rezept in Gestalt des nicht mehr echtgeschöpften, erlebten, sondern nur noch begrifflich konstruierten Gegensatzes beim anschaulichen Gestalten. Bei einem solchen Vorgehen ist natürlich von individualsymbolischer Bedeutung der realistischen Strukturkomplexe ebensowenig mehr die Rede wie von vorgegenständlich-physiognomischen Verknüpfungen.

Bewertungskriterien für surrealistischen Bildausdruck

Damit stehen wir vor der Erörterung der praktischen Aufgabe der Unterscheidung echter surrealistischer Bildausdrücke von äußerlichen Machwerken. Wir wissen, daß der surrealistische Imperativ als methodische Wegvorstellung die Gefahr der Machwerkerzeugung in hohem Maße ausschließt. Nun zeigt aber die Erfahrung mit dem Jungschen Reizworttest in der psychologischen Praxis, daß die Assoziationen auch im Spontanerleben keineswegs stets aus tiefen Schichten geschöpft werden. Vielmehr werden die Einzelantworten, zumal wenn sie nicht durch eigentliche Reizworte ausgelöst werden, also nicht einen »dunklen Punkt« im Erleben gestauter Libido, zum Beispiel in Gestalt eines neurotischen Komplexes, antasten, häufig in sehr oberflächlich assoziierender Weise gegeben – etwa in Form eines begrifflichen Gegensatzes oder eines Oberbegriffs oder eines Begriffs, der mit dem Reizwort unter einen gemeinsamen Oberbegriff fällt, um nur die allerhäufigsten Vorstellungsangliederungen zu nennen. Ein solches begrifflich orientiertes Assoziationsverhalten führt dazu, die Assoziationskette, als welche wir den surrealistischen Bildausdruck kennengelernt haben, nicht aus wirkend-wirklichen Individualsymbolen aufzubauen, das heißt nicht aus Vorstellungen, die eine Rückstrahlung schichtendurchschlagender Dingerlebnisse darstellen, sondern aus mehr oder minder oberflächlichen Zufallsvorstellungen ohne wesentliche Libidobesetzung. Den auf die Weise zustande kommenden Bildausdrücken fehlt die Hintergründigkeit, die ja gerade zum Wesen des Surrealismus gehört. Die Gefahr einer solchen Oberflächlichkeit der Assoziationen liegt umso näher, als echte surrealistische Einfälle, wie wir oben gesehen haben, an eine bestimmte psychische Struktur gebunden sind. Daraus ergibt sich, daß manchem Maler sogenannter surrealistischer Bilder, dem dieses besondere Eigenerlebnis mangelt, auch jeder Beurteilungsmaßstab dafür fehlt, wie stark eine Ding- oder Begriffsvorstellung mit Libido besetzt sein muß, um symbolhaft wirksam zu werden, was bedeutet, daß er sich seines oberflächlichen Tuns gar nicht bewußt wird.

Um solche absichtlichen oder unabsichtlichen Machwerke vom echtgeschöpften surrealistischen Bildausdruck zu unterscheiden, sei vor allem daran erinnert, daß sich infolge der komplex-dinghaften Symbolkomponente der Beurteilungsschwerpunkt im Surrealismus von der malerisch-formalen Seite nach der psychologischen verschiebt. Das bedeutet praktisch, daß die ernsthafte, systematische Bildbeurteilung zweckmäßigerweise mit dieser zu beginnen hat. Das heißt, erst wenn in einer ausreichenden, am besten natürlich möglichst großen Anzahl surrealistischer Bildausdrücke eines Malers eine psychologische Ermittlung über Art, Umfang und Beständigkeit seines individuellen Symbolinventars angestellt ist, kann an die Untersuchung der vorgegenständlich-physiognomischen, daß heißt der malerisch-formalen Verknüp-

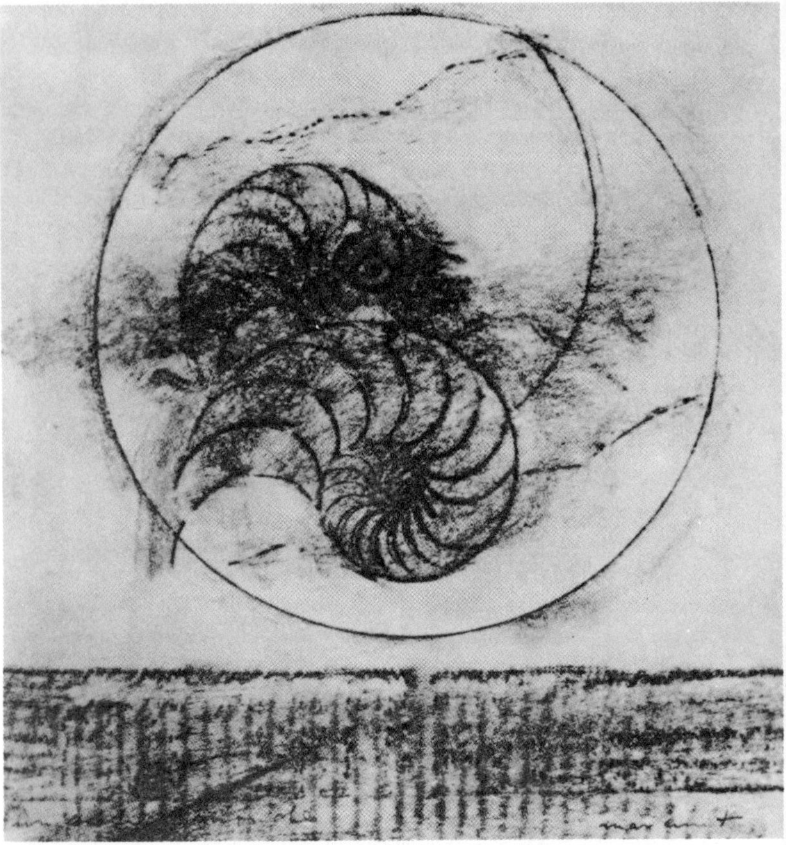

Max Ernst, Eine andere Welt, 1965; Privatbesitz

fung nach Art und Vollkommenheitsgrad herangegangen werden. An Hand dieser Untersuchung der psychisch gerichteten Übereinstimmung der einzelnen gebrauchten Komplexsymbole und ihrer vorgegenständlich-physiognomischen Verknüpftheit werden gleichzeitig mit den psychischen Strukturen des Malers auch die eigentlichen surrealistischen Bildqualitäten offenbar. Diese gestaltphysiognomische und tiefenpsychologische Kontrolle zeigt im übrigen, daß selbst echte surrealistische Maler, also solche, die ihrer psychischen Struktur nach zum surrealistischen Erleben geeignet sind, dazu neigen, unter einer Bedürfnisvorstellung, die mehr oder minder ausschließlich auf Protest gerichtet ist, die vorgegenständliche Verknüpfungskomponente zu vernachlässigen und damit in formale Unausgewogenheiten zu verfallen. Derartige Protestübersteigerungen bedeuten gleichzeitig eine Übersteigerung der Elementarangst. Diese bringt begreiflicherweise im surrealistischen Bildausdruck eine Steigerung der nihilistischen Erlebniskomponente mit sich, die, wie später noch eingehend zu zeigen sein wird, in Widerspruch zu der einem fortschreitenden Surrealismus zutiefst innewohnenden elementaren Bedürfnis- und Zielvorstellung steht.

Unterscheidung von anderen Ausdrucksformen

Nachdem wir, wenn auch erst in immer noch vorläufiger Weise, dem Erlebniskern des Surrealismus um einiges nähergerückt sind, ist es möglich, diesen Malausdruck noch von zwei anderen Ausdrucksformen der modernen Malerei zu unterscheiden, mit denen Verwechslungen an der Tagesordnung sind. Ich meine den sogenannten Symbolismus und die expressionistische oder Neo-Romantik. Der Symbolismus kann insofern als eine fernstehende Vorform des Surrealismus angesehen werden, als er das Symbolerlebnis dem Bildausdruck als Anregung zugrunde legt, allerdings noch keineswegs auf das Erschürfen von Individualsymbolen und noch weniger von vorgegenständlich-physiognomischen Verknüpfungen ausgerichtet ist, sondern sich um Bildausdrücke mit weitgehend kollektivbegrifflich gewordenen Komplexsymbolen bemüht. – Die Trennungsgrenze zwischen einem solchen mehr intellektuell gerichteten Symbolismus und der mehr malerisch betonten Neoromantik (wovon etwa Chagall besonders bekannte wie überzeugende Beispiele gibt) ist durchaus fließend, doch ist im allgemeinen die Neoromantik über das rein Symbolische hinaus durch ein märchenhafterzählerisches Moment gekennzeichnet. Sie stellt damit jene expressionistische Malform dar, die dem Genrehaften am nächsten steht. Zusammenfassend ist zu Symbolismus und Neoromantik zu sagen, daß wir hier im psychologisch erweiterten Wortsinn Ausdrücke des Expressionismus vor uns haben, insofern auch hier dessen spezifische Elementare Erlebniskette nachgewiesen werden kann.

Marc Chagall, Die Zeit ist ein Fluß ohne Ufer, 1930–39; The Museum of Modern Art, New York

Zusammenfassung

Fassen wir unser bisheriges Ergebnis in Form der Elementaren Erlebniskette des Surrealismus auf einer zweiten Stufe der Bewußtmachung nochmals kurz zusammen:

Die *Bedürfnisvorstellung* lautet: »Protest gegen die in ihrer konventionellen Sinnentleerung die Elementarangst steigernden Vorstellungen der sogenannten Wirklichkeit«.

Die *Zielvorstellung* lautet: »Darstellendes Bewußtmachen des solipsistischen Selbsterlebnisses«.

Die *Wegvorstellung* lautet: »Bildhafte Verwirklichung der individuellen Innenwelt mit Hilfe der Individualsymbolik in spontan geschöpften Assoziationen«.

So gesehen, erscheint der Surrealismus keineswegs mehr als eine Angelegenheit für Verrückte, sondern als ein psychologisches Experiment größter Spannweite zur Verwirklichung der allgemein-expressionistischen Zielvorstellung, der »Wiedererneuerung des kollektiv-kulturellen *élan vital*«. Wir können deshalb, ohne absurd zu erscheinen, die Frage stellen: Welche Vorstellungstendenzen für einen künftigen, kollektiv-kulturell erneuerten *élan vital* suchen sich im Surrealismus ihren ersten Ausdruck?

3. Die Möglichkeit methodisch gewinnbarer Höchstbewußtheit

Um einen ersten Hinweis wenigstens auf die Richtung einer Antwort zu erhalten, wollen wir uns daran erinnern, auf welchem, im übrigen noch weitgehend unbewußten Wege die vorgegenständliche Malerei der Erneuerung eines individuellen *élan vital* zustrebt. Sie tut es durch den Verzicht auf Gegenständliches und die damit verbundene Begrifflichkeit – und gerade eben durch diesen Verzicht auf Begriffliches kommt sie in die Lage, ihre Vorstellungen aus den tieferen Erlebnisschichten des Individuums zu schöpfen. Das heißt, die vorgegenständliche Malerei zieht die letzten Folgerungen, die vom expressionistischen Rückführungsstandpunkt aus möglich sind, nur verhält sie sich in dieser ihrer Beschränkung auf die Erlebnis-Kernschichten so, als ob es Gegenständliches überhaupt nicht gäbe. In dieser total-zentripetalen Vor-Gegenständlichkeit liegt gleichzeitig definitionsgemäß eine unüberschreitbare Beschränkung auf das tiefenschichtige Selbst. Die vorgegenständliche Malerei verzichtet also auf die Kenntnisnahme der Tatsache, daß die Kulturgemeinschaft auf Grund einer kollektivmenschlich ausgeformten Welt der Gegenstände und der damit verbundenen Begriffe besteht. Daß wir trotzdem von unserem psychologischen Standpunkt aus durch die Analyse gerade der vorgegenständlichen Malerei wesentliche Ausblicke auf eine sich anbahnende, wohldefinierte und -definierende begriffliche Mitteilungsform von Wertwelt zu Wertwelt gewonnen haben, hat nichts mit der vorgegenständlichen Malerei selber zu tun.

Im übrigen bliebe auch bei Vollendung eines solchen, Mißverständnisse beseitigenden begrifflichen Ausdrucksinstrumentariums die allgemeine Kulturtatsache des solipsistischen Erlebens bestehen, wenn auch dessen selbst- und weltzerstörerische nihilistische Folgen mehr und mehr abgebaut werden können in ähnlicher Weise, wie es etwa der vorgegenständliche Maler in der bewußten Pflege seines hingebenden Tuns bereits erlebt. Es entsteht mit einem derartigen, durch Wertweltverstehen gemilderten Solipsismus ein Zustand, etwa vergleichbar dem gegenseitigen Verständnis, das Menschen für einander hegen, die an einer gleichen, in ihrer Unheilbarkeit erkannten Krankheit leiden. *Solamen miseris socios:* Mag diese gemeinsam bewußte Erleidnis des expliziten Solipsismus auf der Grundlage total-zentripetaler Selbstschau auch in gewissem Sinne tröstlich sein, so ist doch die bestenfalls daraus erwachsende Erneuerung des *élan vital* nur eine bedingte; denn sie bedeutet lediglich eine Stärkung in der Bereitschaft des Ertragens durch begriffliche Klarheit in gemeinsamem Wissen, aber noch kein Befreiungserlebnis gegenüber der epochal bedingten Kulturangst und noch weniger gegenüber der elementaren Angst. Wenn also die Schranken des Angstbegriffs für das Individuum nicht nur für den Augenblick des Tuns, sondern in einer für den gesamten Erlebnisablauf tragfähigen Weise überwunden werden sollen, so kann dies nur in Form eines psychischen Überwachsens, vor allem hinsichtlich der bisherigen, in ihren Schwächen erkannten Formen der logischen Begrifflichkeit, erfolgen. Dies ist als methodischer Weg (und nicht als zufällige religiöse »Gnade«) denkbar auf dem Wege einer Bewußtheitssteigerung, die alles bisher Wahrgenommene und Vorgestellte, also alle Dinge und Begriffe – ja, mehr als das: darüber hinaus auch alles noch Wahrnehmungs- und Denkmögliche im vorhinein einschließt und anerkennt. Eine derartige, auch alles Künftige als Möglichkeit übergreifende Bewußtheitsstufe, in der alle Erlebniszusammenhänge schlechthin offenbar werden, würde jedoch nicht nur eine neue Form des Wissens, sondern des Erlebens vom Selbst und von der Welt darstellen. Diese zunächst noch hypothetische Höchstbewußtheit muß definitionsgemäß in ihrer Möglichkeitstotalität auch ihre zwischenmenschliche Mitteilbarkeit einschließen, das heißt eine kollektiv-verstehbare Ausdrucksmethode – oder, was das gleiche besagt: einen kollektiv-menschlichen Erlebniszusammenklang ohne das zweifelhafte Glück eines begrifflichen Scheinverstehens. Eine solche Form der methodisch gewinnbaren Höchstbewußtheit ergibt sich als das natürliche Endziel jeder Kulturentfaltung, insofern Kultur, psychologisch gesehen, nichts anderes bedeutet als ein ununterbrochenes Ringen nicht nur um Bewußtheitsentfaltung in die Breite, sondern auch um Bewußtheitsvertiefung durch die Erlebnisschichten der Person.

Bekanntlich ist der unserem Kulturkreis arteigene Bewußtwerdungsweg der des wissenschaftlichen Denkens, also in die Breite, und die Methode dieser Vorstellungsbildung die der begrifflichen Theorie. Das mag zeitweise die Möglichkeit der Bewußtheitsvertiefung in den Hintergrund treten lassen unter dem Eindruck der überwältigenden Fülle des über das Kollektiv hereinstürzenden Stromes von Wißbarem. Es zeigt sich jedoch gerade im augenblicklichen Zeitpunkt unserer Kultur, daß eine bestimmte Wissensbreite, vor allem im Bereich der Erkenntniskritik, das Bedürfnis nach Bewußtheitsvertiefung weckt und im Vollzug der damit eingeleiteten Elementaren Erlebniskette auch den Blick für diesbezügliche Möglichkeiten öffnet, die sich wiederum kulturspezifisch letztlich in das Bild von Theorien fassen lassen. Wenn dieses unser arteigenes Werkzeug »Theorie« heute erst auf Teilgebieten wie der Mathematik und der darauf fußenden theoretischen Physik sich den denkmöglichen Höchstformen nähert, so bedeutet dies also keineswegs ein Versagen des wissenschaftlichen Denkens gegenüber den übrigen menschlichen Erlebnisbereichen, wie die Kulturpessimisten nachzuweisen sich bemühen, sondern im Gegenteil einen Beweis, daß unsere Kultur hinsichtlich ihrer bewußtheitssteigernden Entwicklung noch nicht ihre »Neuzeit« erreicht hat. Wir können folgerichtigerweise erwarten, daß, wenn irgendwo, so im Bereich des wissenschaftlichen Denkens sich die alles Denkmögliche übergreifenden Vorstellungserlebnisse Bahn brechen werden; das sind also jene, die gleichzeitig die Befreiung vom Erlebnis des Ungenügens unserer heutigen sinnentleerten Kulturvorstellungen und damit den Durchbruch eines erneuerten *élan vital* bedeuten – eines *élan vital,* der trotz des axiomatischen Solipsismus nicht rückgreifend, kollektivsprengend, sondern in einem neuen Erlebnis kosmischer Verbundenheit kollektivzusammenführend gerichtet ist.

In diesem Sinne wird es von höchster Bedeutung, daß gerade in den das Phänomen der Bewußtheit umkreisenden Disziplinen der Wissenschaft, nämlich Erkenntniskritik und Psychologie, immer stärker eine ganz neue Stellung zum Begrifflichen sich anbahnt, die darin besteht, mit den Begriffen auch alle Dingvorstellungen ihrer Absolutheitstendenzen zu entkleiden und sie nur noch als von Fall zu Fall willkürlich und zweckmäßig gesetzte Zeichen in bezug auf diejenigen Erlebniszusammenhänge gelten zu lassen, die jeweils einer Betrachtung unterzogen werden sollen. Mit einem solchen totalen Relativismus stehen wir einerseits vor den höchsten Entfaltungsmöglichkeiten des Theoriebegriffs und andererseits vor einer bewußtheitlichen Entbindung unseres Denkens von allen begrifflichen Fesseln überhaupt. Zunächst mag es freilich scheinen, als würde hier der Teufel durch Beelzebub ausgetrieben; das heißt, als entzögen wir nur, ohne eine Wandlung im Wesentlichen zu erzielen, dem Begrifflichen wieder alle Lebenswerte auf die gleiche begrifflich-erkenntniskritische Weise, die in der vorangegangenen Kulturepoche dazu gedient hat, die Begriffe mit eben diesen Lebenswerten zu beladen. Wenn dem wirklich so wäre und keine weiteren Erlebnismöglichkeiten sich dahinter auftun würden, so wäre von einem solchen Vorgehen freilich kein entscheidender Lebensantrieb zu erwarten und das boshafte Aperçu hätte recht, das von der Wissenschaft behauptet, man könne sie erfinden, sammeln, lehren, drucken und sogar Handel mit ihr treiben – nur sie gebrauchen, das könne man nicht.

Hier erscheint der Kulturmensch des modernen Abendlandes im Schnittpunkt gegensätzlicher Bestrebungen, die einerseits aus dem tiefenschichtig-axiomatischen, sinnlichen Wahrnehmungserleben und andererseits aus einer immer weiter differenzierten Bewußtseinsoberschicht gespeist sind. Es läßt sich jedoch in aller Strenge nachweisen, daß es sich bei dem begriffsbewußtheitlichen Streben zur Theorie letztlich um nichts anderes als um eine zwar späte, aber deswegen nicht minder authentische Folge unserer physiologisch-axiomatischen Wahrnehmungsgrundlagen handelt. Es ist deshalb zwangsläufig zu schließen, daß es auch einen Weg geben muß, den zwischen diesen beiden Erlebnispolen – Wahrnehmen und Begrifflich-Ausformen – im Kulturablauf zur Ausprägung gelangten Zwiespalt wieder auszugleichen. Diesen Ausgleich allerdings ausschließlich im Denkerischen vollziehen zu wollen, wäre ebenso einseitig wie ein Versuch, der sich nur auf tiefenschichtiges, quasi-mystisches Erleben stützen wollte. Im Erkennen eben einer solchen Einseitigkeit gelangt man zu der Einsicht, daß es sich also letztlich nicht darum handeln kann, der Berührung mit Begrifflichem grundsätzlich zu entgehen – etwa durch willkürliche Schichtenbeschneidung »nach oben«, wie es die vorgegenständliche Malerei tut in Umkehrung der Schichtenbeschneidung »nach unten« im grobmechanistischen Materialismus; das Ziel besteht vielmehr darin, das konventionelle Zwangsdenken in seiner Begrenztheit erkennend zu überwinden, um auf diese Weise die menschliche Vernunft zu ihrer höchsten praktischen Wirksamkeit zu entfalten. Mit anderen Worten: Es geht darum, alles Denkmögliche an Hand der Vorstellung eines totalen Relativismus als von einer jeweilig zweckbedingten (relativen) Wirklichkeit bzw. Wirksamkeit zu erkennen und das Erlebnis von dieser Vorstellungsfreizügigkeit in vollem Umfang im wachen Bewußtsein zu behalten, also die Überwindung sogenannter »absoluter« Bewußtseinsformen durch Bewußtheitssteigerung zu üben.

Um zu einer solchen Vorstellungsfreizügigkeit zu kommen, bedarf es erst einer allgemeinen Vorstellung über die Grenzen der menschlichen Vorstellungsmöglichkeiten, das heißt, einer Theorie des bisherigen kulturellen Zwangsdenkens und seiner Überwindung. Wir können somit im surrealistischen Protest einen ersten Versuch erblicken, um wenigstens die Bahn für eine solche Theorie freizumachen. Freilich handelt es sich dabei erst um einen dunkel tappenden Schritt, dessen vergleichsweise noch bescheidene Bewußtheitshöhe dadurch gekennzeichnet ist, daß sich das surrealistische Bemühen an das Traumhaft-Unbewußte wendet, also an eine Instanz, die zwar häufig genug gegen den kulturkonventionellen Vorstellungszwang protestiert, aber gleich-

René Magritte, Die Kultur der Ideen, 1928; Privatbesitz

zeitig selber durchaus in unbewußter, individueller Wertwelteinseitigkeit und damit ebenfalls in einem Zwang befangen ist.

Trotzdem ist etwas Neues erreicht. Denn noch nie wurden bisher in unserem Kulturkreis so eindeutig gleichberechtigt die beiden polaren Erlebniszwänge der kollektiven Begrifflichkeit und der individuellen Wertwelt einander gegenübergestellt. Die bewußtheitssteigernde Leistung dieses Schritts besteht in nichts Geringerem, als daß eine entscheidende Bresche in die Mauer der bisherigen Bewußtheitsverhärtung geschlagen wird. Das bedeutet immerhin einen Ausblick auf die Schwierigkeiten und die eventuellen Zwischenziele, welche uns noch von dem Endziel einer arteigenen Höchstbewußtheit trennen. Die scheinbare Wirrnis, mit der die individuellen Vorstellungsmöglichkeiten aus dem Unbewußten andrängen, sobald sie methodisch hervorgelockt werden, bedeutet gleichzeitig eine Warnung davor, neue Erlebnismauern durch die voreilige Bildung neuer Ordnungsbegriffe aufzurichten. Der entscheidende Schritt in Richtung auf eine den Schichtenzwiespalt überwindende Höchstbewußtheit wird besonders deutlich, wenn wir uns die hier auftauchende allgemeinkulturelle Zielvorstellung etwa in folgender Form vor Augen führen: »Auflösung der in verschiedenen Schichten verankerten Erlebnis- und Vorstellungsdiskrepanzen unseres derzeitigen Kulturstadiums, die den kollektiven wie individuellen Lebensschwung hemmen, durch eine alle Erlebnisschichten vertikal durchgreifende Bewußtwerdung«.

Auf dem Wege zu diesem Ziel stellt demnach der Surrealismus eine Stufe dar, von der aus wir zwar sagen müssen, daß die Auseinandersetzung mit der Traumphänomenologie allein noch nicht genügen kann, um dieses Ziel zu erreichen, daß wir aber immerhin im Surrealismus bereits in eine nicht mehr von kollektiven Absolutvorstellungen gesteuerte Welt eingetreten sind, also in eine Welt, von der zu sagen: »Hart im Raume stoßen sich die Dinge« nicht mehr berechtigt ist. Diese gleiche Tendenz zur Lösung vom Zwang des Gegenständlich-Begrifflichen ist es, die als wichtigstes psychologisches Merkmal der modernsten Malerei und damit dem extremen Expressionismus überhaupt eignet, und zwar gleichgültig, ob das Bemühen darum mehr passiv verzichtend in vorbegrifflichen und sogar vorgegenständlichen Tiefenschichten wie in der vorgegenständlichen Malerei seinen Ausgang nimmt – oder mehr aktiv protestierend von begrifflichen und damit nachgegenständlichen Schichten aus wie im Surrealismus vorstößt. Dieser Vorstoß gegen die kollektiv-kulturellen Vorstellungszwänge vollzieht sich nun freilich vorläufig weder von der einen noch von der anderen Seite mit einem durchschlagenden Erfolg. Dem steht jeweils eine ganz besondere Erlebnishemmung im Wege, und zwar einerseits bei der vorgegenständlichen Malerei in Gestalt des ausdrücklichen Beharrens in dem chthonischen Bereich, der nach oben durch die vorgegenständlich-physiognomische Schicht begrenzt wird – und andererseits beim Surrealismus durch seine in erster Linie noch auf Protest gerichtete spirituelle Haltung. Beide Malformen sind damit bis auf weiteres durch ein Widerstreben gegen die Ausweitung zum umfassenden Selbsterlebnis gekennzeichnet. So kommt es zu jenem merkwürdigen Zustand, daß die vorgegenständliche Malerei trotz ihres geringen Bewußtheitsgrades zwar im Grunde bereits eine praktische Methode zur Gewinnung eines schichtendurchgreifenden Selbsterlebnisses darstellt, daß sie diese jedoch bisher nur zur Ausdrucksgewinnung und nicht zur Erlebnisausweitung zu gebrauchen vermag – während umgekehrt der weitaus bewußtheitshöhere Surrealismus infolge des Fehlens einer methodischen Erlebnispraktik sich noch in den durchaus unverbindlichen Grenzen einer intellektuellen Weltanschauung hält. Die Überwindung dieser Einengungen kann nur gewonnen werden für die vorgegenständliche Malerei durch eine bewußtmachende, theoretische Unterbauung und für den Surrealismus durch die Entfaltung zur vorbehaltlos erlebenden Methodik. Eine solche Entwicklung der beiden avantgardistischen Malformen muß zwangsläufig zu einem zunehmend deutlicher zeigenden Spiegel werden für einen allgemein-kulturellen Erlebniswandel in Richtung auf einen erneuerten kollektiven Lebensantrieb.

III. Bewußtheitssteigerung im Weltbild des Zen

1. Die Suche nach kulturübergreifenden Hinweisen

Über die Art eines solchermaßen erneuerten *élan vital* ist nun freilich aus dem Bisherigen beweiskräftig nur ganz allgemein zu folgern, daß es sich dabei um ein bewußtheitsgesteigertes Selbst- und damit auch Welterlebnis unter der Leitvorstellung einer totalen Relativität handeln muß. Was aber praktisch unter einem solchen total-relativen Selbsterlebnis zu verstehen sei, darüber können wir zur Zeit von unserer eigenen Kulturstufe aus und damit überhaupt innerhalb unseres eigenen Kulturkreises keine weiteren Hinweise mehr erwarten – denn dies widerspräche ja gerade dem kulturvorausschauenden Gehalt der avantgardistischen Malerei. Es bleibt uns also nichts übrig, als in anderen Kulturabläufen Umschau zu halten nach wenn auch nicht gleichen, so doch wertweltäquivalenten Bewußtheitssteigerungen und ihren Erlebnisfolgen.

Es ist klar, daß eine solche Nachforschung nur sinnvoll ist in Verbindung mit älteren, das heißt reiferen, in ihre Neuzeit eingetretenen Kulturen, von denen dementsprechend zu erwarten steht, daß der dort erreichte Bewußtheitsgrad denjenigen unseres Kulturstadiums übertrifft. Für eine Nachforschung in diesem Sinne kommen praktisch nur die fernöstlichen Kulturkreise in Frage, also der indische und der chinesische. Von diesen beiden erscheint der indische gerade in seinen sublimsten Vorstellungen für uns durch außerordentlich komplizierte metaphysische Vorstellungen und tropisch wuchernde Begriffsübersteigerungen gekennzeichnet, während umgekehrt der chinesische zwar nicht minder fremdartig anmutet, aber nicht als fremdartige Wirrnis, sondern als fremdartige Klarheit und Schlichtheit – auch dort, wo er uns

Yü-chien, Ein Bergdorf im sich lichtenden Nebel; Privatbesitz

zunächst ganz und gar unverständlich ist wie zum Beispiel im *»I Ging«*, dem »Buch der Wandlungen«, das in seinen 64 sechsstrichigen, überaus einfachen graphischen Darstellungen offensichtlich ein wohldefiniertes Weltbild umschließt.

Wenn dieser chinesische Kulturausdruck neuerdings im Abendland die Aufmerksamkeit nicht nur wundersüchtiger Okkultisten, sondern auch der Geisteswissenschaft, vor allem der Psychologie auf sich zieht, so entstammt dieses Interesse der sich anbahnenden Erkenntnis, hier auf Vorstellungszusammenhänge zu stoßen, die für uns nicht nur wertweltfremd sind, sondern auch bewußtheitshöher als die unseres eigenen gegenwärtigen Kulturstadiums. Mit anderen Worten: wir haben in der

chinesischen Hochkultur demnach am meisten Aussicht, weitere Anzeichen und Ausdrücke einer kulturellen Höchstbewußtheit zu finden. Eine Auseinandersetzung mit dem *»I Ging«* allerdings dürfte kaum dafür geeignet sein, in die hier zugrunde liegenden Bewußtheitszustände verstehend einzudringen. Denn das »Buch der Wandlungen« stellt bereits das fertige Ergebnis einer dem Abendländer unverständlichen Methode des Erlebens dar. Wir haben also unser Augenmerk auf solche chinesische Kulturerscheinungen zu richten, die sich mit dieser Methode selbst befassen. Hier aber stoßen wir auf den Ch'an- (japanisch: Zen-)Buddhismus, kurz *Ch'an* bzw. *Zen* genannt, und zwar interessiert uns von seinen fünf verschiedenen Hauptschulen ausschließlich jene, sozusagen »trockene«, nach unserer abendländischen Definition: kritisch-psychologische, unmetaphysische Richtung, die alles metaphysische Beiwerk wie auch Zazen (Sanskrit: »Sitzen in Versenkung«), als »überflüssigen Unfug« ablehnt.

Die Merkwürdigkeit des Zen kam schon den jesuitischen Missionaren des 18. Jahrhunderts zum Bewußtsein. Dies führte dazu, daß er wie manche andere fremdwertweltliche Kulturerscheinung seit jener Zeit zu einem der Tummelplätze für das kleine Glück des Mißverstehens abendländischer Metaphysiker geworden ist.

Im folgenden wollen wir nun Zen in erkenntniskritisch-psychologischer Weise, das heißt also durchaus unmetaphysisch, auf seine Bewußtheitshöhe hin betrachten, und zwar insbesondere im Hinblick auf die darin ausgedrückte Auseinandersetzung mit Wahrnehmungsding und Begriff, um dann anschließend mit den auf diese Weise gewonnenen Erfahrungen die bisherige Elementare Erlebniskette des surrealistischen Expressionismus in einer dritten Stufe unserer Analyse der theoretisch möglichen Bewußtheitssteigerung zuzuführen.

2. Überbegriffliches Selbst- und Welterlebnis im Zen

An die Spitze unserer Betrachtung des Zen sei eine merkwürdige, allgemeine Feststellung gesetzt: Alle hohen Kulturausdrücke Altchinas – mag es sich um Staatskunst oder Malerei handeln oder auch um so einmalig eigenständige Ausdrucksformen wie das *»I Ging«* – sind erwachsen auf dem Boden des Zen. Die besondere Art des Zen-Denkens durchzieht das ganze praktische und geistige Leben der chinesischen Hochkultur – auch dort, wo dies nicht unmittelbar zutage tritt. Mit anderen Worten: es ist letztlich das dahinterstehende Zen-Erlebnis, das die klassische chinesische Kultur für den Abendländer einerseits so fremdartig, andererseits so klar und vernünftig erscheinen läßt. Ohne uns indessen auf noch so interessanten Nebenpfaden zu verlieren, wollen wir unsere Untersuchung auf die grundsätzliche Frage beschränken: Welche Hinweise auf ein überbegriffliches Selbst- und Welterlebnis sind in der methodischen Erlebnisschulung des Zen zu finden?

Damit sind auch schon alle notwendigen Vorbereitungen getroffen, um unmittelbar in eine Beschreibung des Zen einzutreten. Ich stütze mich dabei, was das Tatsachenmaterial betrifft, vor allem auf die Werke des Japaners Suzuki[3]; gleichzeitig sei bemerkt, daß ich aus Gründen, deren Erörterung an dieser Stelle zu weit führen würde und die überdies für unser Thema ohne Belang sind, auf seine von anderen Voraussetzungen ausgehenden Interpretationen nicht Bezug nehme.

Eine Methode des Denkens und Sich-Verhaltens

Zen ist nicht das, was wir unter einer Religion oder einem philosophischen System zu verstehen pflegen. Das heißt, es ist nicht, wie sich gleich zeigen wird, eine Lehre im üblichen Sinn, sondern eine Methode des Denkens (wie etwa die wissenschaftliche »Theorie« des Abendlandes), aber auch eine Methode des Sich-Verhaltens und Handelns und damit des Erlebens schlechthin. Der Bezug auf den Buddhismus ist nur noch ein historisch-herkunftsmäßiger, da im Zen von religiösen oder auch metaphysischen Vorstellungen irgendwelcher Art überhaupt nicht mehr die Rede ist. Auch die noch heute zumindest in Japan übliche äußere Form einer klösterlichen Gemeinschaft der Zen-Beflissenen ändert nichts daran. Sie wird in erster Linie aus Zweckmäßigkeitsgründen im Sinne einer Scheidung des Zen-Schülers von seiner bisher gewohnten Umwelt beibehalten, und zwar im gleichen Sinne, wie auch etwa die moderne abendländische Psychotherapie danach trachtet, ihre Initianden während einer gewissen Dauer möglichst aus dem bisherigen Milieu und seinen Einflüssen zu lösen, um so den Vorgang der Selbstfindung zu erleichtern. Kennzeichnend für die alles Erleben übergreifende Einstellung des Zen ist es, daß jeder, der vorübergehend oder auf Lebenszeit in ein Zen-Kloster eintritt, seinen Glauben als Buddhist, Christ, Jude oder was immer beibehalten kann – falls ihm wirklich noch daran gelegen sein sollte.

Dieser inneren Freizügigkeit entsprechend gibt es im Zen auch nichts Begriffliches zu lernen, sondern nur ein Verhalten zu üben. Eine solche Methode der Mitteilung – denn darum handelt es sich trotz alledem – ist noch am ehesten vergleichbar unserem Sportunterricht, wobei das Wesentliche ebenfalls in miterlebender Fremd- und vor allem Selbstbeobachtung besteht. Trotzdem gibt es im Zen – wiederum ähnlich wie im Sportunterricht – gewisse Hilfsmittel. Das Wichtigste besteht in

Sengai, Tokusan und Rinzai; Privatbesitz

nichts anderem als in der vorbehaltlosen Hingabe an das Erleben der einfachsten, jeweils vom Tagesablauf herangetragenen Notwendigkeiten, seien es körperliche Beschäftigungen wie Haus- und Gartenarbeiten, Brennholzsammeln, Essenbereiten, Saubermachen, sei es das animalisch-biologische Verhalten wie Essen, Schlafen usw. In dieser Hingabe an das Einfachste haben wir, äußerlich betrachtet, das gleiche vor uns, was die moderne Nervenheilkunde empfiehlt, um den Nervösen in Parallele zum Gleichmaß körperlichen Tuns und Erlebens das Gleichmaß der psychischen Abläufe wiedergewinnen zu lassen und ihn im natürlichen Wechsel von gesunder Ermüdung und Ruhe allmählich zu beruhigen.

In der Zen-Ausbildung handelt es sich zwar ebenfalls um eine derartige Beruhigung des allgemeinen Erlebensrhythmus; darüber hinaus aber wird noch ein besonderer Zweck verfolgt. Der Zen-Schüler soll sich nämlich seinem Tun in möglichster Bewußtheit widmen, und zwar in dreifacher Absicht. Erstens soll ihm zunächst das Erlebnis einer handfesten Wirklichkeit vermittelt werden, an die eine physisch-psychische Hingabe möglich ist; zweitens soll mit einem solchen hingebenden Tun die Übung verbunden werden, immer größere Libidomengen freizügig in einem beliebig gewählten Erlebnisinhalt zu investieren und dadurch umgekehrt wiederum das Wirklichkeitserlebnis zu steigern; drittens soll durch eine solche abwechselnde Libidoinvestierung das Libidokapital als Erlebnisvermögen flüssig, daß heißt beweglich gehalten werden, um es nach Belieben jederzeit in voller Wucht auf einen freigewählten Vorstellungsgegenstand werfen und es ebenso schlagartig wieder von ihm abziehen zu können. Diesen Vorgang eines freizügigen Libidowurfs nennt der Chinese die »Bewegung des Geistes«. Die äußere Auswirkung davon ist Schlagfertigkeit im Handeln und Reden, die ebenfalls als Erlebnisintensität wiederum auf das Individuum zurückstrahlt.

Die Anekdote als Mittel der Mitteilung

Die angestrebte Bewußtheit beim Libidowurf auf einen freizügig gewählten Vorstellungsgegenstand im Zen wird am besten dadurch illustriert, daß wir gleichzeitig das zweite methodische Mitteilungsmittel im Zen kennenlernen. Dieses Mittel besteht in kurzen, einfachen Sentenzen, kurzen Gedichten und anekdotenhaften Erzählungen, chinesisch Kung-an, japanisch Kôan (»Bekanntmachung«, »öffentlicher Anschlag«) genannt, von denen sich die nun folgende auf die in Rede stehende völlige Hingabe an das jeweils augenblicklich zweckmäßige Tun bezieht:

1. Zen-Anekdote

»Der Mönch Skih-Kung arbeitete eines Tages in der Küche, als sein Zen-Lehrer Ma-tsu eintrat und ihn fragte, was er hier tue. ›Ich hüte die Kuh‹, sagte der Schüler. (Die Kuh ist hier Symbol der niederen menschlichen Natur.) ›Wie bewachst du sie?‹ – ›Wenn sie vom Pfad einen Augenblick abweicht, so führe ich sie bei der Nase stracks zurück und lasse ihr keine Zeit, zu zögern!‹ Darauf der Meister: ›Du weißt wahrlich, wie du sie zu hüten hast.‹«

Dem Abendländer kommt hierzu die Legende vom heiligen Augustinus in den Sinn, der auf die Frage, was er tun würde, wenn er beim Schafescheren just vom Jüngsten Gericht überrascht würde, lakonisch geantwortet haben soll: »Schafe scheren.«

Beide Male erkennen wir das Bestreben der völligen Libidohingabe an das, was gerade getan werden soll. Gleichzeitig erfahren wir aus der Zen-Anekdote vom Hüten der Kuh etwas über die Stellung der sprachbegrifflichen Mitteilung in der Zen-Methode, nämlich daß es hier nicht um die begriffliche Umschreibung genauer Sachverhalte geht, sondern um das Treffen eines Stimmungstones und damit um die Auslösung eines durchaus persönlichen Erlebnisses im Hörer. Diese letztlich überbegriffliche Mittlerfunktion des Wortes, das Anregung und Keim zu durchaus persönlichem Erleben wird, kommt noch deutlicher zum Ausdruck in der folgenden Anekdote, die sich ausdrücklich mit diesem Problem befaßt.

2. Zen-Anekdote

»Ein Mönch fragte den Zen-Meister Ta-chu Hui-Hai: ›Sind Worte der Geist selbst?‹ – Der Meister: ›Nein, Worte sind äußere Bedingungen, sie sind nicht der Geist.‹ – Der Mönch: ›Wenn außerhalb der äußeren Bedingungen, wo ist dann der Geist zu suchen?‹ – Der Meister: ›Es gibt keinen Geist unabhängig von Worten.‹ – Der Mönch: ›Wenn es keinen Geist gibt, der unabhängig von Worten ist, was ist dann der Geist?‹ – Der Meister: ›Der Geist ist gestaltlos und bildlos. In Wahrheit ist der Geist weder unabhängig noch abhängig von Worten. Er ist ewig heiter und frei in seinem Wirken. Der Patriarch sagt: Wenn du begreifst, daß der Geist nicht der Geist ist, so verstehst du den Geist und seine Werke!‹«

Hierzu ist zu bemerken, daß diese Rede für einen Chinesen, auch wenn er noch nie etwas von Zen gehört haben sollte, keineswegs so dunkel ist wie für den Abendländer. Das chinesische Sprachdenken, das stets von einem Zustandserlebnis ausgeht, bringt nämlich in der Form einer gleichzeitigen Bejahung und Verneinung das Erlebnis einer Bewegung zum Ausdruck. Mit den obigen Worten wird also in der »Bewegung des Geistes« dieser Geist, der die spezifisch menschliche Erlebnisform umschreibt, mit aller Vorsicht vor der einengenden Tendenz von Begriffen als ein (dynamischer) Erlebnisvollzug, also als eine Funktion, dargestellt. Die nämliche Auffassung wird noch durch die folgende Anekdote gleichsam von einer anderen Seite her beleuchtet:

3. Zen-Anekdote
»Ein Mönch fragte: ›Wo ist der Ruheplatz für den Geist?‹ – ›Der Geist‹, antwortete der Meister, ›verweilt, wo kein Ruheplatz ist.‹ – Der Mönch: ›Was bedeutet 'wo kein Ruheplatz ist'?‹ – Der Meister: ›Wenn der Geist nicht bei einem einzelnen Gegenstand verweilt, so sagen wir, er verweilt, wo es keinen Ruheplatz gibt.‹ Der Mönch: ›Was bedeutet 'nicht bei einem Gegenstand verweilen'?‹ Der Meister: ›Es bedeutet, nicht verweilen bei der Zweiheit von Gut und Böse, Sein und Nichtsein, Geist und Stoff; es bedeutet, nicht verweilen bei Leerheit und Nichtleerheit noch bei Ruhe und Nichtruhe. Wo es keinen Ruheplatz gibt, da ist in Wahrheit der Ruheplatz für den Geist.‹«

Erlebnisleere und Libidowurf

Das hier auftretende neue, für unsere Betrachtung wesentliche Element ist der Begriff der »Leere« als des Zustandes ohne Erlebnisvollzug – im

Libidobild ausgedrückt: als des Zustandes vollständig vom Erleben zurückgezogener, sozusagen »versammelter« Libido. Diesen Zustand freizügig hervorzurufen, wird von allen östlichen Meditationspraktiken angestrebt. Auch Zen findet hier seinen historischen Ursprung, auf den das Wort Zen selbst hinweist, als Abkürzung von *zen-na* (chin. *ch'an-na)* = »Sitzen in Meditation«, das wiederum abgeleitet ist vom Sanskrit-Wort *dhyana.* Wenn der in seiner heutigen Form nun rund ein Jahrtausend alte Zen mit jeder anderen »Praktik« auch die einer systematischen Meditation als erlebnis- und vorstellungseinengend ablehnt, so weist die Wortbedeutung doch darauf hin, daß Zen aus den meditativen Formen des Buddhismus und damit aus dem hohen Yoga hervorgegangen ist, wobei es die diesem noch anhaftenden letzten Reste von Vorstellungseinengungen ebenfalls überwunden hat. Eine vorläufige Vorstellung davon, wie dies zu verstehen ist, gewinnen wir, wenn wir uns folgendes vor Augen halten: Der hohe Yoga weitet mit dem Eintreten in einen Zustand der psychischen Leere als einen Zustand des »Nichtgeschehens« jenes Erlebnis ins Psychische aus, das der niedere Yoga im Physischen als körperliche Unempfindlichkeit durch Stillstellen von Atmung und Herztätigkeit erwirkt. Der Unterschied des Zen vom hohen Yoga besteht nun darin, daß beim Yoga der Zustand psychischer Leere in der Meditationspraktik in Form eines Parallel-Erlebnisses zu physischem Erleben als körperlicher Trick vollzogen wird, während Zen, wie wir noch im einzelnen sehen werden, auf solche künstliche Ausnutzung physiologischer Zusammenhänge verzichtet und den Leere-Zustand auf dem psychischen, geradlinig auf sein Ziel gerichteten, ganzheitlich erlebten Weg zum höchstbewußten Selbsterlebnis erreicht. In dieser Höchstbewußtheit vom Erlebbaren schlechthin geht Zen noch über den hohen Yoga hinaus; denn dieser erreicht zwar ebenfalls den Zustand der Erlebnisleere, ohne jedoch sein Zustandekommen zusammenhängend als bewußtes Erlebnis verfolgen zu können, weshalb hier das Phänomen der Erlebnisleere metaphysisch begriffen wird. Im Zen dagegen spielt sich der ganze Erlebnisvorgang in der höchsten Klarheit des Bewußtseins ab, weshalb er hier als durchaus natürliche letzte Folge der menschlichen physisch-psychischen Struktur erkannt werden kann. In einer solchen für Abendländer höchst modernen Form der Überwindung aller Metaphysik, also unter gleichzeitiger Vermeidung von engen mechanistisch-materialistischen Vorstellungen, beweist sich die nicht anders als stockvernünftig zu nennende Denk- und Erlebnisweise chinesischen Geistes in höchstem Maße. Die Geradlinigkeit des chinesischen Denkens bis in seine sublimsten Blüten ist es auch, die es uns ermöglicht, auf dem ganz anderen, aber nicht minder sorgfältig ausgebauten und gegen metaphysische Verwirrungen gesicherten Denkweg der abendländischen wissenschaftlichen Methode nun allmählich verstehend in den chinesischen Höchstbewußtheitsausdruck des Zen einzudringen.

Im Sinne der arteigenen chinesischen Vernünftigkeit wird in der Zen-Höchstbewußtheit etwas biologisch-psychologisch ebenso Lebensnah-Sinnvolles wie Wesentliches nicht nur angestrebt, sondern auch erreicht – wiederum im Gegensatz zum metaphysisch gerichteten hohen Yoga Indiens, der sich an einer letztlich lebensfeindlichen Überwindung alles Erlebens in Form einer Sublimierung genügen läßt. Zen betrachtet nämlich den freizügigen Eintritt in den Zustand der Erlebnisleere keineswegs als Selbstzweck und Endziel, sondern vielmehr als Ausgangspunkt und Mittel zur Erschließung bestimmter neuer Erlebnisformen. Indem der Zen-Meister ebenso freizügig wieder aus dem Zustand der Leere herauszutreten in der Lage ist, gelingt es ihm, beliebig oft einem Wahrnehmungs- oder Vorstellungserlebnis mit jener Unbefangenheit zu begegnen, die wir sonst nur im Erlebnis des sogenannten Ersten Eindrucks erfahren. Wir sind damit – fast unvermutet – auf das mittlere Glied der Elementaren Erlebniskette des Zen, nämlich auf seine »praktische« Zielvorstellung gestoßen, die wir nun in unserer abendländischen psychologischen Ausdrucksweise etwa folgendermaßen umschreiben können: »Freigeübte Fähigkeit zum totalen Libidowurf auf beliebige Wahrnehmungs- und Vorstellungsinhalte durch spontanes Heraustreten aus Erlebnisleere«. – Es ist klar, daß ein solcher Libidowurf unter Bedingungen, die denen eines Erstmaligkeitserlebnisses gleichen, dem Vorstellungsvermögen die jeweils situationsgemäßesten Assoziationen liefert, also, soweit irgend möglich, in vorurteilsloser Weise dem überindividuellen Erlebniskern einer Tatsache am nächsten kommt.

Von diesem Gesichtspunkt aus zeigt sich das Zen-Verhalten als methodischer Ausbau einer auch dem Abendland bekannten Erfahrung, nämlich daß Menschen mit überragender geistiger Leistungsfähigkeit ebenfalls in besonders freizügiger Weise ihre Libido beliebig von den Vorstellungsgegenständen abzuziehen und somit ihrem assoziativen Gedankenstrom Stillstand zu gebieten in der Lage sind, um dann in einer ebenso freizügigen Wiederzuwendung der Aufmerksamkeit die Intuition aufs neue zu entfachen. – Als polare Erlebnishaltung steht solchen freizügigen Libidowürfen auf ein Wahrnehmungs- oder Vorstellungsobjekt das Verhalten des hinsichtlich seiner Libidofreizügigkeit besonders gehemmten Neurotikers gegenüber. Dieser ist einem unaufhörlichen Zwangsdenken ausgeliefert; »von seinen Gedanken verfolgt«, spurt er immer in den gleichen ausgefahrenen begrifflichen Assoziationsgeleisen, wodurch ihm sowohl die Fähigkeit zum elementarsinnlichen Erleben als auch zu einem zweckmäßig geordneten Gedankenablauf am Tage, sowie endlich der ruhige Schlaf ohne aufdringliche Träume in der Nacht geraubt werden. Wir verstehen nun auch, ohne weiter in Zen eingedrungen zu sein, den lebensnahen Sinn der bewußten Erlebnisintensivierung durch Hingabe, wie er in den folgenden beiden Anekdoten geschildert wird.

4. Zen-Anekdote

»Ein großer Zen-Meister wurde einmal gefragt: ›Machst du ununterbrochen Anstrengungen, dich in der Wahrheit des Zen zu üben?‹ – ›Ja, das tue ich.‹ – ›Wie übst du dich selber?‹ – ›Wenn ich hungrig bin, esse ich, wenn ich müde bin, schlafe ich.‹ – ›Das tut jeder; kann man da von jedem sagen, daß er sich übt wie du?‹ – ›Nein.‹ – ›Warum nicht?‹ – ›Weil die anderen, wenn sie essen, nicht essen, sondern über die verschiedensten anderen Dinge nachdenken und sich dadurch stören lassen; wenn sie schlafen, schlafen sie nicht, sondern träumen von tausend und einem Ding. Darum sind sie nicht wie ich.‹«

5. Zen-Anekdote

»Als ein hungriger Mönch bei der Arbeit die Mittagsglocke hörte, legte er unverzüglich die Arbeit nieder und erschien im Eßraum. Als der Meister ihn sah, lachte er herzlich, denn der Mönch hatte Zen im vollsten Sinne geübt. Nichts konnte natürlicher sein; worauf es ankommt, ist gerade das, daß das Auge für den Sinn dieser Vorgänge sich öffnet. – Aber hier verbirgt sich eine Gefahr des Mißverstehens, die der Schüler des Zen besonders sorgfältig vermeiden muß. Zen darf niemals mit der rohen Natur oder gar mit Zügellosigkeit verwechselt werden, als be-

Sengai, Der meditierende Frosch; Privatbesitz
»Wenn ein Mensch durch die Übung des Zazen Buddha wird ...« dachte ein Frosch: »Ich bin es, ich hätte längst einer sein müssen.«

deute es einfach, den leiblichen Trieben zu folgen, ohne die Frage nach deren Ursprung und Wert zu stellen.« [Ich bemerke, daß dieser Kommentar zum Originaltext gehört und nicht etwa abendländische Zutat ist.]

Es bedarf nun keiner besonderen Erläuterung mehr, warum die Kenner des Zen auf Grund der stets wunschgemäßen, freizügigen Libidozuwendung und infolge der zweckmäßigen, stets das Wesentliche treffenden Assoziationen, die sich hierbei einstellen, von der »Lebendigkeit« und »Frische« des Zen-Denkens sprechen. Auch warum im Zen besonders großer Wert auf rasches, schlagfertiges Reagieren, also eben auf den spontanen Libidowurf, gelegt wird, ist uns klargeworden. Darüber hinaus weist der kommentierende Anhang der Anekdote vom hungrigen Mönch noch im besonderen darauf hin, daß das spontane Reagieren sich in vollkommener Weise zwar ohne begriffliche Vorstellungsumwege unmittelbar an die biologischen Bedürfnisse anschließt, jedoch trotzdem immer im Zustand höchster Bewußtheit zu vollziehen ist, wenn es Zen-Gehalt in sich tragen soll. Hier drängt sich übrigens ein unmittelbarer Vergleich mit der modernen abendländischen Vorstellung des existentialistischen Leitsatzes Sartrescher Prägung auf: *Vivre est agir,* Leben ist Handeln. Der Hinweis auf die Gefahr der Verwechslung des Zen-Erlebens mit Zügellosigkeit ist im Grunde dasselbe wie das, worum Sartre kämpft, wenn er den Begriff der persönlichen Verantwortung immer wieder seinen ihn nicht selten mißverstehenden Anhängern vorhält. Da Zen kein ethisches System darstellt, sondern wertefreie, unmetaphysische Methode ist, spricht es nicht von Verantwortung gegen das Selbst wie der Existentialismus, sondern einfach von der vollkommenen Auflösung des begrifflichen Ja und Nein im Umgang mit dem Selbst, das heißt, von der dualismusüberwindenden, nach keiner Seite hin übertreibenden allgemeinen Bejahung des Seins, die das Erleben zur höchsten Bewußtheitsstufe steigert.

Daß eine Methode, die ein solches höchstbewußtes Erleben aller Lebenssituationen als Selbstverständlichkeit des Verhaltens gewinnen läßt, zu allen Zeiten die besten Geister Chinas als Schüler in ihren Bann zog, wird nun nicht mehr verwundern, und wir können die allgemein zugrunde liegende Bedürfnisvorstellung, also das erste Glied der Elementaren Erlebniskette – wenn auch erst in vorläufiger Weise – formulieren als »Bedürfnis nach bewußter Auflösung der persönlichen Erlebenshemmungen«.

Erlebnis-Monismus

Mit unseren bisherigen Überlegungen haben wir allerdings erst in sehr oberflächlicher Weise einmal die Richtung festgestellt, aus der Zen seine Vorstellungen bezieht, nämlich aus der Richtung des unmittelbar biologisch-sinnvollen Verhaltens. Um nun erkennen zu können, bis zu welchen letzten Konsequenzen Zen in dieser Richtung vordringt und welch erhebliche Schwierigkeiten dem Zen-Beflissenen sich auch unter der Anleitung eines erfahrenen Meisters auf dem Wege dorthin entgegenstellen, wollen wir uns zunächst noch mit der besonderen Art und Bedeutung der Zen-Anekdoten näher bekannt machen. Insofern sie den einzigen mit Begrifflichem wenigstens formal in Berührung stehenden

Ausdruck des Zen-Erlebnisses darstellen, haben sie für uns Abendländer noch erhöhte Bedeutung; denn wenn irgendwo, dann kann nur hier unsere Analyse erfolgreich ansetzen. Es wird sich in einem solchen Bemühen freilich zeigen, daß es gerade die Besonderheit dieser Anekdoten ist, von ihrem begrifflichen Gehalt allein aus undurchdringlich zu bleiben; trotzdem wird im weiteren Verlauf zum Vorschein kommen, daß sie eine überaus sinnvolle Form der Erlebnissteuerung für den Zen-Schüler bedeuten. Ihre Wirkung wird noch dadurch gesteigert, daß sie als einzige geistige Nahrung verabreicht werden. Indem nämlich vom Zen-Schüler bei seinen aus einfachstem Tun bestehenden täglichen Aufgaben ein völlig eindeutiges, hingebendes Verhalten verlangt wird, entsteht sozusagen ein Erlebnishintergrund, vor dem sich die Zen-Anekdoten zunächst besonders widerspruchsvoll abheben. Nach längerer Ausbildungszeit aber wird dieser vom Physischen her gespeiste tiefenschichtige Erlebnishintergrund, mittels dessen nach einem gesteigerten, libidoverdichtenden Wirklichkeitserleben gestrebt wird, nicht mehr als Widerspruch, sondern als Parallelismus empfunden zum vergleichsweise oberschichtigen psychischen Erlebnis der Beschäftigung mit den Anekdoten, die sich wenigstens ihrer äußeren Form nach ebenso einfach und ohne viel Umschweife »kurz angebunden« darbieten, nicht anders als die primitiven Alltagsbeschäftigungen des Zen-Schülers. Dieses sich nach und nach einstellende, zunächst unbewußte Parallelerlebnis von Alltagswirklichkeit und Anekdotengehalt im Individuum zu einem ganz bestimmten Reifestadium zu führen, ist der eigentliche Kernpunkt der Methode. Hierbei spielt die psychologische Erfahrung des Zen-Meisters eine ausschlaggebende Rolle, wie wir unmittelbar an Hand der Anekdoten selber noch im einzelnen erfahren werden.

Wir wollen nun versuchen, die Art dieses angestrebten Reifestadiums wenigstens in ungefähren Umrissen zu umschreiben. Offenbar handelt es sich hierbei im Endeffekt um einen Zustand, den man als Erlebnismonismus bezeichnen kann. Dieser Höhepunkt der Zen-Ausbildung ist also ein Zusammenfallen der bis dahin schichtenmäßig getrennt liegenden Erlebnisbereiche des Alltagstuns und des Anekdoteninhalts. Ein derartiger Vorgang kann sich nur als Spontanerlebnis vollziehen. Er stellt im Grunde nichts Außergewöhnliches dar; denn ein solches spontan-intuitives Zusammenfassen zur Bewußtheit von Inhalten, die bis zu diesem Zeitpunkt zwar in der Vorstellung schon vorhanden

Paul Klee, Ach, aber ach!, 1937; Privatbesitz

waren, aber noch nicht als Identitäten erlebt wurden, ist als »Geistesblitz« jedem ein mehr oder minder geläufiges Erlebnis, der in irgendeinem menschlichen Vorstellungsbereich schöpferische, das heißt vorstellungsschöpferische Veranlagungen zu verwirklichen hat. Je nach der Spannweite der jeweiligen Vorstellungsinhalte oder genauer: je nach der Spannweite, die das erlebende Individuum dieser seiner jeweiligen Intuition als »Menge« der darin investierten Libido zumißt, wird der psychische Vorgang eines solchen Schichtenkurzschlusses als mehr oder minder starke psychische »Erschütterung« im wahrsten Wortsinn – nicht selten bis zu physischen Auswirkungen – empfunden. Wenn es sich nun um Vorstellungsinhalte handelt, in denen sozusagen das gesamte Libidokapital einer Persönlichkeit investiert ist, so wird – um in einem anschaulichen Bilde zu sprechen – im bewußtmachenden, »erhellenden« Lichtbogen des intuitiven Kurzschlusses zwischen den entscheidenden Vorstellungserlebnissen bzw. den beteiligten Erlebnisschichten die ganze Persönlichkeit von einem Augenblick zum anderen geradezu »umgeschmolzen«. Um noch ein anderes Bild zur Verdeutlichung zu gebrauchen: Schlagartig findet sich das Individuum auf eine andere Erlebnisebene, nämlich die einer gesteigerten Bewußtheit, versetzt.

Die Eigenberichte psychischer Entdecker sprechen von diesem geradezu berauschenden Zustand als von einer unvergleichlichen Einmaligkeit im Sinne einer »großen Befreiung«. Auch Zen spricht ausdrücklich von dieser »Großen Befreiung« im eigentlichen Zen-Erlebnis der »Erleuchtung« (chin. *Wu*, jap. *Satori* genannt), beim blitzartigen Zusammenstoßen der entscheidenden, im einzelnen lange vorbereiteten Erlebnisinhalte. Allerdings wohnt diesen Inhalten des Satori-Erlebnisses eine ganz besondere Spannweite der Vorstellungen inne, auf die wir erst an späterer Stelle genauer zu sprechen kommen können.

Psychologische Kategorien der Anekdoten

Um den Zugang zu den nun folgenden Zen-Anekdoten zu erleichtern, wollen wir sie in psychologischer Hinsicht einteilen in:

1. Anekdoten, welche die sprachbegrifflichen Unzulänglichkeiten und Grenzen aufzeigen, von denen schon die Rede war; die Anekdoten dieser Art sagen, vom rein sprachlogischen Standpunkt aus gesehen, »blühenden Unsinn« in höchster Entfaltung aus, wobei sie jedoch gleichzeitig die Einfachheit allen sinnennahen Erlebens unterstreichen (es sind also im Sinne der dreigliedrigen Elementaren Erlebniskette Anekdoten zur Illustration der *»Wegvorstellung«;*

2. Anekdoten, welche die Erreichung des Zieles, das heißt die endgültige Ausformung des Zen-Erlebnisses in der »Großen Befreiung«, an einzelnen Fällen der Erleuchtung darstellen (also Anekdoten zur Illustration der *»Zielvorstellung«*);

3. Anekdoten, welche Aussprüche und Verhalten der zur höchstbewußten Erlebnisfreizügigkeit gelangten Zen-Meister gegenüber den üblichen menschlichen Urteilen und Vorurteilen in den verschiedensten Situationen schildern (das sind also Anekdoten der *»Bedürfnisvorstellung«*).

In den bereits zitierten Zen-Anekdoten haben wir demnach Beispiele für Anekdoten der Bedürfnisvorstellungen kennengelernt. Es waren dies:
die Anekdote von der zurückgeführten Kuh,
die Anekdote vom Geist, der nicht der Geist ist,
die Anekdote vom Ruheplatz des Geistes, der kein Ruheplatz ist,
die Anekdote vom Meister, der zu essen und zu schlafen versteht,
die Anekdote vom hungrigen Mönch.

René Magritte, Dies ist keine Pfeife, 1928–29; Privatbesitz

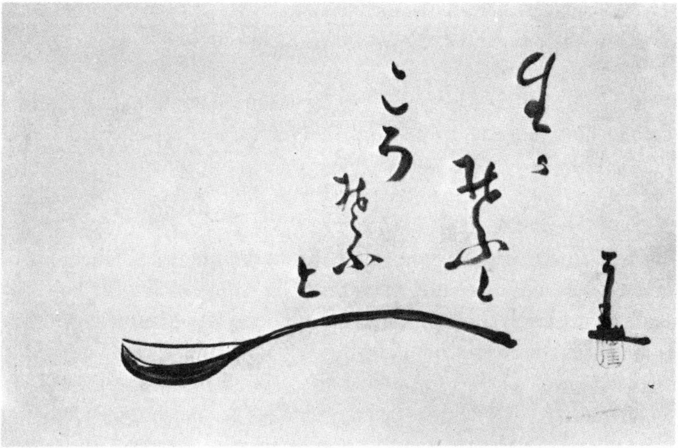

Sengai, Der Löffel; Privatbesitz
»Ob zum Leben, ob zum Tod – hängt von diesem Löffelvoll des Doktors ab«

Bewegung des Geistes. Die große Bejahung

Wir wollen nun einige einzelne Zen-Ausdrücke folgen lassen, die ihrem Wesen nach der ersten Gruppe zuzurechnen sind, also dem blühenden Unsinn zur Illustration der sprachbegrifflichen Begrenztheit:

Zuerst ein Gedicht von Fu-tai-shih aus dem 6. Jahrhundert unserer Zeitrechnung:

»Mit leeren Händen gehe ich dahin – und siehe: Der Spaten ist in meinen Händen;
Ich wandere zu Fuß und reite dabei auf dem Rücken eines Ochsen;
Wenn ich über die Brücke schreite,
Siehe, so fließt nicht das Wasser, sondern die Brücke.«

Noch einige weitere Beispiele:

»Siehe, eine Staubwolke stieg aus dem Ozean, und Brandung dröhnte über dem Festland.«

»Die eisernen Bäume stehen in Blüte.«
»Die Blume ist nicht rot, die Weide ist nicht grün.«

In diesen Ausdrücken ist die innere Verwandtschaft mit dem abendländischen Surrealismus unverkennbar. Noch »absurder« gebärdet sich indessen der Zen in Anekdoten wie etwa den folgenden:

6. Zen-Anekdote
»Im Kloster des Zen-Meisters Nan-ch'üan, der um das 8. Jahrhundert unserer Zeitrechnung lebte, stritten sich die Mönche des östlichen und westlichen Flügels um den Besitz einer Katze. Der Meister ergriff das Tier, hielt es vor den streitenden Mönchen hoch und sagte: ›Wenn einer von euch etwas zur Rettung dieses armen Tieren zu sagen weiß, will ich es laufenlassen.‹ Als keiner vortrat, ein Wort der Bejahung zu äußern, schnitt Nan-ch'üan das Streitobjekt in zwei Teile und setzte der fruchtlosen Streiterei über Mein und Dein damit ein Ende. – Kurz darauf kam der Mönch Chao-chou von einem Ausgang nach Hause; Nan-ch'üan trug ihm den Fall vor und fragte ihn, was er getan haben würde, um das Tier zu retten. Ohne viel Umschweife zog Chao-chou seine Strohsandalen aus, legte sie auf seinen Kopf und verließ den Raum. Als Nan-ch'üan dies sah, rief er aus: ›Wärest du im richtigen Augenblick dabei gewesen, so hättest du die Katze gerettet.‹«

7. Zen-Anekdote
»Der Zen-Meister Kuei-shan hielt gerade einen kleinen Schlaf, als Yangshan eintrat. Als er den Besucher kommen hörte, drehte sich Kuei-shan zur Wand. Yang-shan sagte: ›Ich bin Euer Schüler, es bedarf keiner Förmlichkeiten.‹ – Der Meister machte eine Bewegung, als ob er aus dem Schlafe aufwache; Yang-shan schickte sich an, den Raum zu verlassen, aber der Meister rief ihn zurück. Kuei-shan sagte: ›Ich werde dir jetzt von meinem Traum erzählen.‹ Yang-shan beugte sich vor, als wolle er lauschen. – Kuei-shan sagte: ›Du verstehst.‹ Yang-shan ging hinaus und brachte eine Schale mit Wasser und ein Handtuch. Der Meister wusch sich das Gesicht, aber ehe er seinen Sitz wieder eingenommen hatte, trat ein anderer Mönch, Hsiang-Yen, ein. Der Meister sagte: ›Wir haben gerade ein Wunder getan, und kein gewöhnliches.‹ – Hsiang-Yen erwiderte: ›Ich war drunten und weiß alles, was zwischen euch vorgegan-

gen ist.‹ – ›Dann erzähle es mir‹, befahl der Meister. Hsiang-Yen brachte ihm darauf eine Tasse Tee. Kuei-shan bemerkte: ›O ihr zwei Mönche, was für kluge Leute seid ihr! Eure Weisheit und eure wunderbaren Taten übertreffen die des Sáriputra.‹«

8. Zen-Anekdote
»Shih-Kung fragte einen seiner voll ausgebildeten Schüler: ›Kannst du leeren Raum festhalten?‹ – ›Ja, Herr‹, antwortete der. – ›Zeige mir, wie du das machst!‹ – Der Mönch streckte seinen Arm aus und griff in den leeren Raum. – Shih-Kung sagte: ›Ist das der Weg? Aber du hast doch trotzdem nichts in der Hand.‹ – Der Mönch fragte: ›Wie ist denn Euer Weg?‹ – Der Meister ergriff geradewegs die Nase des Mönchs und zog sie so heftig, daß letzterer schrie: ›Oh, oh, wie heftig zieht Ihr an meiner Nase! Ihr tut mir schrecklich weh!‹ – ›Das ist der Weg, ein Stück leeren Raumes gut in der Hand zu halten‹, sagte der Meister.«

9. Zen-Anekdote
»Tao-kwang, ein buddhistischer Philosoph, kam zu einem Zen-Meister und fragte: ›Mit welcher geistigen Haltung sollte einer sich in der Wahrheit üben?‹ – Der Zen-Meister antwortete: ›Es gibt keinen Geist, der in Haltung zu bringen wäre, noch irgendeine Wahrheit, in der man sich üben könnte.‹ – ›Wenn es keinen Geist gibt, der zu erziehen, noch eine Wahrheit, die zu üben wäre, warum hast du dann täglich eine Versammlung von Mönchen um dich, die Zen studieren und sich in der Wahrheit üben?‹ – Der Meister antwortete: ›Ich habe nicht einen Zoll Raum zu vergeben, wo sollte ich eine Versammlung von Mönchen unterbringen? Ich habe keine Zunge, wie wäre es mir möglich, andere zu veranlassen, zu mir zu kommen?‹ – Der Philosoph rief aus: ›Wie kannst du mir eine solche Lüge ins Gesicht sagen?‹ – ›Wenn ich keine Zunge habe, um andere zu unterweisen, wie wäre es mir möglich, eine Lüge auszusprechen?‹ – Worauf Tao-kwang verzweifelt ausrief: ›Ich kann Eurer Rede nicht folgen.‹ – ›Ich verstehe mich selbst ebensowenig‹, schloß der Zen-Meister.«

Auch der Geduldigste wird sich bei diesem Kunterbunt begriffslogisch unzusammenhängender Einfälle eines Kopfschüttelns nicht erwehren können. Mit solcher Reaktion aber ist gerade etwas erreicht, was zur

Mitteilungsmethode des Zen gehört, und deshalb habe ich mich bis hierher auch jedes Kommentars enthalten. Der Zen-Meister will nämlich seine Schüler stets aufs neue zu einer fragenden Haltung zwingen, das heißt, zu einer Erlebnishaltung, in der alle von früher bestehenden Vorstellungen umgestürzt werden, so daß sich die auf die Wahrnehmungseindrücke gewandte Libido nicht an eindeutigen Vorstellungen erhärten und damit Grundlage für künftige Vor-Urteile werden kann. Was also mit diesem Dauerzustand des Suchens erreicht werden soll, ist die »Bewegung des Geistes« und damit die Aufrechterhaltung des »flüssigen« Zustandes des Libidokapitals, um es auf diese Weise jederzeit zum spontanen Libidowurf bereit zu haben. Eine solche Auflockerung der Libido gelingt in der Tat durch nichts besser als durch absurd erscheinende Eindrücke. Dies beweist auch die Wirkung der modernen, vor allem aber der surrealistischen Malerei auf die Masse des Publikums, das sich zwar nicht mehr empört, aber nach wie vor irritiert verhält bei diesem, seine Trägheit störenden Einbruch in das Schema der konventionellen Vorstellungen und Begriffe. An dieser Stelle interessiert uns nun zunächst die allgemein libidoauflockernde Erlebniswirkung des Erstaunens, darüber hinaus aber die besondere Form des Erstaunens, auf die es in der Zen-Ausbildung mittels der Anekdoten abgesehen ist. Hier wird nämlich vom Zen-Beflissenen eine dem Publikumsverhalten der modernen Kunst gegenüber gerade entgegengesetzte Erlebnishaltung gefordert, das heißt wie stets im Zen nicht eine ablehnende, sondern eine hingebende im Sinne der folgenden Zeilen eines Zen-Dichters:

»Wie wunderbar und wie erstaunlich ist dies:
Ich schöpfe Wasser, ich trage Brennholz.«

Dieser Hingabe im Erstaunen kommt bei den Zen-Anekdoten noch ein anderes Moment entgegen, das uns auch in den Absurditäten des Surrealismus begegnet ist, nämlich das eines untergründigen Humors. Der Humor der Zen-Anekdote unterscheidet sich jedoch deutlich von dem der surrealistischen Bildausdrücke, und zwar dadurch, daß hier die Komik des Widersinnigen ohne die im Surrealismus damit verbundene Komponente des Grauens auftritt. Selbst der verstehenswütige Abendländer kann sich, nachdem er seinen Ärger darüber überwunden hat,

»hier nicht mehr mitzukommen«, dieser besonderen Stimmungsnote nicht entziehen. So schwingt auch für uns zwischen den skurrilen Sätzen, die die klugen Mönche oder der Meister, der sich selber nicht versteht, sprechen, ein inniges Behagen über die Wohlgelungenheit dieses sprachlogischen Unsinns.

Diese Anekdoten zeigen, daß sich aus konsequentem Unsinn ebenso in sich geschlossene, vollkommene Werke ausformen lassen wie aus vollkommenem Sinn. Wer etwa an dieser Feststellung zweifelt, möge nur versuchen, selber eine Zen-artige Anekdote zu erfinden, also eine mit dem gleichen behaglich-vollkommenen Widersinn wie die obigen. Er wird dadurch eine erste Erfahrung gewinnen, wie schwer, um nicht zu sagen: wie unmöglich es ist, aus dem begrifflichen Beziehungswahn, der unser ganzes Wahrnehmen, Vorstellen und Denken beherrscht, freizügig herauszutreten. Dieses »Behagen«, das aus den meisten Zen-Anekdoten strömt, ist wiederum von besonderer Art, es handelt sich nämlich nicht um jenes mit Trägheit gemischte Behagen, wie es der Abendländer zu verstehen pflegt, sondern vielmehr um ein gerade gegenteiliges Erleben: nämlich im Zustand gesteigerter Erlebnisfähigkeit nirgends einen Widerspruch zu finden, da es dem in vollkommener Freizügigkeit »bewegten Geist« möglich geworden ist, alles mit allem zu verbinden – auch jenseits der wahrnehmungssinnlichen und sprachbegrifflichen Schranken. In diesem Sinne bezeichnet sich auch Zen selbst als die »große Bejahung« und drückt hiermit ebenfalls nichts anderes aus, als was wir schon wissen, nämlich die Bereitschaft und Fähigkeit zur Erlebnishingabe im totalen Libidowurf. Diese durchaus positive und im Sinne der physisch-psychischen Gelöstheit einfach-heitere Erlebnishaltung steckt ausnahmslos in allen Zen-Anekdoten – auch dort, wo es wie in der Anekdote von der Katzenteilung nicht ohne eine gewisse, an die Komik Wilhelm Buschs erinnernde Grausamkeit abgeht. Ein weiteres Beispiel hierfür gibt die folgende Anekdote, die sich gerade auf die »große Bejahung« bezieht und dementsprechend in unserer allgemeinen Einteilung als Anekdote der *Wegvorstellung* zu bezeichnen ist.

10. Zen-Anekdote

»Die Lieblingsantwort von Chü-chih [ein Zen-Meister des 9. Jahrhunderts] auf jede Frage, die ihm gestellt wurde, war die, einen Finger zu heben. Sein kleiner Diener ahmte ihn nach, und jedesmal, wenn der Diener von Fremden über die Lehre des Meisters befragt wurde, pflegte er einen Finger zu heben. Als der Meister dies merkte, rief er eines Tages den Diener herein und schnitt ihm den Finger ab. Der Diener wollte in Angst und Schmerz weglaufen, wurde aber zurückgerufen, da der Meister seinen Finger hob. Der Diener versuchte, den Meister wie gewohnt nachzuahmen, aber der Finger war nicht mehr da, und plötzlich dämmerte ihm der Sinn des Ganzen. Nachahmung ist Sklaverei. Nie darf der Buchstabe befolgt werden, nur der Sinn will begriffen sein. Die höhere Bejahung lebt im Geist. Und wo ist der Geist? Suchet ihn in eurer täglichen Erfahrung; diese gibt Beweise im Überfluß für all euren Bedarf.«

Der translogische Mitteilungsgehalt

Wir haben nun bereits außer der ungefähren *Bedürfnisvorstellung* und der formellen *Zielvorstellung* auch schon einige Gesichtspunkte kennengelernt, die auf die noch zur Formulierung ausstehende *Wegvorstellung* offenkundig Bezug nehmen: nämlich die Übung der »Bewegung des Geistes« und die Übung einer positiven, hingebenden Haltung den Erlebnissen gegenüber als »große Bejahung«. Mit diesen Übungen soll nun der Höhepunkt und Abschluß der Zen-Ausbildung in Gestalt eines spontanen Erleuchtungserlebnisses vorbereitet werden, von dem wir ebenfalls bereits einiges Allgemeine wissen – nämlich, daß es sich dabei um eine Überwindung des begrifflichen Denkens und seiner dualistischen Unterscheidungen handelt in Form eines intuitiven Schichtenkurzschlusses, also eines das Selbst in höchstem Maße integrierenden Erlebnisses. Es ergibt sich damit die Frage: »Welcher Art ist dieses über die Sprachlogik hinauszielende Erleben?« – Wir wissen von ihm aus unseren gesamten bisherigen Überlegungen bereits, daß es sich dabei nicht etwa um ein gefühlvolles, vorlogisches Erleben (wie zum Beispiel in der vorgegenständlichen Malerei ausgedrückt), sondern um ein den Logos übergreifendes, also translogisches Erleben handeln muß.

In diesem Sinne läßt sich die obige Frage in zwei Unterfragen aufspalten, nämlich:

1. »Warum heißt irgendein sprachlicher Ausdruck jeweils gerade so und nicht anders?« – und
2. »Warum sollten die in den gleichsam surrealistischen Zen-Ausdrücken gebrauchten Worte und Vorstellungsfolgen weniger ›mitteilend‹ und damit weniger sinnvoll sein als jene, die wir üblicherweise als logische und sinnvolle Mitteilungen bezeichnen?«

Wir kämen natürlich keinen Schritt weiter, wenn wir diese beiden Fragen nun ebenfalls von einem rein sprachlogischen, begrifflichen Standpunkt aus beantworten wollten – etwa die erste Unterfrage durch Bezugnahme auf die etymologische Ableitung der einzelnen Worte und die zweite Unterfrage etwa durch eine abstrahierende, symbolische Untersuchung. Wir fühlen ohne weiteres: Solche Antworten müßten ganz und gar am Wesen des Zen vorbeizielen – um ein Beispiel aus der Malerei anzuführen: Sie müßten genauso vorbeizielen, wie hinsichtlich der vorgegenständlichen Malerei ein Versuch der psychologischen Durchdringung an Hand gegenständlicher Symbolerklärungen von vornherein scheitern müßte. Damit aber erhebt, der lernäischen Hydra gleich, sofort eine dritte Unterfrage ihr Haupt, die als erste zu beantworten ist, nämlich: »Gibt es denn überhaupt eine allgemein verbindliche Antwort auf solche Fragen?«

Im Zen ist dies offenbar ohne weiteres möglich, wie wir am Mönch Chao-chou in der Anekdote von der Katzenteilung ebenso gesehen haben wie an den nicht minder klugen Mönchen Yang-shan und Hsiang-Yen in der Anekdote vom Traum des Meisters Kuei-shan oder auch an der unerschütterlichen und überzeugten Ruhe des Meisters, der sich selber nicht versteht. Für den Abendländer aber sind diese Zen-Antworten nicht nur keine allgemein verbindlichen Antworten, sondern ganz und gar sinnlose – nicht anders als für den Philosophen Tao-kwang in der zuletzt genannten Anekdote. Auch daß es sich hier nicht um einen – sei es hintergründigen, sei es oberflächlichen – Symbolismus handelt, wird vom Zen selber ausdrücklich festgestellt. Trotzdem können auch wir eine allgemein verbindliche Antwort auf solche Fragen geben, und zwar gerade auf Grund unserer arteigenen wissenschaftlichen Methode mit ihrem ausschließlich auf Beobachtung und Experiment gegründeten Tatsachendenken. Dies ist zunächst nur eine Behauptung, die jedoch, falls sie für die ersten beiden Unterfragen praktisch bewiesen werden kann, gleichzeitig die dritte beantwortet.

Für die Beantwortung der ersten beiden Fragen können wir von der bekannten Scherzfrage ausgehen: »Warum heißt der Tisch ›Tisch‹ und nicht ›Tesch‹?« Wer sich hundertmal rasch hintereinander das Wort »Tisch« laut und mit größter Hingabe an das Wort selbst (also ohne Nebengedanken an den Gegenstand Tisch) vorgesagt hat, der wird sich in der Tat unter dem Wort »Tisch« ebenso wenig mehr vorstellen können wie unter dem Wort »Tesch«. Es wird in ihm schließlich gegenüber dem Wort »Tisch« ein Fremdheitsgefühl Platz greifen und mit dieser Sinnentleerung des Wortes »Tisch« ein Zweifel an seiner Eindeutigkeit . . . bis zur Ver-Zweiflung am eigenen Verstand. Dies ist sicherlich ein neues Erlebnisverhalten und damit gerade die Haltung, aus der ein neues, durchaus erlebtes und nicht nur gewußtes Verständnis dafür erwachsen kann, daß hinter unserem sprachlogischen und gegenständlichen Denken noch ein weiteres Denken verborgen liegt, das keineswegs mystisch, sondern unserem bewußten Erleben unter gewissen Bedingungen durchaus zugänglich ist: nämlich dann, wenn wir uns von der einseitigen Begrifflichkeit lösen können, in der wir selber unser Vorstellungserleben durch einseitigen Gebrauch festgefahren haben.

Auch in einem solchen experimentellen Gebrauch der Worte wie dem eben geschilderten »erfahren« wir etwas aus den Worten. Aber dieser sich uns auf ungewohnte Weise mitteilende Erlebnisgehalt ist von durchaus überbegrifflicher, translogischer Art. Die Worte werden dabei, wie es sinnfällig in einem Zen-Wort heißt, erkannt als »der Finger, der auf den Mond zeigt. Aber was für ein Unfug, wollte man den Finger für den Mond halten! Es klingt unwahrscheinlich, aber wie oft verfallen wir, ohne es zu bemerken, dieser Art von Irrtümern.« In diesem Zitat wird die Mangelhaftigkeit der menschlichen Sprache dargestellt, der es nicht gelingt, das menschliche Total-Erleben vom Selbst bzw. von der Welt in erlebnisverbindlicher Weise abzubilden, weshalb es jedem einzelnen nur allzu leicht widerfährt, völlig unbewußt nicht nur einen höchstpersönlichen, sondern oft auch nur gerade augenblicks-, d. h. stimmungsbedingten, vorübergehenden Erlebnisakzent als »Wahrheit« und »Allgemein-Wesentliches« zu nehmen. Wir finden im chinesischen Zen wie in unserer Anwendung der abendländischen wissenschaftlichen Methode zur letztmöglichen Durchdringung sonst unverständlicher Wesensausdrücke (wie zum Beispiel der vorgegenständlichen und surrealistischen Malerei) in gleicher Weise den höchstbewußten Bezug auf die physisch-psychischen Tiefenschichten, das heißt, ehe das individuelle Erleben durch fremdwertweltlich vorgeformte, gelernte Begriffsvorstellungen seine Ursprünglichkeit verloren hat.

Wenn wir nun unter einem solchen erweiterten Erlebnisaspekt die zitierten Zen-Anekdoten im einzelnen betrachten, so sind wir bereits in der Lage, ihren translogischen Mitteilungsgehalt wenigstens in einigen Punkten zu erkennen. So erleben wir in der Anekdote von der Katzenteilung außer dem Mißtrauen, um nicht zu sagen: der Verachtung gegenüber der Sprachlogik einerseits die spontane, elementare Einfachheit im Verhalten des Meisters Nan-ch'üan und des Mönches Chao-chou und andererseits den Hinweis darauf, daß der Mensch geneigt ist, ein Verhalten aus seiner eigenen Wertwelt heraus – zum Beispiel aus der unserer abendländischen Begrifflichkeit – für unsinnig anzusehen, das in einer anderen Wertwelt – hier in der des Zen – als selbstverständlich erscheinen mag. Diese Gesichtspunkte kommen auch in der Anekdote vom Traum des Meisters Kuei-shan zum Ausdruck, wobei hier in noch höherem Maße die Freude und das Behagen angetönt werden, in der gemeinsamen Anerkennung der Translogik die Grundlage unmittelbaren gegenseitigen, tiefenschichtigen Wertweltverstehens gefunden zu haben. Das Wunder besteht darin, daß die gemeinsame Fähigkeit zum (körperlichen) Verhalten schlechthin (wozu auch das Sprechen gehört) die Individuen in einem totalen, physisch-psychischen Erlebnissinn umgreift, der jedes beliebige Tun, jede beliebige Antwort auf jede beliebige Frage in gleicher Weise verständlich macht.

Auch in der Anekdote von der gezogenen Nase kommt über die allen Zen-Anekdoten gemeinsamen Gesichtspunkte der überbegrifflichen Translogik und des einfachen, spontanen Erlebnisverhaltens hinaus noch ein besonderer Hinweis zum Ausdruck, sich nicht an die Einseitigkeit von Begriffen oder willkürlich gesetzter Begriffsschwerpunkte zu verlieren. Die Begriffe müssen zwar zur Mitteilung als Hinweise und Hilfsmittel gebraucht werden, aber man hat stets bereit zu sein, aus Zweckmäßigkeitsgründen höherer Ordnung ihre Sinn-Schwerpunkte bewußt zu verlagern, wenn nicht gar die gerade mehr oder minder zufällig bestehende Begriffsvorstellung gänzlich aufzulösen. Indem der Meister den Mönch an der Nase zieht, erinnert er ihn daran, daß leerer Raum erst durch Begrenzung ins Bewußtsein tritt. Insofern der Mönch in seinem diesbezüglichen Bemühen zu einer begrifflich-symbolischen

Handlung schreitet, die also nicht mehr spontan erlebend ausfallen kann, geht er eines wirklich-wirksamen, lebendigen Tuns verlustig, das ihm dann der Meister so elementar sinnlich-schmerzhaft demonstriert. Wir haben hier also wiederum ein Beispiel für die Ablehnung des Symbols, die im Zen überall statthat, da es ihm nicht um sublimierendes, sondern um unmittelbares, elementares Erleben geht. Ein Zen-Text drückt diese Ablehnung des Symbols mit den Worten aus: »Gedanken ohne praktische Wirkung sind wertlos.«

Damit kommen wir auch dem Erlebnisinhalt der Anekdote vom abgeschnittenen Finger noch etwas näher. Auch hier wird ein symbolhaftes Tun – denn hierauf zielt im Grunde jede äußere Nachahmung – als »wertlos« dargestellt, indem gezeigt wird, daß beim Bestehen jeder mehr oder minder fetischistischen Symbolgläubigkeit mit dem Verschwinden des Symbols praktisch nichts mehr übrigbleibt – mag es sich bei dem Symbol im einzelnen um eine Geste, um einen Gegenstand oder um einen Begriff handeln. Wir werden den translogischen Charakter der Erlebnismitteilung in der Zen-Methode, der sich in den bisher zitierten Anekdoten ausdrückt, noch in gesteigerter Form kennenlernen, wenn wir uns nun solchen Anekdoten zuwenden, die die Darstellung des Erleuchtungserlebnisses, also der *Zielvorstellung* des Zen, zum Inhalt haben. Zunächst wollen wir wiederum ohne Kommentar eine Reihe solcher Anekdoten möglichst vorurteilslos auf uns wirken lassen.

Anekdoten zur Darstellung der Zielvorstellung
Das Erleuchtungserlebnis

11. Zen-Anekdote

»Huang Shan-ku, ein konfuzianischer Dichter und Staatsmann der Sung-Dynastie, kam zu Hui-t'ang, um in Zen eingeführt zu werden. Der Meister sagte zu ihm: ›Es gibt eine Stelle in dem Text, den du so gut kennst, welche die Unterweisung im Zen genau beschreibt. Hat nicht Kungtse (d. i. Konfuzius) erklärt: Glaubt ihr, o meine Schüler, daß ich etwas vor euch verberge? Ich habe euch aber wirklich nichts vorenthalten.‹ – Huang Shan-ku versuchte zu antworten, aber der Meister Hui-t'ang gebot ihm Stillschweigen, indem er sagte: ›Nein, nein!‹ – Der Schüler des Kungtse stand verwirrt und wußte nicht, was er äußern sollte. – Später einmal machten die beiden einen Spaziergang in die Berge; der wilde Lorbeer stand in voller Blüte, und die Luft war voll des Wohlgeruchs. Der Zen-Meister fragte: ›Riechst du es?‹ – Als hierauf der Kungtse-Schüler eine bejahende Antwort gab, sagte Hui-t'ang: ›Da hast du's! Ich habe dir nichts vorenthalten.‹ Diese Bemerkung öffnete Huang Shan-kus Geist auf der Stelle.«

12. Zen-Anekdote

»Têh-shan war ein großer Kenner des Diamant-Sûtra. Als er hörte, daß es so etwas wie Zen gebe, eine Lehre, die alle geschriebenen Dinge verwerfe und unmittelbar von des Menschen Seele Besitz ergreife, ging er zu Ryûtan, um sich in dieser Lehre unterrichten zu lassen. Eines Tages saß Têh-shan draußen und versuchte das Geheimnis des Zen zu durchdringen. Ryûtan sagte: ›Warum kommst du nicht herein?‹ – Têh-shan erwiderte: ›Es ist pechrabenschwarze Nacht.‹ Ryûtan zündete eine Kerze an und reichte sie ihm hinaus. Im Augenblick, als Têh-shan sie ergreifen wollte, blies plötzlich Ryûtan das Licht aus, worauf der Geist des Têh-shan sich öffnete.«

13. Zen-Anekdote

»Liang-sui lernte Zen bei Ma-Ku, und als Ma-Ku ausrief: ›O Liang-sui!‹, antwortete dieser: ›Ja!‹ – Derart dreimal angerufen, antwortete er dreimal, bis der Meister ausrief: ›O du dummer Kerl!‹ – Dies enthüllte Liang-sui den Sinn des Zen; er verstand jetzt und rief aus: ›O Meister, täusche mich nicht mehr! Wäre ich nicht zu dir gekommen, so wäre ich all mein Leben lang von Sûtras und Shâstrâs in die Irre geleitet worden.‹

Später sagte Liang-sui zu einigen seiner Mitmönche, die ihre Zeit damit verbracht hatten, die buddhistische Philosophie zu meistern: ›Alles, was ihr wißt, weiß auch ich; aber was ich weiß, weiß keiner von euch.‹ – Ist es nicht wunderbar, daß Liang-sui eine solche Äußerung tun konnte, unmittelbar nachdem er die Bedeutung des Anrufes seines Meisters verstanden hatte?«

14. Zen-Anekdote

»Unter Ta-hui, dem großen Zen-Meister der Sung-Dynastie im 12. Jahrhundert, lebte ein Mönch namens Tao-ch'ien, der viele Jahre mit dem Studium des Zen verbracht, bisher aber seine Geheimnisse, wenn es solche geben sollte, noch nicht entdeckt hatte. Er war sehr entmutigt, als er mit einem Auftrag in eine ferne Stadt geschickt wurde. Eine Reise, die ein halbes Jahr erforderte, mußte eher ein Hindernis als eine Hilfe für seine Studien sein. Tsung-yüan, einer seiner Gefährten, war besonders mitfühlend und sagte: ›Ich will dich auf deiner Reise begleiten und alles, was ich kann, für dich tun; warum solltest du nicht auch auf deiner Wanderschaft mit deiner Meditation fortfahren können?‹ – Eines Abends beschwor Tao-ch'ien seinen Freund verzweifelt, ihm bei der Lösung des Lebensgeheimnisses beizustehen. Der Freund sagte: ›Ich bin bereit, dir auf jede Weise zu helfen, aber es gibt Dinge, bei denen ich dir von keinerlei Nutzen sein kann, auf die du allein kommen mußt.‹ Tao-ch'ien drängte zu erfahren, was das für Dinge seien. Sein Freund sagte: ›Wenn du zum Beispiel hungrig und durstig bist, so würde es dir nicht den Magen füllen, wenn ich esse oder trinke; du selbst mußt essen und trinken. Wenn du den Bedürfnissen der Natur folgen mußt, so mußt du das selber tun, denn ich kann dir dabei nicht vom kleinsten Nutzen sein. Und niemand anders als du selbst mußt deinen Körper auf dieser Landstraße fortbewegen.‹ – Dieser freundschaftliche Rat öffnete sogleich den Geist des wahrheitssuchenden Mönches. Er war so glückselig über seine Entdeckung, daß er nicht wußte, wie er seiner Freude Ausdruck geben sollte. Tsung-yüan sagte, seine Arbeit sei nun getan und seine Begleitung würde nach diesem Erlebnis keinen Sinn mehr haben. So ließ Tsung-yüan den Tao-ch'ien seine Reise allein fortsetzen.

Nach einem halben Jahr kehrte Tao-ch'ien in sein Kloster zurück. Der Zen-Meister Ta-hui, von den Bergen kommend, begegnete zufällig dem Tao-ch'ien und tat sofort den Ausspruch: ›Jetzt weiß er alles!‹ – Was war es, so frage ich, was durch Tao-ch'iens Geist flammte, als ihm sein Freund Tsung-yüan einen so einfachen Rat gab?«

15. Zen-Anekdote

»Eines Sommerabends, als der Mönch Hakuin [der Begründer des modernen Zen in Japan im 18. Jahrhundert] kam, um seinen alten Meister Shôju seine Ansichten vorzutragen, saß dieser auf der Veranda, um sich abzukühlen. Der Meister sagte rauh: ›Dummes Geschwätz!‹ Hakuin wiederholte laut: ›Dummes Geschwätz!‹ Da packte ihn der Meister, zauste ihn am Ohr und warf ihn von der Veranda herunter. Da es geregnet hatte, wälzte sich der arme Hakuin in Schmutz und Wasser.

Sengai, Das Universum; Privatbesitz

Als er sich aufgerafft hatte, kehrte er auf die Veranda zurück und verneigte sich vor dem Meister, der ihm entgegnete: ›O du finsterer Höhlenbewohner!‹

Anderntags wünschte Hakuin im Glauben, der Meister habe die Tiefe seiner Zen-Erkenntnis nicht recht erfaßt, eine neue Begegnung. Als die Zeit da war, betrat Hakuin des Meisters Raum und verwandte seinen ganzen Scharfsinn im Wortgefecht mit ihm, fest entschlossen, diesmal nicht einen Zoll Boden aufzugeben. Der Meister wurde wütend, ergriff Hakuin, gab ihm eine Anzahl Schläge ins Gesicht und stieß ihn auf den Vorhof. Er fiel einen Meter tief am Fuße einer Steinmauer nieder, wo er eine Weile fast besinnungslos liegen blieb. Der Meister schaute zu ihm herunter und lachte herzlich. Dies brachte Hakuin zur Besinnung und als er zum Meister zurückkam, war er in Schweiß gebadet. Der Meister ließ ihn jedoch nicht los und schalt ihn wie zuvor: ›O du finsterer Höhlenbewohner!‹

Hakuin befiel die Verzweiflung und er dachte daran, seinen alten Meister ganz zu verlassen, als ihm auf einem Bettelgang im Dorf ein Zufall plötzlich das Auge für die Wahrheit des Zen öffnete, die ihm bis dahin vollkommen verborgen gewesen war. Seine Freude kannte keine Grenzen und er kam völlig außer sich zum Meister zurück. Bevor er noch in der Haustüre war, erkannte der Meister, daß sich etwas mit ihm begeben hatte, rief und winkte ihm: ›Was für eine gute Neuigkeit hast du heute mitgebracht! Komm sofort herein! Schnell, schnell!‹ – Hakuin erzählte alles, was ihm während des Tages geschehen war. Der Meister streichelte ihm zärtlich die Wange und sagte: ›Jetzt hast du es, jetzt hast du es endlich!‹ – Nach diesem Vorfall beschimpfte ihn sein Meister nie wieder.«

Spontane Verwirklichung und auslösendes Erlebnismoment

In diesen fünf Zen-Anekdoten, die das angestrebte Erleuchtungserlebnis schildern, fällt neben der Spontaneität noch als zweites gemeinsames Moment auf, daß zur Auslösung jeweils ein ganz einfacher Anlaß führt: der Wohlgeruch der Lorbeerblüten – das Ausblasen einer Kerze – ein einfacher Ratschlag – der bloße Anruf mit dem Namen. Warum ist es stets gerade ein so einfaches Erlebnismoment, das erleuchtungsauslösend wirkt?

Hierüber vermögen wir uns eine durchaus befriedigende Theorie zu bilden. Wir gehen dazu von der Vorstellung aus, daß unsere Erlebnisabläufe wesentlich von unserer bewußten wie unbewußten Aufmerksamkeitshinwendung abhängen. Von dieser Aufmerksamkeitshinwendung spricht die Psychologie im Bilde der Libidoinvestierung. Die Libido wird dabei bekanntlich als psychisches Kapital betrachtet, über das der Mensch je nach dem Grade seiner Geübtheit beliebig verfügen kann. Unter Geübtheit ist dabei in erster Linie der individuell erreichte Grad der Triebunabhängigkeit bei der Libidoinvestierung zu verstehen. Die Fähigkeit dazu ist es, was im Zen geübt werden soll in der vollkommenen Hingabe an das alltägliche Tun, wie es in der allerersten unserer Zen-Anekdoten vom Hüten der Kuh zum Ausdruck gebracht wird.

Gleichzeitig verlangt Zen die Übung der Schlagfertigkeit, d. h. der spontanen Reaktion, wie es das Herausstellen spontaner Einfälle in den Anekdoten illustriert. Mit dieser Schlagfertigkeit soll die blitzschnelle Libido-Verlagerung geübt werden.

Damit ist im Grunde alles über die Erziehungsmethodik des Zen gesagt. Sie läßt sich also zusammenfassen unter den beiden Stichworten »Freizügigkeit im Libido-Einsatz« und »spontaner Libido-Wurf« oder, was dasselbe ist, unter »Libido-Konzentration« und »Libido-Flüssigkeit«.

Ist die Übung in diesen beiden Punkten bis zum Reifestadium gediehen, so tritt das Erleuchtungserlebnis mit methodischer Sicherheit und sozusagen von selbst ein. Das Erleuchtungserlebnis ist also, wie wir gleich im einzelnen sehen werden, vergleichbar einer automatisch aufleuchtenden Höhenmarke für die vollkommene Beherrschung des Libidokapitals. Ebenfalls im einzelnen wird sich zeigen, daß und warum gleichzeitig eine grundsätzliche Änderung in der gesamten Erlebnishaltung des davon betroffenen Menschen eintritt. Man könnte diese Höhenmarke etwa dem Gefrier- oder auch dem Siedepunkt des Wassers vergleichen, das bei Erreichung der betreffenden Temperatur schlagartig seinen Aggregatzustand ändert, aber im Grunde, d. h. chemisch gesehen, auch als Eis oder Dampf trotzdem H_2O, also Wasser bleibt – so stellt das Individuum auch nach der Erleuchtung das gleiche, jedoch in einem veränderten Bewußtheitszustand dar.

Das Erlebnis zunehmend gesteigerter Libido-Ballung in einer einzigen Vorstellung bedeutet gleichzeitig den zunehmenden Abzug der Libido aus allen anderen Vorstellungen. Mit der mehr und mehr willkürlich beherrschten Einschränkung dieser vorher im unbewußten Spiel von einem Gedanken zum anderen unkontrolliert hin- und herflutenden Libido tritt eine allmähliche Veränderung der Erlebnishaltung ein, die vom Individuum zunächst als eine neue Form sozusagen stabiler Instabilität erlebt wird – vergleichbar etwa dem Balanceakt eines Seiltänzers. Wie beim Seiltänzer in seinem labilen Gleichgewicht tritt das Erlebnis eines lockeren Kreisens um einen Schwerpunkt ein: beim Seiltänzer um den physikalischen Schwerpunkt seines Körpers, der vor dem Abstürzen bewahrt werden soll, also als Muskelspiel – beim Zen-Schüler, psychisch gerichtet, um den jeweils freizügig gewählten Aufmerksamkeitskomplex. In beiden Fällen ist der Mensch bemüht, dem jeweiligen Schwerpunkt, sich dauernd korrigierend, möglichst nahe zu bleiben, ohne aber jeweils länger als im Augenblick des Durchgangs darin verharren zu können.

Neben dem Vergleich mit dem Seiltänzer bietet sich noch ein anderer, die Erlebnissituation noch detaillierter erläuternder Vergleich an, nämlich der mit einem Schützen. Auch er vermag jeweils nur für einen Augenblick Kimme, Korn und Zielpunkt miteinander in vollkommene Deckung zu bringen, also nur durchgangsweise die ideale Visierlinie aufrechtzuerhalten.

Diese zentripetale, d.h. einen Aufmerksamkeits-Zielpunkt suchend umkreisende Libidobewegung, die der Ausschaltung anderer, die Aufmerksamkeit ablenkender Vorstellungen dient, stellt indessen nur eine von zwei, den Aufmerksamkeitsablauf wesentlich bestimmenden Komponenten der bewußten Erlebnishaltung dar. Ihr überlagert sich als die zweite, nicht minder unstetige Komponente die der schwankenden Aufmerksamkeitsintensität, d. h. die des jeweils von Augenblick zu Augenblick sich ändernden Gesamt-Libidoeinsatzes, unabhängig von der Zielrichtung. Wie jeder physisch-psychische Ablauf kann der Libidoeinsatz sich nicht kontinuierlich auf gleicher Höhe halten, sondern vollzieht sich als wellenförmiges An- und Abschwellen.

Aus den beiden genannten Bewegungskomponenten der Richtungs- und Intensitätsschwankung des Libidoeinsatzes ergeben sich punktförmige Aufmerksamkeits-Maxima. Solche Spitzenwerte höchster Libidoinvestierung sind die zufälligen Augenblicke, in denen der Zeitpunkt höchster Aufmerksamkeitsintensität zusammenfällt mit einem Zeitpunkt des Durchgangs der kreisenden Aufmerksamkeit durch den gewählten Aufmerksamkeits-Zielpunkt.

Betrachten wir diesen Vorgang nochmals an Hand unseres Bildes eines Schützen: Seine Aufgabe ist es, Druckpunkt zu nehmen, d.h. den Abzugfinger so weit zu krümmen, daß der Widerstand des Abzughahnes beinahe überwunden ist und nur noch der Gedanke des Weiterkrümmens nötig ist, um den Schuß augenblicklich zu lösen. Das willkürliche Zusammenfallen-Lassen dieses schußlösenden Gedankens mit einem exakten Durchgang der Visierlinie Kimme-Korn durch den Zielpunkt macht die Kunst des Meisterschützen aus. Fällt nun der schußlösende Gedanke mit einer der punktförmig aufschießenden Aufmerksamkeitsspitzen, also mit dem Höhepunkt der einen Komponente, zusammen, so gelingt eine so blitzschnelle Reaktion, daß sie auch tatsächlich noch mit dem Durchgang der Visierlinie durch den Zielpunkt, also mit dem Optimum der anderen Komponente, in idealer Weise sich vereinigt.

Es ist kein Zufall, daß eine bestimmte Zen-Schule Japans gerade die Übung des Bogenschießens pflegt, wobei hier der vorbereitende Bewegungsrhythmus des Bogenspannens noch methodisch dazu benutzt wird, um Zieldurchgang der Visierlinie und ideale Schußlösungsbedingungen zum Zusammenfallen zu bringen. (Wer sich darüber eingehender informieren will, sei auf das Büchlein »Zen in der Kunst des Bogenschießens« von Eugen Herrigel verwiesen, das einen Erfahrungsbericht darstellt.) Ohne an dieser Stelle weiter hierauf eingehen zu können, wollte ich damit lediglich andeuten, daß die bildhafte Gleichsetzung von hingebender, auf einen Vorstellungskomplex zielender Libidoballung nebst fluktuierendem Intensitätsverlauf mit dem Schießvorgang nicht von ungefährer, sondern von genauer Gültigkeit ist.

Nach diesen vorbereitenden Bemerkungen sind wir nun in der Lage, unsere oben gestellte Frage zu beantworten: Warum pflegt das Erleuchtungserlebnis der in bewußter Libidoballung voll ausgebildeten Zen-Schüler stets an ein besonders einfaches, spontanes Erlebnismoment gebunden zu sein, das die Wirkung eines winzigen, aber individuell wirksamen, zündenden Erlebnisfunkens hat?

Wenn unsere Feststellung richtig ist, daß sich das Erleuchtungserlebnis automatisch beim Eintritt einer vollkommenen, hundertprozentigen Libidoballung vollzieht, so ist es klar, daß es sich gar nicht anders als spontan verwirklichen kann, nämlich in einer Intensitätsspitze. In der Versammlung der geringsten vagierenden Libidoreste sowie der gleichzeitigen Verflüssigung der allerletzten, anderweitig festliegenden Libidoanteile liegt offenbar die entscheidende Überwindung des letzten Hindernisses vor dem Eintritt der Erleuchtung. Zu seiner Überwindung bedarf es, wie wir in den Anekdoten gesehen haben, eines Anstoßes von außen. Wir können uns nun den Vollzug dieses letzten, entscheidenden Schrittes folgendermaßen vorstellen:

Hat der Zen-Beflissene in seiner willkürlichen Hingabefähigkeit die Reifestufe für das Erleuchtungserlebnis erreicht, so ist in seiner Erlebnisfähigkeit, wenn auch noch nicht die endgültig angestrebte, so doch bereits eine wesentliche Wandlung eingetreten. Er hat in sich nämlich gleichzeitig mit der Fähigkeit zum willkürlichen Libidoeinsatz die dazu polare Fähigkeit zur ebenso willkürlichen Libidorücknahme ausgebildet, die einen Zustand völliger Gedankenleere darstellt – eben jene Leerheit von allen Erlebnisvorgängen, von der in den Zen-Texten die Rede ist. Das heißt, an die Stelle des unklaren Erlebnisablaufs, in dem Gedanken aller Art das jeweilige Tun oder Denken ungewollt durchkreuzen, wie es gemeinhin der Fall ist, tritt nun ein Erlebnisablauf, der in immer disziplinierterer Scheidung sich jeweils nur noch entweder um den Erlebnispol der willkürlichen Libidohingabe oder um den Pol der Leere bewegt. Alles, was in diesem fortgeschrittenen Zustand geübter Erlebnispolung an Sinneseindrücken an den Menschen herangetragen wird, wird von ihm in ungewöhnlich intensiver Weise erlebt – sei es, daß der Sinneseindruck in ein äußeres Tun oder eine Gedankenkette, also ein inneres Tun, sei es, daß er in die Leere fällt, soweit gerade eine bewußte Abschaltung der Aufmerksamkeit den Sinneserlebnissen wie den Gedanken gegenüber besteht.

Fällt der Sinneseindruck in das Erlebnis der Leere, wird er wie ein Erstmaligkeitseindruck erlebt, eine Erlebnisform, von der schon unsere Alltagspsychologie weiß, daß sie von vielen Menschen immer wieder als besonders intensiv und unbestechlich erfahren wird. Fällt der Sinneseindruck dagegen in ein fortgeschrittenes Hingabeerlebnis, so wird er zwangsläufig mit dem Objekt der jeweiligen Hingabe assoziiert, ungeachtet seines möglicherweise ganz andersartigen Ursprungs. Auch hier erfährt man eine Wahrnehmung, als hätte man noch nie etwas Derartiges erlebt. Es erfolgt auch hier ein Erstmaligkeitserlebnis, diesmal jedoch von ganz anderer Art, nämlich als vollkommene Verfremdung gegenüber dem für gewöhnlich mit dem betreffenden Sinneseindruck verbundenen Erlebnis.

Durch diese Verfremdung eines an sich vertrauten Sinneseindrucks kommt es zu einem weiteren, überraschenden Effekt: Bekanntlich zieht ein kurzzeitiger, plötzlicher Sinneseindruck besonders stark die Aufmerksamkeit auf sich. Deshalb werden z. B. zur Signalisierung von Gefahren vorzugsweise Blinkleuchten oder stoßartige Lautsignale verwendet. Dadurch, daß nun im Falle des verfremdeten, plötzlichen Sinneseindrucks dieser mit dem Objekt einer gerade bestehenden Libidoballung assoziiert wird, wirkt er zwar ebenfalls als solcher Anstoß der Aufmerksamkeit, aber nicht im Sinne einer Ablenkung, sondern in gleicher Richtung wie die schon bestehende Libidoballung. Das ist von entscheidender Bedeutung; denn es kann dazu führen, daß auch die letzten, anderweitig mehr oder minder unbewußt festgelegten Libidoreste verflüssigt und auf das Objekt der Libidoballung gerichtet werden, so daß nun das Phänomen der hundertprozentigen, maximalen Libidoballung tatsächlich eintritt, also das, worum sich die ganze Zen-Erziehung von Anfang an bemüht. Dies ist um so eher der Fall, wenn der zusätzliche Aufmerksamkeitsstoß von außen mit einem Augenblick höchster innerer Libidoballung zusammentrifft (entsprechend dem exakten

Durchgang der Visierlinie durch den Zielpunkt) und gleichzeitig dieser Augenblick noch auf eine der wellenförmig aufschießenden Aufmerksamkeitsspitzen fällt. Man kann von einem solchen Augenblick als dem einer Totalintegration des Selbst sprechen.

Die totale Schichtenverschmelzung

Das Zusammentreffen der drei genannten Bedingungen vermag begreiflicherweise erst bei einem Hingabegeübten einzutreten. Daß dieses maximale Einschießen der Libido in ein gerade bestehendes Hingabeerlebnis mit Verflüssigung der letzten Libidoreste in seiner Auswirkung auf die Psyche, besonders für den, der es zum erstenmal erlebt, von einer im wahrsten Wortsinn umwerfenden Wirkung sein muß, dürfte wohl verständlich sein. Suchen wir nach einem Vergleichsbild aus dem physikalischen Bereich, so paßt am besten der Vergleich mit der Erreichung des absoluten Nullpunkts, d. h. mit dem vollständigen Wärmeentzug, der die Materie hinsichtlich ihrer physikalischen Eigenschaften grundlegend verändert, z. B. Metalle für den elektrischen Strom vollständig widerstandslos werden läßt, also zu einem vollkommenen Kurzschluß führt. Dieser Vergleich ist insofern besonders anschaulich, als man in bezug auf das psychologische Schichtenbild der Person das Erleuchtungserlebnis des Zen – denn um nichts Geringeres handelt es sich dabei – ebenfalls als einen vollkommenen Schichtenkurzschluß im Sinne der lebendigen Erfahrung einer totalen Schichtenverschmelzung bezeichnen kann, wie gleich noch genauer gezeigt werden soll. Zen selbst spricht von einem »inneren Donnerschlag«. Die Berichte darüber pflegen häufig eine damit verbundene spontane Änderung der ganzen äußeren, körperlichen Haltung des im wahrsten Wortsinn »Betroffenen« zu erwähnen, wie wir auch aus den Anekdoten erfahren haben. Das ist wohlbegründet, denn der Mensch erlebt im Augenblick der Erleuchtung den erstmaligen Augenblick der Ganzheit seines Selbst in einer alle Schichten durchgreifenden Totalität; er steht schlagartig einem in seiner völlig willkürlichen Gestaltbarkeit buchstäblich von allem Dunkel befreiten Weltbild gegenüber. – In der Sprache unserer spezifisch abendländischen Begriffskultur ausgedrückt, bedeutet das ein Weltbild totaler Relativität, dessen lückenlose theoretische Abbildungsmöglich-

Sengai, Hotei; Privatbesitz
»Wie alt bist Du, lieber Mond? Zwanzig?«

keit erstmals als vollkommen erlebt wird auf Grund der nun fessellos erlebten Freizügigkeit hinsichtlich der denkerischen Standpunktwahl. Wir werden hierauf noch eingehender zu sprechen kommen; zunächst aber gilt es, den im Erleuchtungserlebnis stattfindenden Schichtenkurzschluß genauer zu beschreiben und gegen ähnlich gerichtete psychische Abläufe abzugrenzen.

Hierzu sei daran erinnert, daß wir früher vom Individual-Symbolerlebnis ebenfalls als einem Schichtenkurzschluß gesprochen haben. Die im Erleuchtungserlebnis stattfindende totale Schichtverschmelzung ist jedoch von ganz anderer Wirkung als die nur punktuelle Schichtenverschmelzung bei der Bildung eines Individualsymbols, die sich jeweils auf einen einzigen, noch dazu gefühlsbetonten, mehr oder minder scharf herausgeblendeten Erlebniskomplex bezieht.

Die totale Schichtenverschmelzung der Zen-Erleuchtung erfolgt im Zusammenhang mit einer freizügig gewählten, an sich belanglosen

Tätigkeit, von der keine gefühlsmäßige Faszination, kein Sog nach unten zur Stimmungsschicht ausgeht. Es handelt sich vielmehr um Tätigkeiten, bei denen es der ausdrücklichen, aktiven Vorstellungshinlenkung bedarf. In solchem nicht gefühlsgefesselten Hingabeerlebnis erfolgt die Hingabe an das Selbst in seiner Ganzheit, im gefühlsgefesselten dagegen nur an den jeweiligen gefühlshaft beschränkten Erlebnissektor. Dies ist z. B. der Grund, warum das Hingabeerlebnis sogar im vollkommenen Liebesakt, zu dem vergleichsweise sehr viele Personen fähig sind, keine totale Schichtenverschmelzung bewirkt. Ähnliches gilt vom Erlebnis religiöser Verzückung, um das sich die Mystiker bemühten. Auch hier kann keineswegs von totaler Schichtenverschmelzung die Rede sein, sondern ebenfalls nur von einem partiell beschränkten Schichtenkurzschluß, entsprechend der Bildung eines Individualsymbols.

Das wird noch durch einen anderen Umstand erhärtet: Die Bildung eines Individualsymbols erfolgt zwar nicht unvorbereitet, bleibt aber trotzdem Zufall. Die Mystiker sprechen deshalb ganz richtig von ihrem Verzückungserlebnis, bei dem sie ein Individualsymbol für ihre Gottesvorstellung finden, als einer »Gnade« – eine Vorstellung, die die Zen-Meister als abgeschmackt und lächerlich bezeichnen würden, wollte man sie auf das Zen-Erleuchtungserlebnis anwenden, das nicht als zufälliger Gnadenakt einer oberen Instanz erlebt wird, sondern als durchaus persönliches Gelingen des sich Mühenden – ein Gelingen freilich, das nicht mit intellektuellen Spitzfindigkeiten erzwungen werden kann, wie es der Mönch Hakuin so vergeblich in fruchtlosem Streit mit seinem Meister Shôju versuchte. Shôju hatte die Gefahr, in der Hakuin schwebte, klar vor Augen, und er wußte sehr wohl, warum er seinen geliebten Schüler so hart anließ, um ihm endlich eine die Schicht des begrifflichen Denkens durchschlagende Erschütterung der ganzen Person zuteil werden zu lassen.

Solches Wissen um psychologische Zusammenhänge gibt den Zen-Meistern die Sicherheit, ihre Schüler zur Erleuchtung zu führen. Es ist ein Bildungsweg – so, wie etwa auf unseren Universitäten methodische Lehre zu einem akademischen Grad führen soll. Nur verlaufen die Bildungswege in diametral verschiedenen Bereichen: Der Zen-Beflissene unterwirft sich vorbehaltlos einer Erlebnisbildung auf der Suche nach dem Selbst (»um den, der sucht, zu finden«, sagen die Chinesen). Der

Universitätsstudent dagegen erwirbt eine Wissensbildung, d. h. Kenntnisse von Tatsachen und ihren logischen Zusammenhängen, zu denen er sich überdies noch seine eigene Meinung vorbehält, die nicht minder begrifflich fundiert ist. Die Zielerreichung bedeutet weder hier noch dort einen Gnadenakt, sondern setzt lediglich ein Minimum spezifischer Begabung voraus und Lehrer, die zu lehren verstehen.

Begriffliche Beschreibbarkeit

Es dürfte klar sein, daß der Lehrvorgang eines Zen-Meisters eine ganz andere Bewußtheitshöhe (vom Gewicht der Persönlichkeit ganz abgesehen) voraussetzt als etwa das Lehren der physikalischen Gesetze oder des römischen Rechts. Immerhin sind wir in der Lage, unsere Vorstellungen über den psychischen Ablauf des Zen-Erleuchtungs-Erlebnisses mit Erfahrungen unserer spezifisch abendländischen Psychologie zu verknüpfen.

Als erstes ist hierbei verstehbar, daß die blitzartige totale Zusammenschau des Selbst im Erleuchtungserlebnis nur in Verbindung mit ganz einfachen Erlebnissituationen stattfinden kann – etwa beim Ausblasen einer Kerze, beim Anruf mit dem eigenen Namen, beim einfachen Hinweis auf den eigenen Körper und ähnlichem. Denn erstens ist man in solchen einfachen Erlebnissituationen nicht umständlichen sinnlichen oder sprachbegrifflichen Identifikationen und vielgliedrigen Assoziationsketten ausgesetzt; die Aufmerksamkeit wird vielmehr spontan und ungeteilt angesprochen. Und zweitens ist infolge der Einfachheit und der hohen Ablaufgeschwindigkeit der Situation, die sich auf eine elementar-sinnliche Wahrnehmung oder auf einen individuell wirksamen Symbolbegriff beschränkt, das Zusammenfallen zu einem Augenblick der Totalintegration des Selbst überhaupt erst möglich.

Die Zen-Anekdoten berichten im übrigen von der Erfahrung, daß das Erleuchtungserlebnis durchaus nicht immer sofort in der provozierenden Situation selbst eintritt, sondern häufig erst Stunden später bei irgendeiner einfachen Tätigkeit – etwa beim Fegen der Zelle oder beim Bettelgang ins Dorf, wie im Falle Hakuins. Auch das ist begreiflich, da solche einfachen, mit Zen-Hingabe geübten Tätigkeiten außerordentlich libidoverflüssigend wirken, so daß eine in Form des spontanen

Libidowurfs in sie einfallende, erinnernde Vorstellung die gleiche schichtendurchschlagende Erleuchtung auszulösen imstande ist wie die oben erwähnten Primäranstöße. Hier wie dort handelt es sich in gleicher Weise um den Erlebnisvorgang, den wir oben als spontane Integration des Selbst bezeichnet haben.

Die libidolockernde Wirkung der Hingabe an einfache Arbeiten wird auch in der abendländischen Psychotherapie dazu benützt, um von Hast, Sorge, Zerrissenheit geplagte Manager wieder zu einem geregelten, natürlichen Haushalt ihrer physisch-psychischen Kräfte zurückzuführen. In der Tat kann sich niemand dem Gefühl innerer Gesammeltheit – nämlich der zuerst zerstreuten Libidoteile – entziehen, der auch nur einen Vormittag lang mit Hingabe Holz gehackt oder den Garten umgegraben hat. Eine aus leichtem Stumpfsinn und körperlicher Ermüdung gewebte Wolke hüllt ihn ein. Ganz anders ist das Erlebnis im Zusammenhang mit körperlich weniger anstrengenden, einfachen Arbeiten wie etwa dem Umgang mit dem Kehrbesen. Hier fällt das Ermüdungsmoment praktisch fort; die gesammelte Aufmerksamkeit bleibt davon unbelastet. Die Psyche ist in der Lage, sich dem auf Reinigung bedachten rhythmischen Besenschwung lange Zeit hindurch hinzugeben und im Einklang mit diesem Rhythmus jeweils das wellenförmig wiederkehrende Aufschießen der Libidoballung zu erfahren. Wir kommen deshalb, ähnlich wie im Tanz, zu einem auf andere Weise nicht erzielbaren Einklang von (scheinbarem) Innen- und Außenerlebnis. Deshalb pflegen z.B. auch Hausfrauen, die einen Ärger abreagieren wollen, instinktiv zu Besen und Wischtuch zu greifen, wobei die mit dem Reinigungssymbol verbundene Verdrängungshaltung zwar eine das Tun auslösende Rolle spielt, aber für den therapeutischen Gewinn ohne Bedeutung ist. Die größte Schwierigkeit bereitet natürlich die Lockerung fetischistisch eingefrorener Libidoteile. Menschen mit symbolisch-fetischistischen Bindungen, die sich auch auf Begriffliches beziehen können, befinden sich zumindest in einem vorneurotischen Zustand, wie wir aus den Erfahrungen der Psychologie wissen. Oft handelt es sich dabei um besonders musische Persönlichkeiten, die aus eben diesen Bindungen ihre künstlerischen Gestaltungen schöpfen. Für sie bedeutet schon das Erringen der kleinen Befreiung, wie sie die abendländische Psychotherapie anstrebt, einen harten Kampf à la Hakuin. Wie die Zen-Anekdoten zeigen, vermögen dagegen andere Menschen geradewegs, einfach durch stete Hingabe an ihr alltägliches Tun, so weit zur Totalinvestierung ihrer Libido zu gelangen, daß ein einfacher Sinnesausdruck im rechten Augenblick das Erleuchtungserlebnis auslöst.

Soweit ich das aus meinem eigenen Erfahrungsbereich beurteilen kann, handelt es sich bei letzteren vor allem um Menschen, die dem pyknischen, zyklothym erlebenden Typus nahestehen – um die bekannte Terminologie Kretschmers zu gebrauchen –, während der schizothym orientierte Typus weit mehr zu Fetischbildung und Begrifflichkeit neigt. Eben in diesem Typenbezug, der sich in etwa auch in der Yin-Yang-Symbolik spiegelt, erklärte ein altchinesischer Zen-Meister: »Manchmal lasse ich einen Schüler die Augenbrauen hochziehen oder blinzeln – das wäre ein anderes Mal grundfalsch.« Der Meister zielt damit unverkennbar auf den zyklothym erlebenden Typus, der im aktiven Entspannungstraining auf geradlinigem Weg zur Libidolockerung gelangt, während dem schizothym erlebenden Typus häufig mit starken Mitteln von außen zugesetzt werden muß, um sein begrifflich verhärtetes Denken und Verhalten einer heilsamen Erschütterung zu unterziehen. Wie man sieht, steht hinter solchen Zen-Reden, die dem Abendländer zunächst sinnlos erscheinen, eine unmittelbare und sehr handfeste psychologische Erfahrung.

Hier aber zeigt sich gleichzeitig die Überlegenheit unserer spezifisch abendländischen, wissenschaftlichen Denktechnik: Während Zen, vom Erlebnis seiner totalen Selbstfindung überwältigt oder auch nur mit dem praktischen Ergebnis zufrieden, dessen begriffliche Unbeschreibbarkeit behauptet, können wir es sehr wohl beschreiben – freilich nur so, wie es eben der Sprache gegeben ist, indem sie nämlich mit dem ihr eigenen, engen Scheinwerferkreis begrifflicher Bewußtmachung von einer standpunktbestimmten Definition zur anderen langsam fortschreitet und auf diese Weise jeweils unter dem Aspekt einer bestimmten Fragestellung das Gesamtgelände abtastet. Für die Mühseligkeit, aber auch die grundsätzliche Möglichkeit dieses Verfahrens sind unsere eigenen gegenwärtigen Untersuchungen selber der Beweis.

Trotz dieser grundsätzlichen begrifflichen Beschreibbarkeit ist nicht zu leugnen, daß mit der Zen-Erleuchtung eine neue Erlebnisdimension erschlossen wird, die man als die translogische zu bezeichnen versucht ist, da hier, wie die Zen-Anekdoten zeigen, die bisher gültigen, logischen Gesetze nicht mehr als verbindlich erlebt werden. Dies ist jedoch ein Trugschluß, ähnlich etwa dem Zenons, der scheinbar formallogisch beweist, wieso Achilles als das schnellste Wesen das langsamste Wesen, nämlich die Schildkröte, in ihrem Lauf nicht einzuholen vermöge. Achilles könne nämlich die halbe Wegstrecke, die ihn in einem gewissen Zeitpunkt von der Schildkröte trennt, nur in der Hälfte der Zeit durcheilen, die er für die ganze Wegstrecke benötigen würde. Da aber die Schildkröte gleichzeitig ihren Weg fortsetzt, so wird ihr Achilles zwar nach dem Verstreichen auch der zweiten Zeithälfte näher gekommen sein, sie jedoch noch nicht erreicht haben. Er könne aber die Hälfte der ihn nun noch trennenden Distanz ebenfalls nur in der Hälfte der für die ganze Strecke benötigten Zeit zurücklegen, so daß sich das Spiel bis ins Unendliche wiederhole, da ja beliebig kleine Strecken denkmöglich seien.

Der Trugschluß, der in der Kulturepoche, aus der das – zwar ironisch gemeinte – Beispiel stammt, noch nicht begrifflich streng sprachlogisch aufgelöst werden konnte, liegt darin, daß die Begriffe von Weg und Zeit sprachlogisch als gleichartig behandelt werden, also ohne zu beachten, daß die Vorstellungsbegriffe von Zeit und Raum verschiedenen Kategorien angehören. Die hier wesentlichen unterscheidenden Kategoriemerkzeichen werden erst durch folgende einfache Überlegung offenbar: Eine Strecke stellt ein physiognomisches, anschauliches Ganzes dar, das durch beliebig klein oder groß gedachte Längenmaß-Einheiten gemessen, d. h. anschaulich definiert werden kann. Die Strecke wie ihre Teile gehören also zur Kategorie der sinnlichen Wahrnehmungserlebnisse. Der Zeitbegriff dagegen stellt nichts Anschauliches dar. Er ist in unserer Welt ausschließlicher Innenschau definiert als das Merkzeichen der Kontinuität des ununterbrochenen Zusammenhangs des individuellen Gesamterlebnisses, des sogenannten Erlebnisstromes, der seinerseits definiert gedacht werden kann als die lückenlos erlebte Folge sinnlicher Einzelwahrnehmungen. Das unter dem Zeitbegriff Vorgestellte gehört also nicht mehr zur Kategorie der sinnlichen Wahrnehmungserlebnisse, sondern bereits zu einer »darüberliegenden« Kategorie, die von der der sinnlichen Wahrnehmungserlebnisse abgezogen (abstrahiert) ist als ein Oberbegriff, der die sinnlichen Wahrnehmungserlebnisse aller Art mit ihrem gemeinsamen Merkzeichen der »Dauer« übergreift. Wir haben damit in Zenons Beweisführung durch analoge Strecken- und Zeitteilung eine definitionsgemäß unmögliche Vorstellung vor uns – genauso, als ob man die Vorstellung »Früchte« durch die Vorstellung »Birnen« teilen wollte.

Wir sehen an diesem Beispiel, dessen Trugschlußauflösung uns heute keine Schwierigkeiten mehr bereitet, wie die Grenzen des translogischen Erlebnisbereiches im Verlauf kultureller Bewußtwerdung immer enger werden, wie immer neue Vorstellungsbereiche von der Bewußtwerdung logisch-begrifflich erfaßt werden.

Der Zustand nach der Erleuchtung

Nachdem wir nun das Erschütterungserlebnis des Selbst in der Zen-Erleuchtung beschrieben haben, ist es zweckmäßig, auch noch etwas näher auf den Zustand nach der Erleuchtung einzugehen. Die Anekdoten, die sich hierauf beziehen, geben damit gleichzeitig Einblick in die bewußt gewordene Form der Bedürfnisvorstellung des Zen, deren genaue Formulierung wir noch vorzunehmen haben. Ein Beispiel für die Erlebnisform nach der Erleuchtung haben wir bereits in der Anekdote vom Meister, der zu essen und zu schlafen versteht, kennengelernt. Einige weitere dieser Art sollen die Reihe der zitierten Zen-Anekdoten beschließen.

16. Zen-Anekdote
»Der Mönch Lin-chi hatte sich demütig dreißig Schlägen unterworfen, die ihm sein Meister Huang-po verordnet hatte, und bot einen jämmerlichen Anblick. Als ihm bald darauf seine Erleuchtung widerfuhr, war er ein ganz anderer Mensch. Sein erster Ausruf war: ›Es ist im Grunde nicht viel dran am Buddhismus des Huang-po.‹ Und als er neuerlich das vorwurfsvolle Gesicht des Huang-po sah, gab er dessen Gunstbezeigung zurück und schlug ihm ins Gesicht. ›Was für eine Anmaßung, was für eine Unverschämtheit!‹ mag einer denken. Aber Lin-chis Rauheit war begründet; kein Wunder, daß sein Meister Huang-po über diese Behandlung sehr erfreut war.«

17. Zen-Anekdote
Zu ihrem Verständnis ist eine Worterklärung vorauszuschicken, nämlich die des Wortes Śarīra:

Śarīra bedeutet wörtlich »Körper«. Im Buddhismus jedoch ist eine Art von mineralischem Niederschlag gemeint, der nach der Verbrennung eines menschlichen Körpers in der Asche gefunden wird. Der Wert dieses Niederschlags bemißt sich bei den Buddhisten nach der Heiligkeit eines Lebens.

»Als der Zen-Meister Tan-hsia zur Zeit der Tang-Dynastie zu Yerinji in der Hauptstadt rastete, war es äußerst kalt. Da nahm er eines der dort auf dem Altar aufgestellten Buddhabilder herunter, machte damit Feuer und wärmte sich. Als der Hüter des Tempels dies sah, war er höchst entrüstet und rief aus: ›Wie kannst du es wagen, mein hölzernes Buddhabild zu verbrennen?‹ Tan-hsia begann in der Asche herumzusuchen, als schaue er nach irgend etwas und sagte: ›Ich sammle die heiligen Śarīras aus der glühenden Asche.‹ – ›Wie kannst du‹, sagte der Wärter, ›Śarīras von einem hölzernen Buddha erwarten?‹ – Tan-hsia erwiderte: ›Wenn keine Śarīras in der Asche zu finden sind, kann ich dann auch noch die beiden anderen Buddhas für mein Feuer haben?‹ – Alle Zen-Meister sind sich über die geistige Reife des buddhaschänderischen Tan-hsia einig. Als einst ein Mönch seinen Meister über diese Verbrennung der Buddhastatue befragte, erwiderte der Meister: ›Wenn es kalt ist, sitzen wir rund um das brennende Feuer.‹ – Darauf der Mönch: ›Tat er also unrecht oder nicht?‹ – Darauf der Meister: ›Wenn es heiß ist, gehen wir zum Bambushain am Strom.‹«

18. Zen-Anekdote

»Als Buddha geboren wurde, soll er eine Hand zum Himmel, die andere zur Erde gestreckt und ausgerufen haben: ›Über den Himmeln und unter den Himmeln bin ich allein der Verehrungswürdige.‹ – Yün-mên, der Begründer der nach ihm benannten Zen-Schule, gibt dazu folgende Erläuterung: ›Wenn ich in dem Augenblick dabei gewesen wäre, als er das aussprach, so würde ich ihn sicher totgeschlagen und den Leichnam vor den Rachen eines hungrigen Hundes geworfen haben.‹ – Was mögen Ungläubige über einen denken, der so tolle Reden über einen geistigen Meister verbreitet? Einer der Zen-Meister im Gefolge des Yün-mên sagt: ›In der Tat, dies ist der Weg; Yün-mên will der Welt dienen, indem er alles opfert, was er hat, Leib und Seele. Wie dankbar muß er die Liebe des Buddha empfunden haben!‹«

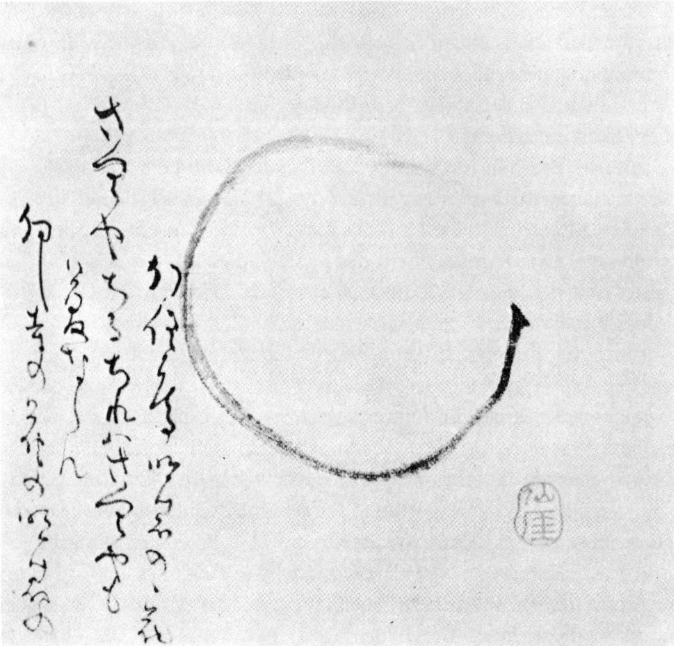

Sengai, Kreis; Privatbesitz
»Die Dämmerungsblüten vor der Hütte der Illusionen
blühen und verblühen,
verblühen und blühen;
es ist alles nur ein Traum –
diese Blumen im dämmrigen Zwielicht
am Tempel der Illusionen.«

19. Zen-Anekdote

»Tsing-ping im 9. Jahrhundert fragte T'sui-wei: ›Was ist das Grundprinzip des Buddhismus?‹ – ›Warte‹, sagte T'sui-wei, ›bis niemand mehr um uns ist, dann will ich es dir sagen.‹ – Nach einer Weile wiederholte Tsing-ping seine Frage und sprach: ›Nun ist niemand mehr um uns; bitte erleuchtet mich!‹ – T'sui-wei stieg von seinem Stuhl herab, führte den begierigen Frager in das Bambuswäldchen, sagte aber nichts. Als dieser ihn noch einmal wegen seiner Antwort drängte, flüsterte T'sui-wei: ›Wie hoch dieser Bambus ist – und wie klein jener dort drüben!‹«

20. und letzte Zen-Anekdote
»Einmal kam ein Mönch zu Hsüan-sha und wünschte zu erfahren, wo der Eingang zum Pfade der Wahrheit wäre. Hsüan-sha fragte: ›Hörst du das Murmeln des Baches?‹ – ›Ja, ich höre‹, antwortete der Mönch. – ›Dort ist der Eingang‹, belehrte ihn der Meister.«

In der Anekdote vom einfachen Rat und in der Anekdote vom groben Meister Shôju, wo der Meister jeweils schon von weitem erkennt, was vorgegangen ist, stießen wir bereits auf die selbstbewußte Haltung, die dem Zustand der »Großen Befreiung« und der dabei gewonnenen Erfahrung entspricht, aus der Leere in freizügiger Weise alle Wirklichkeiten erstehen und wieder dahin verschwinden lassen zu können. Das gleiche Selbstbewußtsein kommt noch deutlicher zum Ausdruck in den Anekdoten vom Mönch, der seinen Meister schlägt, von der verbrannten Buddha-Statue und von der Buddhalästerung. In den Anekdoten von der verbrannten Buddhastatue und von der Buddhalästerung spricht sich im besonderen die Überwindung aller religiös-mythologischen und metaphysischen Vorstellungen aus. Im gleichen Sinne antwortet schon der erste Patriarch der Zen-Sekte in China, Bodhidharma (6. Jahrhundert), auf die Frage nach dem letzten und heiligsten Grundsatz des Buddhismus: »Weite Leere und nichts Heiliges darin.« Solche Äußerungen und scheinbar buddha-lästerliche Zen-Anekdoten lassen zwar die ausgereifte buddhistische Weltanschauung, entsprechend der erreichten Höchstbewußtheit, als atheistisch erkennen, doch gleichzeitig als verschieden vom bisherigen abendländischen Atheismus dadurch, daß es sich hier nicht etwa um Religionsfeindschaft, sondern um ein psychisches Überwachsen des religiösen Problems überhaupt handelt.

Der Meisterkommentar der Anekdote von der verbrannten Buddhastatue spricht nichts anderes aus als die abendländisch-existentialistische »Verantwortung gegen das Selbst« in einer Form, wie sie schon in der Goetheschen »Güte gegen sich selber« antönt. Im Verbrennen des hölzernen Buddhabildes wird lebensnahe Zweckmäßigkeit an die Stelle fetischistischer Symbolgläubigkeit gesetzt. Da es sich um ein Symbol der Altvordern handelt, also um ein Symbol aus dem Vorstellungsbereich, der den traditionsgebundenen Chinesen als besonders »heilig« galt, wird die totale Vorstellungsfreizügigkeit des Zen-Meisters besonders nachdrücklich unterstrichen. Wenn möglich noch deutlicher kommt dieses Gleichsetzen der Ahnenverehrung mit jeder anderen Begrifflichkeit in der Anekdote von der Buddha-Lästerung zum Ausdruck. Der zu dieser Anekdote gehörige Kommentar bestätigt, daß das persönliche Verhalten des Zen-Meisters, das keine Furcht vor konventionellen Meinungen kennt, als höchstes Hingabeerlebnis anzusehen ist. Von solchem höchstbewußten Blickpunkt aus wird das Religiöse als ein menschlicher Bedürfnisausdruck in begrifflicher Form wie jeder andere betrachtet, der zwar in gewissen Fällen zweckmäßig sein kann, diese Zweckmäßigkeit und damit auch seine Berechtigung jedoch verliert, wo er sich einer biologisch-natürlichen, bedürfniserfüllenden Zielerreichung in den Weg stellt, die im Lichte gesteigerter Bewußtheit auftaucht. In einer derartigen konsequenten Überwindung aller Fetischvorstellungen spricht sich die Überwindung jener elementaren Angst aus, die in letzter Folge jeden kulturellen Ausdruck als Sublimierungsform erkennen läßt. An diesem Punkt unserer Analyse des Zen angekommen, sind wir nun endlich in der Lage, die das Selbst in allen seinen Schichten und damit auch die »ganze Welt« umfassende Spannweite der Einzelvorstellungen zu erkennen, die in der Zen-Erleuchtung zum totalen Erleben einer neuen, höchsten Bewußtheitsstufe verschmolzen werden.

Erlebnisleere und höchste Bewußtheitsstufe

Gerade in unserer derzeitigen zwiespältigen abendländischen Weltbildsituation verstehen wir die mit nichts zu vergleichende Bedeutung der Selbst- und damit Welt-Erschütterung, die von der Zen-Erleuchtung ausgeht, indem hier mit einem Schlage alle Fetischbegriffe gleichzeitig mit allen Angstvorstellungen beim Eintritt in die psychische Leere zu nichts verbrennen. Es wird die Möglichkeit geschaffen, aus dieser Leere nun frei von Angst in eine beliebige Vorstellungswirklichkeit herauszutreten oder diese wieder aufzulösen in einer ebenso beliebigen Rückkehr in die Leere, die somit als der (psychische und psychologische) Ursprung alles Erlebens einschließlich des Denkens begriffen wird. Vor allem aber ist es nun im angstbefreiten Heraustreten aus der Leere möglich, jene jeweils besondere Form der Wirklichkeit zu schaffen, die in vollkommener Weise der physisch-psychischen Individualstruktur gemäß ist, und damit das eigene Wesen zur fruchtbarsten Entfaltung zu bringen, sich aber gleichzeitig der unter Umständen ganz andersgearteten Wirklichkeit bewußt zu werden, die dem Nebenmenschen gemäß ist. Dies ist es, was mit Zen-Aussprüchen gemeint ist wie den folgenden:

»Die Erleuchtung schließt eine Einsicht in die Natur des Selbst in sich« – oder die Aufforderung: »Zeige mir dein Antlitz, ehe du geboren warst«, das heißt, ehe du der kollektiv-menschlichen Elementarangst ausgeliefert wurdest. Dieses Wandlungserlebnis von dem im kollektiven Milieu erworbenen beziehungsweise anerzogenen Weltbild zum Weltbild, das der physisch-psychischen Individualstruktur vollkommen gemäß ist, wird von einem Zen-Meister in folgende anschauliche Worte gekleidet:

»Bevor einer Zen studiert, sind ihm Berge Berge und Gewässer sind Gewässer. Wenn er aber eine Einsicht in die Wahrheit des Zen bekommt durch die von einem guten Meister erteilte Belehrung, dann sind ihm Berge nicht mehr Berge und Gewässer keine Gewässer; aber nachmals, wenn er wirklich zum Ort der Ruhe gelangt ist (das heißt, Erleuchtung erlangt hat), so sind ihm Berge wieder Berge und Gewässer Gewässer.«

Der Zustand, in dem Berge nicht mehr Berge und Gewässer nicht Gewässer sind, ist, wie wir nun verstehen, genau der, welcher von der surrealistischen Malerei ausgedrückt wird – ein Zustand, der wie »halbes« Zen zu keinem echten Wirklichkeitserlebnis befähigt, aber als Übergangsstadium notwendig ist, um zum »Ort der Ruhe« (das heißt der Freiheit von Angst) zu gelangen. Inwieweit dieser Übergangszustand als lebensfeindlich-nihilistisch anzusprechen ist, hängt von der individuellen Einstellung ab, die sich damit verbindet: vor allem, ob er als Übergangszustand erkannt und damit seine Überwindung gesucht wird – oder ob auf weiteren Erlebniseinsatz verzichtet wird in einer ängstlichen Ahnung, hier einen ich-auflösenden Prozeß in Gang zu setzen, der keine Umkehr mehr gestattet – eine Vorstellung freilich, die dem ich-besessenen Abendländer so schwer zu schaffen macht, daß er zum Verzicht auf die Zielerreichung geneigt ist, selbst um den Preis eines nihilistisch-labilen Schwebezustandes.

Als Leitlinie des Zen hat sich ergeben: In seinem Sinne soll jedes Tun als angstfreie Selbstfindung im Augenblick neu geschöpft werden; das heißt praktisch, es soll aus dem Erlebnis der Leere hervorgehen mit einer Frische und Unmittelbarkeit, als ob noch niemals Ähnliches getan worden sei. Aus einer solchen Bemühung um den direkten Zugang zum Ursprünglichen im Selbst ist auch die dem Zen oft vorgehaltene Ablehnung der Bücher als unnützer Begriffsspeicher und Wertwelteinseitigkeiten zu verstehen. Eine solche ablehnende Haltung als strenger und überall anzuwendender Grundsatz wäre indes dem Zen ebenso ungemäß, wie wenn er von seinen Anhängern fordern würde, nur im engen Tun untergeordneter Arbeiten ihre Wirksamkeit zu erschöpfen. Das In-den-Vordergrund-Stellen des einfachen körperlichen Tuns im Zen will nur besagen, daß alles Verhalten, das auf die unmittelbare Notdurft des Leibes gerichtet ist, in seiner geradlinigen, biologisch bedingten Wirksamkeit auf das Selbsterlebnis am besten geeignet ist, als Zen-Schüler die Intensivierung dieses Selbsterlebnisses im hingebenden Libidowurf auf das Natürliche zu üben und als Meister die Verbindung zur biologischen Lebensgrundlage aufrechtzuerhalten. Im übrigen mag jeder, der im Anschluß an das Erleuchtungserlebnis erfahren hat, wie wirkungsvoll das freizügig aus der voraussetzungslosen Leere heraustretende Erleben ist, seine Zen-Erfahrung auf alle Aufgaben anwenden, die das Leben stellt. Deshalb haben nicht nur Dichter und Philosophen, sondern auch im höchsten Grade weltzugewandte Staatsmänner sich vorübergehend in die Gemeinschaft von Zen-Meistern begeben. Die gesteigerte Unmittelbarkeit ihrer Wahrnehmungen und Vorstellungsverknüpfungen macht sie nach dieser Lehrzeit des Selbst zu einer souveränen Behandlung von Aufgaben auf allen denkbaren Lebensgebieten und damit zu den jeweils vollkommensten Zielverwirklichungen fähig. In aller Folgerichtigkeit wie auch Aufrichtigkeit berichtet die Geschichte des Zen selber aber auch vom gelegentlichen Mißbrauch einer solchen erworbenen Verwirklichungsfähigkeit durch Anwendung auf höchst eigennützige oder anderweitig unethische Zielsetzungen. Gerade hier zeigt sich Zen in seiner unmetaphysischen, an keinerlei Wertesetzungen gebundenen Haltung, die es in unseren Augen immer deutlicher als kollektiv-kulturelles Äquivalent unserer abendländischen wissenschaftlichen Methode hervortreten läßt. Denn wie Zen ist auch diese ein Werkzeug zur Verwirklichung freizügig gewählter Zweckmäßig-

René Magritte, Die Beschaffenheit des Menschen II, 1935; Privatbesitz

keitsvorstellungen. Dabei besteht allerdings ein wesentlicher Unterschied, insofern das abendländische wissenschaftliche Denkerlebnis seinen Schwerpunkt in der Bewußtseins-Hauptschicht findet, während für das Zen-Erlebnis als alle Schichten übergreifendes Selbsterlebnis der Schwerpunkt zwischen den beiden Hauptschichten des Bewußten und des Unbewußten vorzustellen ist.

Umfassendere Bestimmung der Elementaren Erlebniskette des Zen

Auf Grund dieser Erkenntnisse sind wir nun in der Lage, unsere früheren vorläufigen Umschreibungen für Bedürfnis- und Zielvorstellung des Zen durch umfassendere zu ersetzen, und zwar wollen wir zur Neuformulierung des ersten Gliedes der Elementaren Erlebniskette von dem auch hier zugrunde liegenden Protest ausgehen, der sich darstellt als »Protest gegen die von Gegensätzen bestimmte, einseitig sprachlogische Begrifflichkeit, die an einer totalen Selbst- bzw. Weltschau hindert, da hinter jedem derartigen Begriff zwangsläufig immer neue und im Maße zunehmender Abstraktion immer noch unlösbarer scheinende Vorstellungs- und Begriffsprobleme mit neuen Protestbedürfnissen auftauchen«. In Verbindung mit einem solchen Protest gegen den Protest formt sich die entsprechende Bedürfnisvorstellung aus als »Bedürfnis nach Aufhebung jedes Protestbedürfnisses« und die Zielvorstellung als »Überwindung der Elementarangst, das heißt: Die Große Befreiung«. Das abschließende Glied der Elementaren Erlebniskette des Zen, also dessen Wegvorstellung, ergibt sich als »methodisch errungene Fähigkeit des Erlebnisses von der Leere, die ›Nichts‹ ist, solange das Bedürfnis ruht, aber aus der das individuelle Bedürfnis alles und jedes an Vorstellungen hervorzurufen vermag, so wie durch das Prisma aus dem farblosen, weißen Licht die Farben des Spektrums herausgebildet werden«. Wer also das Prisma seines Bedürfens erkennt, durchschaut damit die Welt, die als ausschließliches Innenwelt-Erlebnis nichts anderes ist als das Selbst. Indem wir ein solches Selbst jedem menschlichen Individuum zuerkennen, erweitert sich die Wegvorstellung des Zen zur »Großen Bejahung alles Denkmöglichen schlechthin, das bedeutet die Anerkennung einer grenzenlosen Wirklichkeit im allgemeinen und damit die Findung einer jeweils situationsangepaßten Wirklichkeit im einzelnen«.

Mit einem solchen dualismusüberwindenden Ergebnis im Bemühen, »den, der sucht, zu finden«, wird jedoch nicht nur die totale Welt gefunden, sondern darüber hinaus das Selbst in jedem beliebigen einzelnen Erlebnis erkannt, so daß der von Begriff zu Begriff, von Gegenstand zu Gegenstand, von Erlebnis zu Erlebnis jagenden Suche als überflüssig ein natürliches Ende gesetzt ist. Dieses tiefste Befriedungserlebnis ist es, was die beiden letzten Anekdoten vom Bambuswäldchen und vom Murmeln des Baches zum Ausdruck bringen. Kein Wunder, daß der Meister Shôju handgreiflich grob wurde, als der Mönch Hakuin stets von neuem mit seiner unnützen Begriffsleier anfing.

Zen in der Kultur des klassischen China

Nachdem wir nun Zen in seinen wesentlichen Umrissen kennengelernt haben, ist für die Fruchtbarmachung unserer dabei gewonnenen Einsichten zur Analyse unserer eigenen, abendländischen Ausdrucksformen der nochmalige Hinweis am Platz, daß es sich beim Zen nicht etwa um eine mehr oder minder einzelgängerische Erlebnisform, sondern um den kollektiv-verbindlichen Ausdruck kultureller Höchstbewußtheit im klassischen China handelt. Wie dessen Geschichte lehrt, haben sich alle großen Geister dieses Riesenreiches dem Zen-Denken unterstellt.

Auf diese Weise wurde Zen zum allgemein anerkannten »besten Weg«, das heißt zur obersten Instanz für das menschliche Urteilen und Verhalten überhaupt. Auf der Suche nach einem wertweltäquivalenten Beispiel in der bisherigen abendländischen Geschichte von einer der des Zen auch nur angenäherten Bedeutungswucht müssen wir feststellen, daß hierfür noch am ehesten der Einfluß frühmittelalterlicher Religiosität zum Vergleich herangezogen werden kann, jedoch mit einem entscheidenden Unterschied: Die Überzeugungskraft der letzteren bedeutet den Höhepunkt einer mittleren Kulturperiode, die durch die Herrschaft von Absolutbegriffen getragen und somit von vornherein zur Vergänglichkeit schon innerhalb des Rahmens der Kultur bestimmt ist – während Zen die ausgereifte Frucht darstellt, mit der es einer in das

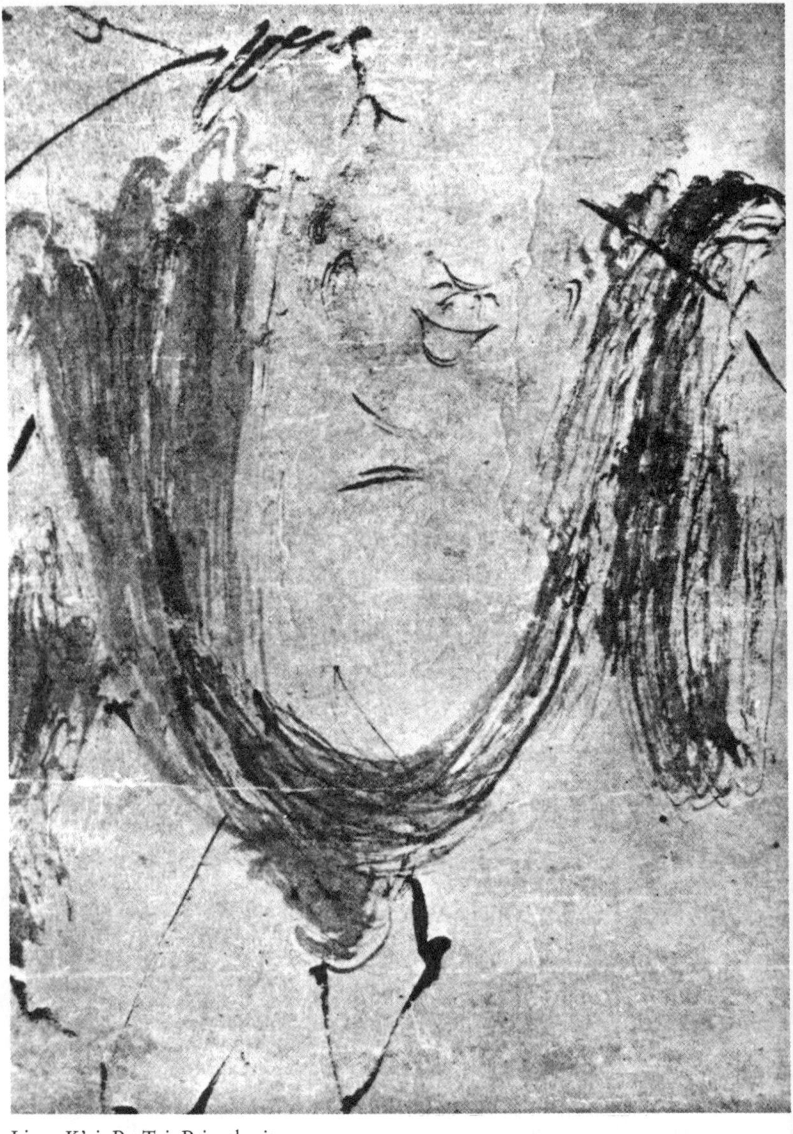

Liang K'ai, Pu-Tai; Privatbesitz

Stadium der Höchstbewußtheit eingetretenen Kultur gelungen ist, das Bedürfnis des erkenntnissuchenden Menschen nicht durch Glaubenszwang und damit als zufällige Gnade, sondern durch die bis zu letzten Grenzen vorstoßende, methodisch gewonnene Erfahrung des Selbst zu befriedigen.

Die Vollendung des Zen als Kulturausdruck stützt sich dabei auf den durchaus arteigenen Charakter seines Herkunftsmilieus. Denn sowohl für die ursprüngliche Gewinnung dieser kollektiv-kulturellen Methode wie auch für ihren individuellen Gebrauch findet der Chinese eine wirksame Hilfe in seiner, von der abendländischen verschiedenen physisch-psychischen Struktur. Sie läßt ihn die ich-haften Widerstände gegen eine totale Erlebnishingabe leichter überwinden als den Abendländer. Diese angeborene Fähigkeit zur Hingabe an die erlebende Schau ist die beste Voraussetzung für jenes »Handeln im Nichthandeln«, das jede Auseinandersetzung zu einer Erlebnisbejahung werden läßt. Angesichts dieses Sich-nicht-Sträubens wird auch die Geradlinigkeit verständlich, mit der die gesamte chinesische Kultur, von ihren Wurzeln im axiomatischen, physiognomischen Erleben angefangen, ihren Endvorstellungen zustrebte, so daß schließlich kollektivstrukturelle Veranlagung und traditionell erfahrene Methodik den fernöstlichen Zen-Beflissenen auf seinem zwar durchaus nicht mühelosen Weg zum inneren Befriedungserlebnis mit der gleichen Sicherheit zu führen vermögen wie eine abendländische Universität ihre Studenten zu deren angestrebtem Bildungsziel.

Für eine methodische Sicherheit im Erreichen eines totalen Erlebniszieles wie im Zen fehlt im abendländischen Kulturkreis noch das entsprechende Wertweltäquivalent. Immerhin ist es uns nun bereits möglich geworden, das Wesen von Bedürfnis-, Ziel- und Wegvorstellung für eine Erlebnistotalität an Hand unserer Analyse des Zen soweit allgemein zu umreißen, daß wir feststellen können: Der Zen-Jünger verschreibt sich nicht einer ideologisch-begrifflichen Zielvorstellung, sondern richtet von Anfang an sein Bemühen auf ein durchaus persönliches, praktisches Ziel aus, nämlich auf die konstante Erhaltung des vollkommenen physisch-psychischen Wohlbefindens, das unmittelbar bestimmt ist durch die Tatsachen des menschlichen Alltagserlebnisses und der im Lebensablauf zwangsläufig einander folgenden, biologischen Bedürfniswandlungen.

Diese psychologische Spannweite des Zen ermöglicht eine Verknüpfung der finalen Ausrichtung, der Ausrichtung auf das eigene Todeserlebnis, mit dem lebenerfüllten und -erfüllenden Tun, und zwar ohne die brüchige Eselsbrücke des metaphysischen Denkens, die die Veranlassung aller abendländischen Kulturkrisen, vor allem aber der gegenwärtigen geworden ist.

Vor dem psychologisch höchstbewußten Hintergrund des Zen mit der auf die Erhaltung des persönlichen Wohlbefindens bis zum Tode ohne Angst gerichteten Zielvorstellung nehmen sich die bisherigen abendländischen Methoden finaler Ausrichtung recht bescheiden aus, seien es Formen religiöser Übungen, seien es Formen der bisherigen Psychotherapie. Es läßt sich bereits erkennen, daß gerade eine solche praktische Zielvorstellung und sichere Zielerreichung wie im Zen das umfassendste Kriterium letztmöglicher, kollektiv-kultureller Bewußtheitshöhe und damit der Kulturhöhe überhaupt darstellen. Dies wird noch deutlicher werden, wenn wir uns nun abschließend wieder unseren arteigenen abendländischen Erlebnismöglichkeiten zuwenden, wie sie sich an Hand des Surrealismus in der Gegenüberstellung mit dem Zen-Erlebnis aufzeigen lassen.

3. Zen und Surrealismus

Abendländische Kulturangst

Vom Blickpunkt unserer Analyse des Zen aus können wir feststellen: Diese Analyse war nur möglich, weil jenem uns so wertweltfremden Erlebnisausdruck des Fernen Ostens die Tendenz zu einer höchsten Bewußtheitssteigerung zugrundeliegt, die offenbar, alle entwicklungsfähigen Kulturen übergreifend, auch dem abendländischen Lebenskreis eignet. Hier ist freilich – im Gegensatz zur biologisch geradlinigen chinesischen Kulturentfaltung – eine spezifisch abendländische Übersteigerung der begrifflichen, dualistischen Leib-Seele-Problematik eingetreten. Sie veranlaßte die Wandlung der ursprünglichen, biologisch sinnvollen, weil den Selbsterhaltungstrieb unterstützenden Elementarangst zu der unserem Lebenskreis eigenen Kulturangst. Aus ihr hat unser Kollektiv noch immer nicht herausgefunden, obwohl eine diesbezügliche Bedürfnisvorstellung offenbar schon sehr lange besteht. Sie findet ihren ersten Ausdruck bereits in der biblischen Sage vom angeblich so verhängnisvollen Biß in den Apfel der Erkenntnis von Gut und Böse, mit der man gleichzeitig das Bewußtsein seiner eigenen Sterblichkeit erwirbt. Die Unbekömmlichkeit und die das Wohlbefinden trübende Wirkung dieser besonderen Art metaphysisch-dualistischer Erkenntnisfrüchte konnte nicht drastischer geschildert werden als in der Geschichte von der Vertreibung aus dem Paradiese.

Auf diese Kulturangst, die den Chinesen sichtlich unbekannt geblieben ist, stoßen wir auch, wenn wir nunmehr auf Grund der Ergebnisse unserer Zen-Analyse die Durchleuchtung des Surrealismus unter einem solchermaßen erweiterten Gesichtswinkel wieder aufnehmen, um so über seine Bedeutung als Kulturprotest hinaus die Spuren einer in ihm sich anbahnenden neuen Kulturbejahung aufzudecken. Mit dieser zunehmend genaueren Bestimmung der Stellung des Surrealismus in der Kultursituation des Abendlandes werden wir gleichzeitig Gelegenheit finden, die unserem Kulturkreis arteigenen psychischen Ausdrucksmittel zur Erlebniseinordung im Bewußtsein mit denen des fernöstlichen Kulturkreises in vertiefter Form zu vergleichen.

Vergleich der Elementaren Erlebnisketten

Wir haben für diesen Vergleich bisher zwei Hinweise erhalten, nämlich als wir den surrealistischen Bildausdruck der Zen-Anekdote an die Seite stellten und ferner, als wir das surrealistische Erlebnis dem Zustand des Zen-Beflissenen auf halbem Wege verglichen, in dem »Berge keine Berge und Gewässer keine Gewässer« sind. Es geht nun darum, einerseits die auch im Surrealismus bereits eingetretene Verrückung gegenüber den bisherigen kulturkonventionellen Vorstellungen und andererseits den im Surrealismus bestehenden Zustand noch fehlender entscheidender Erlebnisumkehr, der einer Erleuchtung gleichkäme, genauer zu umschreiben. Dazu wollen wir die einzelnen Glieder der Elementaren Erlebnisketten von Zen und Surrealismus einander gegenüberstellen. Auf diese Weise läßt sich sowohl die Richtungsgleichheit als auch der Bewußtheitsunterschied der beiden so wertweltverschiedenen Kulturausdrücke unverkennbar zur Anschauung bringen.

Die Bedürfnisvorstellung des Surrealismus haben wir gefunden etwa als »Bedürfnis zur Sprengung der bisherigen Vorstellungsfesseln unseres Bewußtseins im Protest gegen die verhärteten Vorstellungen von einer derzeit noch kollektiv-kulturell anerkannten Wirklichkeit« – die des Zen haben wir umschrieben etwa als »Bedürfnis zur Überwindung aller Begriffszwiespalte und damit gleichzeitig auch des Protestes gegen diese Begriffszwiespalte«.

Die Zielvorstellung des Surrealismus lautet: »Wiedererneuerung eines kollektiv-kulturellen *élan vital* in der Pflege eines bewußten Selbsterlebnisses« – während die Zielvorstellung des Zen umfassender und genauer von der »Großen Befreiung als Überwindung der Elementarangst« spricht.

Die Wegvorstellung des Surrealismus endlich ergibt sich als »Auflösung aller begrifflichen und an Funktionell-Gegenständliches geknüpften Vorstellungen« – die Wegvorstellung des Zen dagegen als »die Große Bejahung alles Denkmöglichen schlechthin in der Anerkennung einer grenzenlosen Wirklichkeit im allgemeinen zur Findung einer jeweils dem individuellen Selbst angepaßten Wirklichkeit im einzelnen«.

An dieser Gegenüberstellung der Elementaren Erlebnisketten von Zen und Surrealismus fällt neben der größeren psychologischen Spannweite des Zen vor allem dessen unmittelbar praktische Ausrichtung auf das alltägliche, »wirkliche« Leben des Individuums auf. Dabei ist überdies zu beachten, daß unsere Ausformung der Erlebniskette des Surrealismus von einem Bewußtheitsstandpunkt aus gegeben ist, den dieser selbst noch keineswegs erreicht hat. Unter den beiden Gesichtspunkten der psychologischen Spannweite und der praktischen Ausrichtung wollen wir den weiteren Vergleich von Zen und Surrealismus vornehmen, und zwar indem wir die allgemeinen Kennzeichen des kulturellen Bewußtheitsgrades, die sich im Surrealismus finden, den für den Zen ermittelten gegenüberstellen. Auf diese Weise wird es möglich sein, für die über den Kulturprotest hinauszielenden Momente der abendländischen Bewußtheitsentfaltung einige wesentliche Hinweise zu erhalten.

Was die richtungsmäßige Ähnlichkeit von Zen und Surrealismus betrifft, so besteht sie darin, daß hier beide Male Vorstellungsäußerungen vorliegen, die zu der sinnlich wahrgenommenen Wirklichkeit und den daraus bisher üblicherweise abgeleiteten begriffslogischen Beziehungen in Widerspruch stehen. Den Grund für das Zustandekommen dieses Widerspruchs, dieser Verrückung konventioneller Vorstellungsformen haben wir beim surrealistischen Bild in seiner besonderen Entstehungsart gefunden, also in der spontanen Verknüpfung von ebenso spontan-geschöpften, optischen Einzeleinfällen. Was die Widersinnigkeiten des Zen betrifft, so begründen auch sie sich in der Hingabe an Spontaneinfälle; doch besteht trotz dieser Richtungsgleichheit von Ausdruck und Ausdrucksmethode ein tiefgreifender psychologischer Unterschied zwischen Zen-Anekdote und surrealistischem Bild.

Die Forderung nach Spontanverhalten im Zen steht nämlich nicht am Erlebnisbeginn wie der surrealistische Imperativ, sondern stellt bereits eine methodische Folge dar, und zwar eine Folge aus dem eigentlichen Anfangszustand der Zen-Bemühung um gesammelte Libidohingabe im Tun, wie dies in unserer allerersten Zen-Anekdote vom Hüten der Kuh geschildert wird. Die in einem solchen systematisch geübten Hingabezustand spontan gewonnenen Vorstellungen stehen in einer durchaus anderen Beziehung zu den Tiefenschichten als die Assoziationen des abendländischen Surrealismus mit ihrer Neigung teils zum erklärten Protest, teils zur Oberflächlichkeit. Die Zen-Verrückungen dagegen entstammen, nicht anders als die Zen-Künste, einem erleuchteten, d. h. vollkommen gewordenen Hingabeerlebnis. Die Zen-Ausdrücke haben damit ihren Erlebnisschwerpunkt in jenen ich-losen Tiefenschichten, die keine gezielten Interessen und keine Proteste, sondern nur flutende Zuneigungen und Abneigungen in Form von physischpsychischer Lösung und Spannung kennen. Dies führt dazu, daß die Zen-Anekdote ihren Humor des Widersinnigen in einem heiteren Behagen vorträgt, während wir dem surrealistischen Humor stets eine Komponente des Grauens beigemischt gefunden haben. In dieser Komponente des Grauens spricht sich die ganze Bewußtheitsverschiedenheit des surrealistischen und des Zen-Erlebnisses aus. Im Gegensatz zum Humor der Zen-Anekdote mit ihrer nicht mehr zu trübenden Heiterkeit nach »Durchquerung der Leere«, also im Zustand der überwundenen Ichbezogenheit, kreist der surrealistische Ausdruck ständig und nicht nur gelegentlich um das Erlebnis der Individualsymbolik. Das sind aber gerade jene psychischen Inhalte, die aus dem Erlebnisdualismus von bewußtem Ich und unbewußtem Selbst erwachsen und somit die Grundlage des surrealistischen Grauens bzw. der hier vorliegenden Elementar- und Kulturangststeigerung darstellen. Dieser Zustand entspricht grundsätzlich dem eines Neurotikers, dessen Symptome ja auch nichts anderes als Individualsymbole sind.

Es ist also klar, daß der surrealistische Assoziationsmechanismus von durchaus anderer Art ist als der der Zen-Anekdote zugrunde liegende, die wir im besonderen gerade als Ausdruck der Symbol- und Elementarangst-Überwindung erkannt haben. Wir können nun in Gegenüberstellung zu den surrealistischen Assoziationen sagen: Die von allen Vorstellungszwängen befreite, völlig freizügig gewordene Vorstellungs- und Erlebnisbejahung des Zen macht es ihm möglich, seine Ausdrücke als sozusagen »reinen« Widersinn zu schöpfen aus der bis zum Grund durchsichtig gewordenen Quelle des Erlebnisses vom Selbst. Ein solcher reiner Widersinn ist nur noch bestimmt vom physiognomischen Erlebnis des sinnlichen Wahrnehmens, jedoch nicht mehr von Erlebniskonflikten. Dies ist es, was dem Zen-Verhalten die seiner eigenen Ursprünglichkeit höchstbewußte, schlechthin entwaffnende Geradlinigkeit verleiht, wie sie besonders anschaulich wird in Anekdoten wie der von der verbrannten Buddhastatue. Wie unnachahmbar der »reine« Widersinn von einer geringeren Bewußtheitsstufe aus ist, zeigen besonders deutlich die zahlreichen surrealistischen Machwerke, die nach dem Rezept schematisch aneinandergeklebter Gegensätze hergestellt sind: Hier findet zwar eventuell eine Äußerung von individuellem Symbolgehalt statt, jedoch gleichzeitig auch eine Ablehnung tiefenschichtiger Bewußtwerdung; es bleibt jener flache Witz, den selbst der wenig geübte Bildbetrachter unschwer von der befreiten Heiterkeit einer Zen-Anekdote zu unterscheiden vermag. Das im reinen Widersinn des Zen zutage tretende psychologische Raffinement – d.h. Läuterung im wörtlichsten Sinn – ist dabei von einer elementaren Erlebniswucht, der gegenüber auch das Raffinement des echten Surrealismus als bloße Schläue erscheint, und zwar als eine Schläue, die im Grunde noch das Selbst um seine Bewußtwerdung zu betrügen versucht.

Diese Ausdrucksweise mag zunächst etwas metaphysisch-unklar erscheinen. Doch wird das damit Gemeinte in schichtenreiner Deutlichkeit sichtbar, wenn wir uns nun vor Augen halten, daß das surrealistische Grauen aus dem Mangel einer Unterscheidung zwischen elementarangstüberwindender Ichauflösung und nihilistischer Selbstzerstörung hervorgeht. Dieser unserem Kulturstadium noch eigene Primitivismus im Wissen um Psychisches ist erst sehr allmählich zu überwinden durch das Geläufigwerden von wohldefinierenden Umschreibungen des Ich und Selbst in dem Sinne, wie wir sie im Anschluß an das psychologische Schichtenbild der Person gefunden haben. Durch eine solche Wohldefiniertheit wird es möglich, das ichhafte Moment des abendländischen Begriffszwanges wenigstens zunächst in seiner Wirkung zu durchschauen, um so allmählich die Voraussetzungen für eine bewußte Erweiterung des Ich- zum Selbsterlebnis anzubahnen.

Wir wissen auch bereits auf Grund der Auseinandersetzung mit dem Zen, daß diese Erweiterung sich im Individuum zwar nur langsam vorzubereiten pflegt, sich aber letztlich in spontaner Weise als persönlichkeitsumwälzendes, zentripetal gerichtetes Kipperlebnis vollzieht. Es war auch die Rede von der Gefahr des »halben« Erleuchtungs-Erlebnisses, und wir sind nunmehr in der Lage, diesen Zustand immer genauer zu umschreiben, da er weitgehend dem surrealistischen Erleben entspricht; das heißt, es handelt sich hier um eine Erlebnisrelativierung, die alles umfaßt außer dem Ich-Begriff. Dies muß zwangsläufig zu einer gefährlichen Erlebnishaltung führen; denn auf diese Weise werden zwar, ähnlich dem Zustand nach der Erleuchtung, allen übrigen Vorstellungsinhalten die investierten Libidomengen entzogen, womit sich das Ich seiner bisherigen Begriffsrüstung begibt – jedoch nicht, um das auf diese Weise verflüssigte Libidokapital im ichlosen Selbst zu jeweils freizügigem Libidowurf zu sammeln, sondern um es auf der als einziger nach wie vor absolutistisch festgehaltenen Ich-Vorstellung einfrieren zu lassen. Dies bedeutet nun nicht etwa eine Aufhebung des Dualismuserlebens, sondern vielmehr einen in ganz besonderer Weise gesteigerten Gegensatz, nämlich von einem solipsistisch-absoluten Ich als einzigem »Wert« einerseits und von einer unendlichen Leere – oder richtiger: von einem als bodenlos empfundenen Abgrund – andererseits. Im Zustand einer solchen solipsistisch einseitigen Anhäufung des Libidokapitals auf dem Ich-Erlebnis besteht also das Erlebnis von einem Dualismus, dem der gleichgewichtige Gegensatz (in Form sonstiger wertbetonter Begriffe) entzogen ist. Mag dieser gleichgewichtige Gegensatz auch nur scheinbar gewesen sein, so konnte er doch in einer geglaubten Wirklichkeit zum Ausgleich der Erlebniswaage dienen, während ohne diesen Ausgleich die einseitig mit dem Ich-Begriff beladene Waagschale widerstandslos ins Bodenlose des Nihilismus abzustürzen droht. Bei der sich so vollziehenden Selbstvernichtung ist die selbstmörderische Hand nur noch Mittel und Werkzeug eines übermächtig gewordenen Geschehens, über das das Ich schließlich jede Kontrolle verloren hat.

Ich- bzw. Begriffskatastrophen sind freilich nun auch dem fernöstlichen Erleben nicht völlig unbekannt. Wie etwa die Zen-Anekdote vom groben Meister Shôju und dem begriffswütigen Mönch Hakuin beweist, fühlt sich der die Gefahr der Situation erkennende Meister zu härtesten Mitteln veranlaßt, um einen solchen Zustand nicht lange bestehen zu lassen. Er mag zumal für den östlichen Menschen in Hinblick auf seine grundsätzlich höhere Bereitschaft zur Selbstaufgabe in jeder Form unter Umständen noch gefahrdrohender sein als für den ichbegriffsumgürteten Abendländer, der selbst noch aus dem nihilistischen Erleben das süße Gift einer ichgenießenden Verantwortungslosigkeit dem Kollektiv gegenüber zu saugen versteht. Auf diese Weise wird dem abendländischen Menschen seine Neigung zur solipsistischen Ich-Bezogenheit für eine mehr oder minder lange Frist sogar zu einem Schutz, ohne den zum Beispiel Erlebnisformen wie die surrealistische für längere Zeit überhaupt undenkbar wären. In diesem Ich-betonten Spiel mit dem Grauen kann nämlich das Erlebnisgleichgewicht dadurch gewahrt werden, daß dem bildschaffenden Tun (das heißt dem dynamischen Geschehen) gerade um seiner expliziten Ich-Bezüglichkeit willen ein ähnlicher Libidobetrag zugemessen wird wie dem latenten Ich-Begriff. Von einem solchen nur noch zweipoligen Libidosystem pflegt der metaphysische Moralist in tadelnder Weise als »Eitelkeit« zu sprechen, ohne sich darüber klar zu sein, daß es sich hier um einen Akt der Notwehr gegenüber den Gefahren des Nihilismus handelt. Die Notwehrhaltung wird unmittelbar im Bildausdruck sichtbar in Gestalt der Neigung mancher surrealistischen Maler, ihre Individualsymbolik mehr und mehr auf Kosten des surrealistischen Spontan-Imperativs zu sorgfältig ausgear-

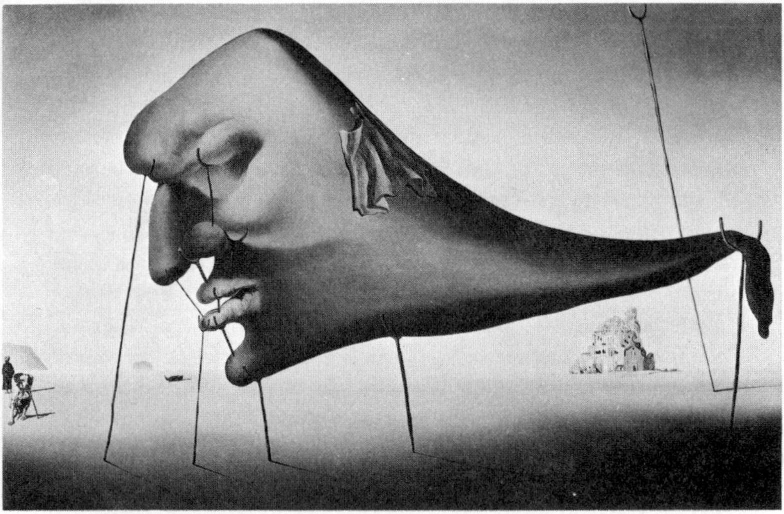

Salvador Dali, Der Schlaf, 1937; Privatbesitz

beiteten Systemen auszubauen, also hinter dem formalistischen Schutzwall einer »gewußten« Symbolkonstanz nicht eine Ich-auflösende, sondern vielmehr Ich-betonende Selbstdarstellung zu pflegen.

Dies führt zu einer surrealistischen Nebenlinie, die zweifellos von hohem psychologischen Interesse ist, da sie z. B. bildhaft genaue Einblicke in das Entstehen und die Wandlungen von Individualsymbolen sowie von Symbolbesessenheit gestattet. Dali ist nach eigenem Bekenntnis ein Beispiel dafür. Der hier eingeschlagene Erlebnisweg führt indessen fort von dem eigentlichen kulturvorausschauenden Moment des Surrealismus, das mit der Spontanregel bereits auf einen totalen Relativismus hindeutet. An dessen Stelle tritt vielmehr in der bewußten Symbolpflege sozusagen eine experimentelle Magie, bei der die Bildausdrücke zum Fetisch werden. Daß im übrigen diese Art des Sichfestklammerns angesichts des nihilistischen Abgrundes ebenfalls nicht gefahrlos ist, zeigt jener in der Geschichte der Tiefenpsychologie bekannt gewordene, merkwürdige Fall des Theologen Franz Xaver Staudenmeyer, weiland Professor am Priesterseminar zu Freising, der bereits vor mehr als einem halben Jahrhundert echten Surrealismus mit Schaffung einer umfangreichen Individualsymbolik von hohem Libidogehalt am eigenen Leibe vorexerzierte, wie sein kurioses Buch »Experimentelle Magie« beweist. Dieser Surrealismus endete in einer ebenso echten Besessenheit des Herrn Professor, was auf jeden Fall einerseits dessen leidenschaftliche Libidoinvestierung wie auch andererseits seine Fixierung an die Ich-Vorstellung beweist.

So drohen dem surrealistischen Abenteurer Scylla und Charybdis von Nihilismus und Besessenheit. Wir erkennen hieran die ganze Schwierigkeit nicht nur des surrealistischen, sondern des gesamtabendländischen Weges zur Selbstfindung, auf dem der moderne Maler vergleichsweise bis zu jener Stelle vorgedrungen ist, von der aus der Mönch Tao-ch'ien seine mühselige Wanderschaft begann – nur fehlen dem Abendländer die erfahrene Führung des Freundes und der Schutz eines vorbildgebenden Kulturmilieus. Mit anderen Worten: Der surrealistische Maler kämpft zwar in einer mehr und mehr relativistischen Bewußtheit um die Auflösung der stets an den Ich-Begriff gebundenen, letztlich nihilistischen Proteste und gegen die von eben diesem Ich ausgeformten Begriffs- und Dingvorstellungen; er hat aber noch keine Vorstellung von dem zu erreichenden Zustand des Totalrelativismus. Dieser kann erst dann eintreten, wenn die Auflösung der Begriffs- und Dingvorstellungen auch nicht mehr von dem Ich-Begriff, beziehungsweise dem Ich-Ding (als Ding unter Dingen) haltmacht, das heißt, wenn die gesamten, gegen eine scheinbare Außenwelt gezogenen Erlebnisgrenzen höchstbewußt zur Auflösung gebracht sind. Erst die mit der Beseitigung dieser letzten absolutistisch-dualistischen Vorstellung erreichbare totale Vorstellungsfreizügigkeit bedeutet ein Überwachsen jedes Protestbedürfnisses als letztmögliche Bewußtheitsstufe mit der Überwindung der bisher in der Vorstellung vom »Ende« des Ich-Dinges im Tode gipfelnden Elementarangstvorstellung.

Das Identitätserlebnis von Ich und Welt. Die große Bejahung

Die Lösung von jedem Vorstellungszwang im Identitätserlebnis von Selbst und Welt bedeutet infolge des fehlenden Protestbedürfnisses und des damit unmöglich gewordenen nihilistischen Erlebens nicht anderes als die »Große Bejahung«. Diese läßt sich auch umschreiben als Anerkennung aller Vorstellungen als gleich »möglich« in einer nun grenzenlos gewordenen Wirklichkeit. In dieser grenzenlosen Wirklichkeit ist es gleichgültig geworden, ob die Dinge »sind« oder nur vorgestellt werden. Damit ist das Seins-Problem – sozusagen in einem Über-Existentialismus – überwachsen. Das bedeutet, daß alles diesbezügliche philosophische Grübeln sinnlos geworden ist, indem allen Dingen und Begriffen (einschließlich des Ich) erklärtermaßen alle Eigenwerte entzogen sind; das heißt, die bisher darauf festgefrorenen Libidomengen werden flüssig gemacht und auf ein Ich-loses totales Selbsterlebnis versammelt. Es wird ein Zustand zur dauernden Bewußtheit erhoben, wie er dem Abendländer andeutungsweise im Traumerlebnis begegnet, von dem Heinrich v. Kleist in dichterischer Hellsichtigkeit ein rundes Jahrhundert vor der Entfaltung der Psychologie das total Selbsthafte erkennt, indem er sagt: »Im Traum ist man alles selber: Der Träumer und alles Geträumte – Personen, Dinge, Umgebung, Vorgänge.«

Nur ein Selbsterlebnis, das sich seiner Identität mit der »Welt« bewußt ist, vermag bis zu dieser Vorstellungsform auch im wachen Zustand vorzustoßen. Eine solche totale Einbeziehung alles Vorstellbaren in das Selbsterlebnis bedeutet das bewußte Zusammenfassen aller Gegensätze in diesem Selbst in Form einer totalen Erlebnisbejahung gegenüber einer ebenso scheinbaren wie grenzenlosen Wirklichkeit. Um ein solches Erlebnis auszudrücken und mitzuteilen, kann es schlechterdings nur eine einzige Darstellungsform geben: die vom physiologischen Sinnenerlebnis unabhängige, sogenannte »widersinnige« Verknüpfung einzelner Vorstellungselemente. Dies ist es, was auf richtungsmäßig gleiche, aber bewußtheitsmäßig verschiedene Weise im Traumerlebnis wie im surrealistischen Bild und endlich in der Zen-Anekdote geschieht. Eben in dem Maße des dabei jeweils bestehenden Bewußtheitsgrades verschwindet die Möglichkeit des Grauens, das dementsprechend im Albtraum seinen Höhepunkt und im Zen-Erlebnis seine Auflösung erreicht. Dies deckt sich mit den psychotherapeutischen Erfahrungen des Autors der vorliegenden Betrachtung, daß hohe Bewußtheitsformen zwar nicht unter allen Umständen erinnerte Träume ausschließen (nämlich dann nicht, wenn irgendwelche Inhalte des Tageserlebnisses nicht ausdrücklich zur Bewußtheit erhoben wurden), wohl aber das Gefühl des Grauens sowohl während des Traumes

René Magritte, Der große Krieg, 1964; Privatbesitz

selbst als auch beim Erwachen verhindern, sogar bei Traumbildern, die im üblichen Sinn als grauenerregend zu bezeichnen wären. Hier zeigt sich, ob sich im Individuum jener schichtenverbindende Bewußtheitsdurchbruch vollzogen hat, der ihm den Sprung ins scheinbar Bodenlose der totalen Relativität gestattet, und zwar ohne etwa an einen persönlichen »Mut« zu appellieren. Diese Erlebnishaltung ist vielmehr die reife Frucht einer Selbstfindung, wie sie dem fernöstlichen Zen-Jünger schließlich im Beschreiten des »rechten Weges« als Wirkung des Tao »von selbst« zufällt; es gelingt ihm, sein »absichtlich absichtsloses Handeln« bis ans Ende des grundsätzlich Möglichen, das heißt bis zum Tode, auf den praktischen Zweck der Erhaltung des Selbst im Wohlbefinden im physisch-psychisch umfassendsten Sinn hin zu orientieren. Dieses Wohlbefinden des bewußt »dargelebten Selbst« wird beispielsweise verdeutlicht in der Anekdote vom Meister, der zu essen und zu schlafen und, wie wir nun mit Sicherheit annehmen dürfen, schließlich auch zu sterben versteht. Die dunkle Sehnsucht nach solchem in allen Situationen gemäßen Verhalten und dem daraus resultierenden Wohlbefinden klingt auch im Erlebnis des Surrealismus bereits von ferne an; ein gewisses physisch-psychisches Entspannungsgefühl im Anschluß an eine geglückte Spontanentladung im surrealistischen Bildausdruck vermittelt dem Maler eine allererste Ahnung davon. Diese Ahnung des Surrealismus muß jedoch unvollkommen bleiben, und wir können hierfür nun auch den genauen Grund angeben. Er besteht darin, daß der Surrealismus lediglich eine der beiden Komponenten darstellt, die nur gemeinsam aus dem nihilistischen Expressionismus herauszuführen imstande sind. Um das zu verstehen, bedarf es eines Blicks auf die Situation des malerischen Avantgardismus mit den beiden Bastionen »vorgegenständliche Malerei« und »Surrealismus«. Beide stellen Versuche dar, erwachsen aus dem Bedürfnis nach Überwindung der nihilistischen Tendenz des psychischen Expressionismus.

Die Spaltung »Vorgegenständlichkeit – Surrealismus« als Bewußtwerdungsschritt

Die Spaltung der Avantgarde »hie Vorgegenständliche – hie Surrealisten« bedeutet in der Geschichte der modernen Malerei einen Bewußtwerdungsschritt besonderer Art, insofern jede der beiden Richtungen aus dem nihilistischen Expressionismus jeweils eine der beiden bisher implizit darin enthaltenen Erlebniskomponenten mit erstaunlicher, weil unbewußter Zielsicherheit, geradezu einem anatomischen Präparat vergleichbar, herausseziert hat. Die vorgegenständliche Malerei stellt dabei die Komponente konsequenter Zentripetalität mit strengster Standpunktswahl der Selbstsuche im theoretisch äußersten Solipsismus dar. Hier wird der Blick mit letztmöglicher Introversion nicht einmal mehr hinauserhoben über die Schicht des *Elementar*erlebnisses von Farbe und Form. Das bedeutet in der Topographie des Schichtenbildes, also statisch gesehen, eine bewußte Erlebnisbeschneidung. Aus dieser künstlich vereinfachten Situation heraus ließ sich auch die damit verbundene Dynamik, d. h. die diesbezügliche Elementare Erlebniskette, ohne besondere Schwierigkeiten umreißen.

Die Ermittlung des Dynamismus der surrealistischen Malerei dagegen, also deren Elementare Erlebniskette von gleicher Bewußtheitshöhe, bereitete erheblich größere Schwierigkeiten – wie wir jetzt sagen können: begreiflicherweise. Denn hier geht es – für den Maler noch vorläufig in ebenso weitgehender Unbewußtheit – in unserer Kultur um einen Erstmaligkeitsausdruck totaler (psychologischer) Relativität, ein Erlebnis, das die vorgegenständliche Malerei automatisch ausklammert eben durch die mit äußerster Introversion vollzogene Standpunktswahl in der biologisch-axiomatischen Schicht des noch zwiespaltlosen elementaren Farb-Form-Erlebnisses. In Umkehrung der Blickrichtung wendet dagegen die surrealistische Malerei ihr Augenmerk in relativer Extraversion auf den assoziativen Zustrom von Einfällen aus allen beliebigen Vorstellungsbereichen. Die freizügigen, willkürlichen Verknüpfungen im surrealistischen Bild sollen die Möglichkeit aller Möglichkeiten ausdrücken – das ist eben die totale Relativität etwa nach dem Motto: »Es gibt nichts, was es nicht gäbe; nur daß es etwas nicht gäbe, gibt es nicht.« Das kann implizit in letzter Konsequenz einmal auch ein alle Schichten der Person gleichermaßen durchgreifendes Selbst- bzw. Welterlebnis bedeuten.

Mit anderen Worten: Wenn in der vorgegenständlichen Malerei jeder irgendwie eine Dingwirklichkeit streifende Ausdruck und damit auch Begriff ahnungsvoll introvertiert vermieden wird, so wird im Surrealismus der Ding- und damit auch jeder davon abstrahierbare Begriff nicht weniger ahnungsvoll extrovertiert als betonter Willkürakt dargetan.

Wie alle extremen psychischen Ausdrücke gewinnen auch diese beiden Malrichtungen der Vorgegenständlichkeit und des Surrealismus noch an psychologischer Anschaulichkeit, indem wir sie richtungsweise pathologischen Erlebnisformen zuordnen, um durch solche Übersteigerungen möglichst scharf umrissene, einprägsame Vorstellungen zu schaffen. So zielt, wie wir gesehen haben, der Surrealismus in die Richtung des Krankheitsbildes der Schizophrenie, also des Wahnhaften, während die vorgegenständlichen Malformen in die Richtung des manischen Krankheitsbildes weisen mit seinen depressiv-euphorischen Stimmungszyklen ohne sachlich-begriffliche Bezüge. Beide Krankheitsbilder stellen damit – sozusagen als Bilder expressionistischer Grotesken – die Erlebnispole dar, auf die sich die gesamten Möglichkeiten menschlichen Selbst- bzw. Welterlebens beziehen lassen.

4. Zusammenfassende psychologische Bestimmung des Surrealismus

Wir sind nach dem Gesagten nun in der Lage, die psychische Situation des surrealistischen Malers hinsichtlich seines Ich- bzw. Selbsterlebnisses in der Gegenüberstellung mit dem Zen-Erlebnis folgendermaßen zusammenfassend zu umschreiben: Der Surrealismus hat zwar einen in die Richtung der Zen-Anekdoten zielenden malerischen Ausdruck gefunden, ohne diesen jedoch vorläufig von der ichhaften Komponente wahnhaften Grauens entbinden zu können. So bleibt ihm die praktische Verwendung seines Ausdrucks als Vehikel zur »Durchquerung der Leere« noch verwehrt. Die Findung des surrealistischen Ausdrucks erfolgte trotzdem in einem »glücklichen Griff«, wie er letztlich hinter allen avantgardistischen Malformen steht: Als ahnungsvolles Pochen an ein Erlebnistor, dessen Bedeutung erst allmählich im Zusammenhang mit dem zunehmenden Bewußtwerden der zugrundeliegenden Elementaren Erlebniskette sichtbar wird. Als letzte und allerdings recht gewichtige Hemmung beim Aufstoßen dieses Tores haben wir die arteigene abendländische Ichbezogenheit gefunden. Dementsprechend begnügt sich der Surrealismus vorläufig mit dem malerischen Ausdrucksgestalten vom Erlebnis des Sprungs ins scheinbar Bodenlose des totalen Relativismus, und zwar durch die Darstellung, wie es einem Ich zumute wäre, wenn es ihm gelänge, den Mut zu diesem Sprung zu finden – einen Mut, von dem wir wissen, daß er im wahrsten Wortsinn übermenschlich wäre. Damit bleibt dem Surrealismus in seinem bildnerischen Spiel mit Vorstellungsmöglichkeiten trotz des dahinterstehenden leidenschaftlichen Protestes die Gewinnung methodischer Wirkung verwehrt.

Die vorgegenständliche Malerei dagegen hat in ihrem voraussetzungslosen Ausdruckstun noch ohne jeden Dingbezug und damit ohne expliziten Protest die praktische Methode zur Gewinnung des totalen Selbsterlebnisses gefunden, kann aber davon ebensowenig einen begriffauflösenden praktischen Gebrauch machen, da sie ja das Ding und die davon abgeleiteten Begriffe verneint oder richtiger: noch gar nicht kennt.

Wir verstehen nun, daß die Tuschemalereien der Zen-Künstler in ihren zwar vorgegenständlich funktionierenden Bildrhythmen, doch mit gegenständlichem Bezug, eine vollkommene Synthese der beiden genannten Erlebnispole gefunden haben.

Damit sind wir am Ende unserer Theorie vom Surrealismus. Die bei ihrer Konzeption vor über 40 Jahren gezogene Schlußfolgerung, daß der im psychologischen Sinn extreme Expressionismus des Surrealismus nicht Ende, sondern neuer Anstoß für die Malerei einer künftigen Avantgarde bedeute, hat sich inzwischen bestätigt. Der Vergleich mit dem nach wie vor bewußtseinshöheren Zen eröffnet auch weiterhin den Ausblick auf deren zunächst formalbildnerisches Ringen, das schließlich zu einem bewußtheitsgesteigerten Weltbild führen muß.

Ehe wir die Wege zu neuen Ausdrucksformen in einem Kapitel mit der Fragestellung »Was hat moderne Kunst mit Kunst zu tun?« unter einem gemeinsamen Gesichtswinkel zu umreißen suchen, seien unsere bisherigen Analyseergebnisse in ihrer Bedeutung für die künftige Entwicklung kurz zusammengefaßt.

5. Ausblick auf künftige Möglichkeiten

Um die künftigen Möglichkeiten des malerischen Avantgardismus und seiner weltanschaulichen Perspektiven abzuschätzen, bietet uns das bisher Gesagte folgende vier allgemeine Gesichtspunkte:

1. Es gibt Höchstbewußtheitsformen, die das dualistisch orientierte Ich-Bewußtsein zum dualismusüberwindenden Selbsterlebnis ausweiten.

2. Die Methodik, um solche Höchstbewußtheitsformen zu gewinnen, kann nur aus den arteigenen Möglichkeiten eines Kulturkreises geschöpft werden.

3. Diese Methodik läßt sich sicher nicht auf dem Wege der Wissensbildung allein, sondern nur in Verbindung mit geeigneter Erlebnisschulung entwickeln. Das heißt auf unseren Kulturkreis bezogen: Es ist aussichtslos, die dem Abendländer bisher unübersteigbare Mauer seines elementar- bzw. kulturangstgeplagten Ich-Erlebnisses im intellektuellen Ansturm allein überwinden zu wollen.

4. Die Ausformung einer zum höchstbewußten Selbsterlebnis führenden Methodik bezeichnet den Eintritt einer Kultur in ihre letzte, neuzeitliche Entwicklungsphase.

Diesen vier allgemeinen Gesichtspunkten lassen sich drei speziell auf die Malerei bezogene anfügen:

1. Wandlungen des kollektiven Bewußtheitsgrades finden in unserem Kulturkreis ihren ersten, noch vorbegrifflichen Niederschlag im Bildnerischen, insbesondere im malerischen Avantgardismus.

2. Die nihilistische Stufe des psychischen Expressionismus hat in vorgegenständlicher Malerei und Surrealismus zwei einander polar gegenüberstehende Versuche des Protestes gegen den zivilisatorisch-organisatorischen Begriffszwang auf den Plan gerufen, die sich auf Grund ihrer Polarität bewußt befehden und unbewußt ergänzen.

3. Vorgegenständliche Malerei und Surrealismus stellen in vorbegrifflich-unbewußter Form die beiden Komponenten des Erlebnisweges dar, auf dem ein Überwachsen der dualistischen Begriffszwiespalte vorgestellt werden kann.

Im einzelnen gesehen, schöpft die vorgegenständliche Malerei ihren Ausdruck ausschließlich aus der axiomatisch-physiognomischen und damit vorbegrifflichen Erlebnisschicht, als ob es die Dinge und damit auch die Begriffe noch nicht gäbe. Unter dieser Arbeitshypothese kann sie also auch keine Begriffsgegensätze, keinen Dualismus kennen. Das solchermaßen voraussetzungslose Ausdruckstun der vorgegenständlichen Malerei ist somit theoretisch fähig, bei vollkommener Hingabe das vom Umwelterlebnis noch ungebrochene Selbst in reiner, dualismusfreier, wenn auch noch völlig unbewußter Form zu spiegeln im Sinne der Zen-Aufforderung: »Zeige mir dein Antlitz, ehe du geboren wurdest.« Die vorgegenständliche Malerei hat damit eine vollendete

Piet Mondrian, Komposition im Oval, 1914; Gemeente Museum, Den Haag

Sengai, Weit und Klar; Privatbesitz

Wegvorstellung zur Dualismusüberwindung gefunden. Sie hat den goldenen Schlüssel zum Schloß der totalen Selbstfindung in Händen, jedoch ohne sich der Beziehung von Schloß und Schlüssel bewußt werden zu können.

Der Surrealismus dagegen schöpft seinen Ausdruck aus dem Bedürfnis nach Überwindung dualistischer Vorstellungen. Seine Suche des totalen Selbst führte ihn zur Zerstörung von Ding- und Begriffsgrenzen. Er demonstriert dieses Bedürfnis nach begriffsüberwindender Vorstellungsfreizügigkeit anschaulich im Bilde sogenannter absurder Ding- und Dingteil-Beziehungen. Da aber seine Bildelemente und ihre Verbindungen als Individualsymbole, das heißt in besonders hohem Maße Ich-bezogen, geschöpft sind, gelingt ihm kein ich- bzw. dualismusüberwindendes Hingabeerlebnis. Im Surrealismus muß also eine bereits vergleichsweise hochbewußte Bedürfnisvorstellung ohne ausreichend klare Zielvorstellung in einer ungenügenden Wegvorstellung befangen bleiben. Es kann somit auch hier zu keinem tiefenschichtigen, persönlichkeitserschütternden Erlebnisdurchbruch kommen.

Stellen wir nun vorgegenständliche Malerei und Surrealismus hinsichtlich ihrer möglichen Bedeutung für die Gewinnung einer im totalen Sinne das Selbst findenden Methode einander gegenüber, so läßt sich erkennen: Diese Aufgabe wäre zu lösen, wenn es gelänge, eine Bedürfnisvorstellung von der Tendenz des Surrealimus mit der Wegvorstellung der vorgegenständlichen Malerei zu verbinden. Dann wäre nämlich zu erwarten, daß sich im bewußtheitssteigernden Ablauf der diesbezüglichen Elementaren Erlebnisketten eine Zielvorstellung von ausreichender Bewußtheitshöhe einstellen würde, die Schlüssel und Schloß zusammenfinden ließe, das heißt, zu einer bewußten Anwendung der Wegvorstellung führen würde.

Ins Malerisch-Anschauliche übersetzt, heißt das: Wenn es gelingt, eine bildmäßige Koppelung von vorgegenständlicher Malerei und Surrealismus zu finden, dann wäre in musisch-vorbegrifflicher Form der Formalausdruck einer spezifisch abendländischen Methode der totalen Selbstfindung erstmalig umrissen.

Diese Vorstellungen haben die Avantgarde der fünfziger Jahre bewegt. Sie hat ihre diesbezüglichen Bemühungen »Neue Figuration« genannt, was, wie fast alle Malerbegriffe, die intellektuelle Hilflosigkeit spiegelt, mit welcher der seiner Zeit voraustastende Künstler seinen eigenen Werken gegenübersteht. Jackson Pollocks »schwarze Bilder« seiner letzten Jahre (1954–57), in denen sich aus dichten, vorgegenständlichen Strukturen lemurenhafte Schemen und Teile von solchen entbinden, sind besonders anschauliche Beispiele für eine sich hier anbahnende Wandlung und überdies dafür, zu welchen leidenschaftlichen Ausdrucksgestaltungen vorgegenständliche Malerei zu führen vermag.

So wie bei Pollock sind es in den Bildern dieser Richtung stets an Quasi-Menschliches erinnernde Gestaltstrukturen, die meist aus einem Farb-Form-Plasma auftauchen. Diese Gebilde lassen noch jede Eindeutigkeit vermissen. Sie müssen aus den umgebenden vorgegenständlichen Strukturen gleichsam herausgelesen werden. Hier wird Erleben unmittelbar in *statu nascendi* gezeigt. Es handelt sich um ein voraussetzungsloses Ausdruckstun, in dem die dogmatische Schichtenbeschränkung der vorgegenständlichen Malerei überwachsen wurde. Das macht die Bahn frei für eine Bewußtheitssteigerung der vorgegenständlichen Komponente in Richtung auf einen begriffsbefreiten Dingbezug im Sinne des Zufälligen, wie wir es im Zusammenhang mit dem Objet trouvé kennengelernt haben. Man kann sich des Eindrucks nicht erwehren: Noch einige Schritte weiter in dieser Richtung, und man betritt

Ausdrucks- und Erlebnisräume, wie sie von den Tuschmalereien eines Hakuin ausgeschritten werden – womit es gelänge, endlich den dazugehörigen, schichtendurchschlagenden Akt zur Befreiung aus dem Begriffskäfig zu vollziehen. Pollocks schwarze Konfigurationen berufen sich zwar nur auf vorgegenständliche Malerei, nicht aber auf den Surrealismus. Trotzdem läßt sich aus psychologisch-erkenntniskritischer Sicht der Einfluß des Surrealismus angesichts der absurden Dingstrukturen nicht leugnen. Dem surrealistischen Gedanken kann sich niemand mehr ganz entziehen, der mit ihm irgendwie in Berührung gekommen ist – und sei es auch nur als gegen die surrealistische Malerei aufgebrachter Kollege von der anderen Richtung. Dieser unwiderstehliche, allgemein surrealistische Sog, nicht nur im Kunstbereich, wird für unsere Kulturepoche mehr und mehr kennzeichnend.

Im erklärten Surrealismus wurde der Scheinwerfer des Bewußtseins unwiderruflich auf die Tatsache gerichtet, daß wir nicht nur im Traum, sondern auch im Wachen einem spontanen, unkontrollierten (das heißt eben surrealistischen) Erlebnisstrom von Vorbegrifflichem und Individualsymbolen ausgeliefert sind, der nur gelegentlich einer zielgerichteten Tätigkeit (wozu auch das geordnete Denken gehört) in das kollektive Kanalbett des sogenannten Logisch-Funktionellen gelenkt wird. Es ist begreiflich, daß das zunehmend intensivierte zivilisatorisch-organisatorische Getriebe, das das Verhalten jedes einzelnen, vom Bauern bis zum Wissenschaftler, immer mehr in diesen Kanal des Logisch-Funktionellen zwingt, im solchermaßen vergewaltigten Individuum die Sehnsucht nach dem freien surrealistischen Erlebnisstrom herausfordert, mag es sich dessen auch nicht bewußt sein.

Wie elementar sich diese Sehnsucht nicht etwa nur im problemsüchtigen sogenannten Kulturträger, sondern nicht minder in einfachen Gemütern auswirken kann, dafür stößt man in Frankreichs Städten auf Schritt und Tritt auf ein rührend-groteskes Beispiel in der öffentlichen, stillen Brüderschaft der Clochards – jener Menschen, die ein sozusagen pervertiertes Mönchsdasein unter härtesten äußeren Daseinsbedingungen inmitten der Großstadtgesellschaft auf sich nehmen, nicht betteln und nicht arbeiten, sondern – man ist versucht, zu sagen: auf Zen-Weise – mit echter Hingabe sich im Nichtstun üben. Dazu noch als Schlaglicht die Feststellung (die ich täglich machen kann, da ich nahe den alten Brücken im Zentrum von Paris wohne), daß die Clochards von Jung und Alt, einschließlich der Polizei respektiert werden. Diese kollektive Anerkennung des Clochard-Daseins erwächst aus der uneingestandenen, geheimen Sehnsucht des angepaßten, im Zivilisationskanal mitschwimmenden Bürgers nach einem dunkel geahnten, freieren und damit letztlich surrealistischen Erlebnisstrom. Diese für den französischen Lebensraum typische, lockere Kollektivhaltung machte es möglich, daß dort die borniert-aggressive Haltung avantgardistischer Malerei gegenüber, wie sie in Deutschland noch vor einigen Jahrzehnten zur Bürgertugend gehörte, unbekannt geblieben ist. Wenn man sich in Frankreich um moderne Malerei balgte, daß die Federn und manchmal auch die Haare flogen, war dies im großen und ganzen eine Sache der Maler und ihres literarischen Anhangs, wie die Geschichte des Surrealismus besonders anschaulich zeigt.

Der malerische Surrealismus hat neben der Psychoanalyse dazu geführt, die Hoffnungen der Jahrhundertwende auf die nun sofort und allein seligmachende Wissenschaft im Kollektiv gründlicher zu erschüttern, als dies zunächst den Anschein hat. Unser Kulturkollektiv kommt nicht zuletzt dank der avantgardistischen Malerei mehr und mehr dazu, sich an wissenschaftlich Unmögliches, Absurdes zu gewöhnen.

Unser ganzes Leben kann als ein surrealistischer Ausdruck empfunden werden, der nur gelegentlich unterbrochen wird durch Gedankenfolgen und Tätigkeiten, die nach der Übereinkunft einer eben deshalb traditionell gewordenen, funktionellen Gesetzmäßigkeit ausgeführt werden. So gesehen, vollzieht sich der latente Erlebnisstrom nicht anders als der Traum – nur mit dem Unterschied, daß wir im Traum von den konventionellen Appellen aus der Umwelt weitgehend verschont bleiben.

Man ist versucht zu sagen: Unter diesem Aspekt könne man ebensogut den kontinuierlichen, surreal-individuellen Erlebnisstrom als die jeweils eigentliche, weil individuell erlebte Wirklichkeit bezeichnen und die kollektive Wirklichkeit logischer Übereinkünfte als die Einzelwirklichkeiten theoretisch übergreifende Überwirklichkeit, als Surrealismus.

Hier steuert das Weltbild unserer Kultur sichtlich dem Bewußtseinszustand des Zen-Jüngers zu, in dem Berge nicht mehr Berge und Gewässer keine Gewässer sind. Dieser gefühlsgesteuerte, intellektuelle Schwebezustand, der, wie wir vom Zen her wissen, dem total-relativen Erleben vorausgeht, kann nicht auf die Dauer aufrechterhalten werden, am allerwenigsten in einem Kulturkollektiv, dessen Leitbild nach wie vor die wissenschaftliche Theorie ist. Die Erfahrungen abendländischer Psychotherapie zeigen: Unsere Kulturepoche des solchermaßen erklärten Surrealismus entspricht einem jener scheinbaren Bewußtseinsrückschläge, die von der Behandlung individueller Neurosen her wohlbekannt sind; man weiß zwar nie, wann es sich um den letzten dieser scheinbaren Rückschläge vor dem endgültigen Bewußtheitsdurchbruch handelt, aber man weiß, daß gerade ihr bewußtgemachtes und bewußtmachendes Durchleben den psychischen Reifeprozeß bedeutet, der schließlich zum angestrebten Erlebnisaustausch führt, wenn es gelingt, die nihilistische Katastrophe etwa eines Kirkegaard zu vermeiden.

Was für diese sozusagen »kleine Befreiung« in der bisherigen abendländischen Psychotherapie gültig ist, gilt auch für die Große Befreiung im Stile der Zen-Erleuchtung. Gerade im bewußten Durchleben einer Kette von scheinbaren Rückschlägen erfährt das Individuum wie auch das Kulturkollektiv die notwendige Erlebnisschulung, um schließlich vor höchstbewußten Bedürfnis-, Ziel- und Wegvorstellungen nicht nur intellektuell, sondern auch gefühlsmäßig nicht zurückzuschrecken. Das führt bei methodisch geübter Erlebnishingabe, wie sie Zen im einfachen Tun lehrt, den Bewußtwerdungsprozeß abschließend, zur dualismus-überwindenden Verschmelzung des individuellen Wirklichkeitserlebnisses vom Absurden mit dem traditionell-funktionell ausgerichteten Umwelterlebnis, das offenbar in der mittleren Periode jeder Hochkultur die wichtigste, aber in ihrer Relativität noch nicht erkannte zwischenmenschliche Gemeinsamkeit ausmacht.

Man wird zunehmend besser verstehen, daß ein höchstbewußter Zusammenprall eines Innen mit einem scheinbaren Außen als persönlichkeits- und weltbildumwälzende Erschütterung erlebt wird. »Der Sack ist aufgeplatzt«, oder auch: »Der Krug ist durchgebrochen«, sagt Zen von dieser Ausweitung des Ich zum Selbst.

Wir können hinzufügen: Die Gewöhnung an die Vorstellung von Absurdem ist es, die gleichzeitig den Horror des ichverhafteten Individuums vor total-relativen Erlebnissen überwachsen hilft – einen Horror, der die spezifisch abendländische Kulturangst ausmacht. In der Gewöhnung an absurde Vorstellungen bereitet sich also die Ichauflösung vor, und zwar über das Bewußtsein, d.h. im Schichtenbild ausgedrückt,

»von oben her«. Nur von dieser Richtung her ist dem theoriebesessenen Abendländer beizukommen. Auf diese Weise wird es ihm möglich, seine Vorbereitungen für eine Erlebnisumstellung zu treffen.

Die Auslösung der Erlebnisumstellung, d. h. das Hingabeverhalten im totalen Libidowurf, kann natürlich auch beim Abendländer nur aus den Wurzeln des Selbst, also »von unten«, von den Tiefenschichten her erfolgen. Das wird aber um so leichter gelingen, je weitergehend die intellektuellen Widerstände dagegen abgebaut sind, d.h. wenn das Individuum die theoretisch untermauerte Überzeugung von der Notwendigkeit und Möglichkeit gewonnen hat. Dies stimmt überein mit den abendländischen Erfahrungen geglückter analytischer Therapien, wobei dem aus dem Gleichgewicht Geratenen nicht nur über eine augenblickliche Krise hinweggeholfen, sondern ihm in einem damit eingeleiteten fortschreitenden Reifungsprozeß ermöglicht wird, die im biologischen Wandel unausweichlichen, künftigen Lebensprobleme aus eigener Kraft zu meistern.

Ähnlich Zen, weiß auch diese abendländische Therapie, daß die Tiefenschichten am unmittelbarsten durch physisches Verhalten, durch Tun angesprochen werden. Es geht also darum, ein geeignetes Tun zu finden oder auch zu erfinden. Das unmittelbar den Tiefenschichten verbundene Tun ist das vorbegriffliche, vor-zweckhafte, mit einem Wort: voraussetzungslose Tun, das – da es eines Antriebes bedarf – zwangsläufig ein Ausdruckstun ist. Voraussetzungsloses Ausdruckstun findet sich in der Malerei der Avantgarde. Sie zielt in die Richtung der Zen-Künste der Tuschmalerei und des Bogenschießens, so daß man zu sagen geneigt ist, wenn es sie noch nicht gäbe, müßte sie für psychotherapeutische Zwecke erfunden werden. In ihrer untergründigen, gegengewichtigen Bedeutung für unsere zivilisatorisch-organisatorisch wuchernde Kulturepoche findet die andernfalls unverständlich große Breitenwirkung des malerischen Avantgardismus ihre natürliche Erklärung. Unter diesem Aspekt werden voraussetzungsloses Ausdruckstun und strenge Theorie als die beiden Pole erkennbar, die das Kraftfeld der abendländischen Kultur bestimmen und deren Synthese dementsprechend auch die via regia abendländischer Selbstfindungsmethodik darstellt. Trotzdem dürfen wir uns nicht darüber täuschen:

Der abendländisch-arteigene Bewußtwerdungsweg unter Zuhilfenahme einer vollkommenen Theorie bedeutet für die Verwirklichung der Selbstfindung als tatsächliche Lebenspraktik eine Stärke und eine Schwäche zugleich. Die Stärke besteht darin, daß es möglich wird, das totale Selbst in seinen einzelnen Erlebniszusammenhängen erschöpfend abzubilden, also die Zusammenhänge beschreibbar zu machen. Mit der theoretisch aufgedeckten Notwendigkeit des überbegrifflichen Erlebens zum Zweck der Angstüberwindung ist der Gipfelpunkt der wissensmäßigen Verständlichmachung dieser Zusammenhänge erreicht. – Eine solche Möglichkeit der höchstbewußten Mitteilung in begrifflicher Form bedingt gleichzeitig die Schwäche der abendländischen Theorie; denn sie gestattet im Wissen eine nur vorgestellte Teilhabe, ohne zwingenderweise dieses Gewußte als Eigenerlebnis lebendig machen zu müssen. Ohne Eigenerlebnis aber bleibt auch das vollkommenste Gedankengebäude für die individuelle Angstbefreiung und damit für die Selbstfindung in der großen Bejahung ohne unmittelbare Bedeutung. Hier gilt das Zen-Wort: »Gedanken ohne praktische Wirkung sind wertlos« in seiner ganzen Wucht.

Der Weg, der vom erlernbaren Wissen zum errungenen Erlebnis führt, verläuft unter ganz anderen und für den Abendländer schwierigeren Bedingungen als der Weg zum Wissen. Denn diese Bedingungen bestehen gerade darin, das auf sich zu nehmen, was der abendländische Mensch durch die Entfaltung seiner arteigenen Wissenskultur im höchsten Maße sublimierend vermeiden will, nämlich das bedingungslose Hingabeverhalten im totalen Libidowurf. Angesichts der arteigenen kollektiven Strukturtendenz des abendländischen Menschen zur Ichbewahrung wird es sich also darum handeln, die Methode des voraussetzungslosen Ausdruckstuns, sei es auf dem Wege der vorgegenständlichen Malerei oder wie immer gewonnen, mit der Bewußtwerdung von ihrer praktisch möglichen Zielsetzung zu verbinden.

Mit einem Ingangsetzen des überbegrifflichen Hingabeprozesses vom Physiologischen her und der dadurch wenigstens vorübergehenden Ausschaltung der im Psychischen begründeten Hemmungen lassen sich also für den Abendländer die bestmöglichen Voraussetzungen für einen Erlebniswandel schaffen. Für diese Synthese vermögen vorgegenständlich-surrealistische Malformen im wörtlichsten Sinne vorbildhafte Vorspanndienste zu leisten. Als erstes bewirken sie im Kollektiv durch die optische Gewöhnung eine zunehmende Immunisierung gegen die Schockwirkung des Grauens, dem der Abendländer bei der Berührung mit ungewohnten Erlebnisausbrüchen aus den Tiefenschichten nicht nur im Zustand einer akuten Neurose anheimzufallen pflegt.

Nur eine solche fortschreitende Gewöhnung des Bewußtseins an den Umgang mit der eigenen, zunächst noch unbewußten Tiefenperson – sozusagen durch Vorstellungs-»Impfung« – vermag den Boden für einen totalen Schichtenkurzschluß vorzubereiten, der die völlige Vorstellungs- und Erlebnisfreizügigkeit ähnlich dem Zen-Erlebnis bringen würde. Mit anderen Worten: Ein solches Vorgehen nimmt darauf Rücksicht, daß für den Abendländer zur entscheidenden Erlebniskippe nicht wie für den fernöstlichen Menschen die einfache Hingabe an das Alltagstun in Verbindung mit einer nur gefühlsbegrifflichen Vorstellungssteuerung im Stile der Zen-Anekdoten genügt, sondern daß es zum Wirksamwerden des voraussetzungslosen Ausdruckstuns für die Selbstfindung noch der arteigenen besonderen denkerischen Vorbereitung durch eine Theorie der Theorien in höchster erkenntniskritisch und psychologisch gesicherter Bewußtheit bedarf. Durch solche kollektivkulturelle Bewußtseinssteigerung und die dadurch allmählich als selbstverständliche Tradition erlebten Vorstellungen wird die Voraussetzung für eine Weltbildkippe geschaffen, wie sie der Surrealismus zwar von Anfang an erahnt hat, aber infolge seiner abendländisch ichverhafteten Wegvorstellung bisher nicht bewirken konnte.

Wenn dieses Ziel tatsächlich mittels einer kollektiv mitteilbaren Wegvorstellung eines Tages erreicht ist, dürften durch seine spezifisch abendländische theoretische Unterbauung weit umfassendere, praktisch psychologische Anwendungsmöglichkeiten erschlossen werden können, als sie fernöstliche Höchstbewußtheit im Zen anstrebt, die lediglich auf das individuelle Erleben gerichtet ist. Der abendländische Ausdehnungsdrang, der nunmehr auf die Innenwelt nicht weniger gerichtet ist als auf die Außenwelt, wird nicht ruhen, ehe er arteigene Mittel und Wege gefunden hat, um den Erlebnisvorgang der Begriffssprengung zur gesicherten therapeutischen Methode, sowie zur biopsychologischen Strukturanalyse des Individuums zu entwickeln. Auf diese Weise mag es gelingen, den vom Ostasiaten zuweilen belächelten Wissenswirrwarr des Abendlandes nach einer Periode der Lebensentfremdung aufs neue dem Erleben zu verbinden.

Auf diesem sozusagen dynamischen Weg der einander ablösenden, bewußtheitlich sich steigernden Elementaren Erlebnisketten des mühsamen Häufens von Tatsachen und Tatsachen-Analysen bei gleichzeitiger Bewußterhaltung der Vorstellung von ihrer letztlichen Scheinbarkeit gelangten auch wir schließlich zu unserer vorliegenden Theorie der modernen Malerei. Sie gestattet über den dem Abendländer bisher vorstellbaren Bewußtheitsgrad hinaus, bereits wenigstens begrifflich wissend letzte Bewußtheitsmöglichkeiten zu umschreiben und mitzuteilen. Dabei lenkte die Analyse der chinesischen Höchstbewußtheitsform des Zen unser Augenmerk auf die wirksame Verbindung von voraussetzungslosem Ausdruckstun und totalrelativer Theorie als einem abendländischen Weg zum schichtenumspannenden Selbsterlebnis.

In dieser durch ihre Unmittelbarkeit besonderen Verbindung von Erleben und Wissen erkennen wir die Möglichkeit zur Erneuerung sowie Aufrechterhaltung des *élan vital* und damit gleichzeitig das abendländische Wertweltäquivalent zum chinesischen Tao. Wir verstehen nun auch, wieso dieser die chinesisch-arteigene Höchstbewußtheit umschreibende Begriff den westlichen Übersetzern von ihrem geringerbewußten Standpunkt aus bisher so unüberwindlich scheinende Schwierigkeiten bereitete. Wir können uns nunmehr mit der sinnennahen einfachen Übertragung als »Weg« durchaus zufriedengeben, indem wir in dieser Wegvorstellung das dritte Glied der Elementaren Erlebniskette des Zen als des höchstbewußten chinesischen Kulturerlebnisses erkennen. Gleichzeitig finden wir in den einander wertweltäquivalenten Wegvorstellungen von der methodischen Selbst- bzw. Weltfindung, wie sie eine künftige dynamisch verwirklichte abendländische Wissenschaft einerseits und die statische Schau des Fernen Ostens andererseits darstellen, das allgemeinste Kriterium für den Eintritt einer Kultur in ihr letztes Entfaltungsstadium.

Mit der Ermittlung der Wertweltäquivalente fernöstlicher und abendländischer Höchstbewußtheit an Hand der modernen Malerei ist also deren kulturvorausschauende Bedeutung bis zur letzten Konsequenz geführt – was zu beweisen war.

Wenn ich mich über Zen und sein Erleuchtungserlebnis gründlicher geäußert habe, als es vielleicht zunächst thematisch notwendig schien, so ist jetzt wohl die Absicht zu erkennen:

Es sollte, erstens, gezeigt werden, daß es möglich ist, den Surrealismus trotz seines scheinbaren jahrzehntelangen Auf-der-Stelle-Tretens zur weiteren Reife zu bringen in einem Sinne, den seine Begründer dunkel geahnt hatten, als André Breton 1924 sein »Erstes Surrealistisches Manifest« schrieb – nämlich im Sinne nicht nur einer avantgardistischen Kunstform, sondern einer spätkulturellen Erlebnismethodik zur Überwindung der zur Erlebnislähmung gewordenen Begriffsfesseln.

Zweitens wollte ich den Unterschied, sozusagen von allen Seiten her möglichst handgreiflich, vorführen, der zwischen ausgereifter, höchstbewußter Zen-Methodik und dem heutigen bildnerischen Avantgardismus des Abendlandes besteht, der zwar, ohne sich dessen bewußt zu sein, in die gleiche Richtung zielt, aber noch weit von solcher unmittelbar praktischen Zielerreichung entfernt ist. Sein Fortschreiten auf diesem Wege ist trotzdem unverkennbar in Gestalt der vielfältigen Auswirkungen avantgardistischer Kunst nicht nur als malerischer, sondern als allgemein bildnerischer Ausdruck. Davon wird noch im folgenden Kapitel die Rede sein.

Drittens sollte an Hand der Analyse der Zen-Erleuchtung im einzelnen gezeigt werden, daß das Unterfangen, eine solche Erlebnismethodik zu entwickeln, für uns Abendländer keineswegs unmöglich ist. Daß sich in einem solchen Nachweis eine ganz neue Dimension des Welt- bzw. Selbsterlebnisses auftut, die über künstlerische Interessen und Wegfindungen weit hinausgreift, ist nur eine folgerichtige Selbstverständlichkeit gemäß meiner Theorie, daß künstlerischer Avantgardismus jeweils erster, vorbegrifflicher Ausdruck künftiger, explizit begrifflicher Weltanschauung ist.

Diese Bedeutung avantgardistischer Kunst als allgemein kultureller Wetterwarte für langfristige Prognosen, die gestatten, so etwas wie theoretisch-analytische Prophetie zu betreiben, läßt gleichzeitig die letztlich biologische Bedeutung der spezifisch abendländischen Denkform »Theorie« erkennen – im vorliegenden Fall als Findung von Mitteln und Wegen zur Überwindung von Befürchtungen und nihilistischen Ängsten durch Bewußtheitssteigerung. Hier wird die primitive Rousseausche Zurück-zur-Natur-Philosophie, die immer noch in überraschend vielen Köpfen spukt, *ad absurdum* geführt. Wie wir am Beispiel des Zen nachweisen konnten, bricht sich gerade mit dem Eintritt höchstbewußten, standpunktdefinierten Relativitätsdenkens ein elementar erneuerter Lebensantrieb Bahn im Sinne der Großen Befreiung von allen mittelalterlichen, dogmatischen Denkfesseln. Hier stehen wir also unmittelbar vor der heraufdämmernden Neuzeit unserer Kultur.

Sesshu, Landschaft, Nationalmuseum; Tokio

Max Ernst, Beim ersten klaren Wort, 1923; Kunstsammlung des Landes Nordrhein-Westfalen

Auch das abendländische Kollektiv wird erfahren, daß selbst beim Sprung ins scheinbar Bodenlose des totalen Relativismus der Mensch stets nur dahin fallen kann, wohin er seiner physisch-psychischen Struktur nach fallen muß, nämlich zurück auf sein Selbst auf einer höheren Bewußtheitsebene. Am Ende jedes ausgereiften Kulturablaufs steht zwangsläufig Bewußtheitstotalität – sei es, daß sie auf dem klassischen Weg des Fernen Ostens erwächst als unmittelbare Erfahrung im experimentellen Umgang mit dem erlebenden Selbst, eine Erfahrung, die ihren totalen Relativismus im Begriff der »Leere«, der Leerheit als umfassendster und oberster Erlebnisinstanz ausdrückt – sei es, daß die Bewußtheitstotalität errungen wird auf dem spezifisch abendländischen Kulturweg zu einer totalen Relativitätspsychologie auf dem Umweg über das mathematisch geschulte Relativitätsdenken der modernen, zukunftsträchtigen Wissenschaft.

Beide Wege – der des klassischen Fernen Ostens und der des modernen Westens – lassen schließlich an ihrem Ende in gleicher Weise erkennen: Das totalrelative Ziel, das »Ziel im Leeren« ist das Ziel alles Erlebens – eine Leerheit nicht des trostlosen Nihilismus, sondern der Fülle des Nichts, aus dem der höchstbewußt gewordene Mensch sich schlechthin alles erschaffen kann, was er sich vorzustellen vermag, einschließlich Lust und Leid, Paradies und Hölle.

Solange dieses Ziel im Leeren freilich nur erst geahnt wird wie im spezifisch abendländischen Nihilismus, ist es wie jedes halbe Wissen schwer zu tragen. Erlebend sich mit ihm in seiner Totalität auseinandergesetzt zu haben, bedeutet die Große Befreiung.

IV. Was hat moderne Kunst mit Kunst zu tun?

All das, was im Vorausgegangenen zur modernen Malerei vorgebracht wurde, gehört teils der Psychologie, vor allem der Gestalt- und der analytischen Psychologie, an und teils jener Disziplin der Philosophie, die mit Erkenntniskritik bezeichnet wird. Von dem aber, was man bisher in Werken über bildende Kunst zu finden gewohnt war, ist so gut wie nichts enthalten. Trotzdem wird niemand behaupten können, wir hätten uns nicht eingehend mit Malerei und zwar der der Avantgarde auseinandergesetzt. Auf Grund dieser Sachlage dürfte sich mancher Leser die stille Frage vorgelegt haben: Was hat die heutige avantgardistische Malerei außer dem Auftragen von Farbe auf eine Fläche noch mit Kunst zu tun?

Der Wandelbegriff Kunst

Wir wollen auf diese Frage zum Abschluß unserer analytischen Betrachtungen eine allgemeine Antwort zu geben suchen. Es wird sich dabei Gelegenheit finden für einige Bemerkungen zu jüngsten Kunstformen, sowie zur Stellung der Gesellschaft zur Kunst der Avantgarde. – Um der gestellten Frage näher zu kommen, gehen wir davon aus, daß es sicherlich möglich ist – und die umfangreiche, sich täglich noch vermehrende Literatur über moderne und modernste Kunst beweist dies –, im Stile der bisherigen Kunstgeschichte auch über die avantgardistischen Bildausdrücke zu sprechen, indem man die Werke einzelner Künstler einer vergleichenden Betrachtung unterzieht, sowie nach Epochen und gewissen formalen Gemeinsamkeiten unter Gruppenbezeichnungen zusammenfaßt. Niemand, der solche Darstellungen liest, wird sich jedoch des Eindrucks erwehren können, daß auf diese Weise das Wesen der modernen Malerei noch weit weniger zu erfassen ist als das der klassischen, vorimpressionistischen. Die Gründe hierfür ergeben sich aus unseren Untersuchungen von selbst: Die sogenannte klassische Malerei bewegt sich noch ungefähr im gleichen Vorstellungskreis wie die metaphysischen Philosophien, so daß die Möglichkeit wenigstens eines gefühlsbegrifflichen, mehr oder minder dichterischen Parallelausdrucks gegeben war. Die moderne Malerei dagegen stößt, wie wir zeigen konnten, immer deutlicher über metaphysische Absolutvorstellungen hinaus in kulturelles Neuland vor, dem gegenüber die bisher übliche begriffliche Ausdrucksweise zwangsläufig versagen muß. An Hand unserer Erörterungen dürfte erkennbar sein, daß sich der Erlebnisschwerpunkt moderner Bildausdrücke im Vergleich zu früheren Kunsterlebnissen zunehmend mehr in psychische Tiefenschichten verlagert. Dies gilt sowohl für den Maler wie für den Bildbetrachter und entspricht dem kollektiven Bewußtwerdungsdrang der fortschreitenden Kulturentwicklung. Bei einer solchen Schwerpunktsverlagerung ist es klar, daß die bisherige Art der Kunstbetrachtung vor der modernen Bildnerei versagen muß, da bei solcher Erlebnisvertiefung Probleme in den Vordergrund rücken, bei denen formalistisch-ästhetische Momente keine oder nur noch eine sehr untergeordnete Rolle spielen. Deshalb tauchen in den formal-malerischen Ausdrucksmitteln kaum mehr neue Findungen auf.

Die Verschiebung des Erlebnisschwerpunktes

Die Frage, ob sich bei dieser Wandlung der künstlerische Gehalt im bildnerischen Schaffen verringert, ist zur Streitfrage geworden. Wer allerdings in formalen Neuerungen hinsichtlich der optischen Farbwirkungen die hauptsächlichste Aufgabe des malenden Künstlers sehen wollte, könnte dazu kommen, vom Stillstand oder gar Niedergang der Malerei zu sprechen. Eine solche äußerliche Definition des Kunsterlebnisses zielt jedoch an den psychisch gerichteten Inhalten vorbei, die wir jenseits des Formalen als Elementare Erlebniskette des dahinter stehenden, weltanschaulichen Momentes der modernen Malerei herausanaly-

Henri Rousseau, Der Dichter Apollinaire und seine Muse, 1909; Kunstmuseum Basel

siert haben. Unsere Untersuchung enthüllte die besondere Art des gärenden Zeitgeistes als im letzten Jahrhundert sprunghaft ansteigenden Bewußtwerdungsvorgang mit seiner Auswirkung auf das abendländische Bildschaffen in Richtung eines immer extremere Formen annehmenden Expressionismus. Wer also in der Kunst die erste, intuitive Schau in Werdendes als das Wesentliche sieht, wird die avantgardistische Ausdrucksgestaltung seit dem surrealistischen Ausbrechen aus dem gewohnten Bildzusammenhang umso mehr als echte Kunst erleben, als sich hier der Hinweis auf einen der entscheidendsten Umbrüche des abendländischen Weltbildes im bisherigen Kulturablauf anzubahnen scheint. Damit wird die Frage »Kunst oder Nichtkunst?« in bezug auf die Moderne als Definitionsfrage des Begriffs »Kunst« erkannt. Offenkundig ist in der Moderne ein grundlegender Wandel dieser Begriffsdefinition eingetreten, ohne daß davon allgemein Kenntnis genommen wurde. Anders ist es nicht möglich, daß dem einen als »kindische oder verrückte Schmiererei« erscheint, was für andere ein Kunstwerk ist. Die richtige Einschätzung des Bedeutungsgewichtes des hier sichtbar werdenden Erlebnisumschwunges ist nur möglich im Rahmen eines Überblicks über die Gesamtentwicklung des Bildverstehens mit seinen Wandlungen seit den Urzeiten der Menschheitsgeschichte. Ein solcher Überblick soll nun in aller Kürze gegeben werden. Dabei zeigt sich, daß wir heute keineswegs vor dem ersten Bedeutungswandel dessen stehen, was man in grober, verunklärender Zusammenfassung mit dem Sammelbegriff »Kunst« zu bezeichnen pflegt.

Das Studium der darunter verborgenen Umschwünge ist von besonderem Interesse nicht nur, weil es dabei um unseren wichtigsten Sinnesbereich, nämlich den Gesichtssinn geht, der den weitaus wesentlichsten Beitrag zu unserem Welterlebnis – zu unserem Weltbild im wörtlichsten Sinn – liefert, sondern auch, weil sich im Bildnerischen die überhaupt sichersten und vollständigsten Zeugnisse menschlicher Weltvorstellungen seit den ältesten Zeiten finden, die auf uns gekommen sind. Wenn wir also einen zusammenhängenden Überblick über die Entwicklung menschlichen Denkens und Vorstellens gewinnen können, dann hier, indem wir die uns überkommenen Belege sorgfältig psychoanalytisch interpretieren. An den dabei sichtbar werdenden Wandlungen des menschlichen Bilderlebens seit den Vorformen der Kultur wird uns bewußt, welche Verschiebungen des jeweiligen Erlebnisschwerpunkts stattgefunden haben und wie sie sich folgerichtig auch in unserer Epoche noch fortsetzen.

Der Schwerpunktwandel im bildnerischen Erleben seit der Zeit der Höhlenmaler

Wie die Höhlenmalereien bezeugen, ist die Schaffung von Bildwerken ohne Zweifel die älteste Form menschlichen Tuns, bei dem wir nicht nur auf Vermutungen und einige kümmerliche Spuren angewiesen sind, sondern umfangreichen guterhaltenen Originalbelegen gegenüberstehen. Die Höhlenmalereien, die von der Archäologie bisher als Jagdzauber gedeutet wurden, dürften auf einer weit allgemeineren Erlebnisgrundlage entstanden sein, nämlich als ausdruckahmendes Zusammenspiel von Auge und Hand bei den auffälligsten Umweltbegegnungen. Dies sind für den urzeitlichen Menschen die mit großen Tieren, wie sie auf den Höhlenwänden von Lescaux und Altamira wiedergegeben wurden. Die über die Jagdzauberhypothese hinausreichende Annahme wird durch das frühkindliche Entwicklungsverhalten nahegelegt, bei dem aus noch ungerichteten Bewegungsantrieben zunächst voraussetzungslose Kritzeleien entstehen, aus denen sich allmählich höchst primitive, umweltbezogene, die optischen Eindrücke grob ahmende Gestaltungen entwickeln von jenen Erscheinungen, die dem Kind in seiner Umwelt am meisten auffallen. Das sind in unserem Kulturmilieu die darin sich bewegenden Menschen. Das gleiche optisch-haptische Ahmungsverhalten, das das Kind zu seinen Strichmännchen anregt, führt den aufnahmefähigen und handfertigen, erwachsenen Höhlenmaler zu seinen ausdrucksstarken Tiergestalten. Die Frage, ob und wann sich für die Schöpfer der Höhlenmalereien das Erlebnis einer mantischen »Aneignung« ihrer Sujets, etwa im Sinne eines Jagdzaubers vollzogen hat, scheint bei unserem heutigen Wissensstand unentscheidbar. Sie ist im Rahmen unserer Betrachtungen ohne Bedeutung. Jedenfalls gehört die erste Stufe ebenso wie die folgende, zweite, nämlich die eines mantischen Bildgebrauchs noch in den vorkünstlerischen bildnerischen Bereich. Diese zweite Stufe entwickelte sich, nach den gemachten Funden zu schließen, in der Verwendung von plastischen Bildwerken als kultische Idole im Sinne des Animismus, das heißt als mit wirkenden Kräften begabten Gegenstände. Im Zusammenhang mit dieser zweiten, animistischen Stufe des Bildgestaltens entsteht der Gebrauch von wirkungsträchtigen Zeichen, die dem Idol eingeritzt oder eingeprägt werden.

Wohl bald werden diese Zeichen nicht nur als wirkende, sondern auch sonst »irgendwie« als Ergänzung der Idolfigur wie auch anderer Gegenstände erlebt: Das Erlebnis des ornamentalen Schmückens ist entdeckt und verbindet sich nun mit jedem Gestaltungserlebnis, wofür etwa die sogenannte Schnurkeramik eines der bekanntesten, frühen Beispiele darstellt. Indem sich bildnerische Gestaltungen in ihrem Erlebnisgehalt von kultischen Bezügen entbinden und reinen Schmuckcharakter gewinnen, entsteht als dritte, ornamentale Stufe der erste frühkünstlerische Ausdruck im eigentlichen Sinn, eine Gestaltung also ohne einen im wesentlichen anderen Zweck als den, zu gefallen. Auf dieser Stufe wird schließlich jede leere Fläche als Projektionsfläche und Anreiz für bildnerische Einfälle erlebt. Es entwickelt sich in freizügiger Wechselwirkung von Anschauung und Vorstellung eine immer bewußter werdende Erfühlung von organisch bedingten Zusammenhängen der Maße und Formen, sowie auch der Helligkeits- und Farbkontraste, bis der Mensch, der nun zum Künstler geworden ist, glaubt, ästhetische Gesetzmäßigkeiten zu entdecken, die in der Tat auf dem Proportionsempfinden für seine eigene Körpergliederung, sowie den organischen Voraussetzungen seiner Farb- und Formwahrnehmungen beruhen.

In der sich entfaltenden Kultur rückt das zu bewußten Gesetzmäßigkeiten entwickelte ästhetische Verständnis immer mehr in den Vordergrund des bildnerischen Schaffens. Der dem Abendländer geläufigste ästhetische Kanon ist der des griechischen Schönheitsideals geworden. Indem der bildnerische Ausdruck seinen Schwerpunkt im Ästhetischen sucht, ist die bildende Kunst in die vierte, ästhetisch zentrierte Stufe ihrer Entfaltung getreten. Auf dieser Stufe entwickelt sich die ganze Fülle von möglichen Motiven aus den Bereichen des Figürlichen und des Szenischen, der Tier- und Pflanzenwelt, der verschiedensten Geräteformen und schließlich des Architektonischen und Landschaftlichen. Zusammen mit der Freude am Reichtum der Motive entwickelt sich noch eine besondere Absicht der Bildnerei, nämlich die bildliche Mitteilung von Geschehnissen. In dieser Historien- und Histörchenmalerei bis zur Bildtafel der Moritatensänger herunter spielt die an-

Matthias Grünewald, Die Kreuzigung (Isenheimer Altar, geschlossener Zustand); Musée d'Unterlinden, Colmar

schauliche Verständlichkeit des Dargestellten die Hauptrolle, neben der das ästhetische Moment zur Nebensache wird. Als hohe Kunst gilt indessen nur ein Werk, das ausschließlich auf den Gesichtspunkt des Formalästhetischen ausgerichtet ist, das damit zum Hauptkriterium bei der Bewertung eines Kunstwerks gemacht wird. Auf der Suche nach größtmöglicher Freiheit in der Handhabung der malerischen Mittel rückt dabei das bewegliche Tafelbild immer mehr in den Vordergrund. Es wird schließlich zur Krone des bildnerischen Ausdrucks und bleibt es bis auf den heutigen Tag.

Albrecht Dürer, Dürers Mutter, 1514; Kupferstichkabinett, Berlin

Die Kunst der Avantgarde im kollektiven Mißverständnis

Die ästhetisch zentrierte Kunst wird seit ihrer Konzeption im klassischen Hellas über all die Jahrhunderte mit ihren Stilwandlungen hinweg zum Kunstbegriff schlechthin. Man hatte sich im Abendland so sehr daran gewöhnt, Kunst als ästhetisch zentriert zu betrachten, daß eine andere Kunst unvorstellbar schien, bis der malende Mensch im Impressionismus den ersten zaghaften Schritt in die Richtung eines bewußt persönlichen Bildausdrucks und damit in die Richtung der solipsistischen Malerei getan hatte. Zwar wirft die im psychologischen Sinn expressionistische Selbstspiegelung ihre ersten Schatten bei Matthias Grünewald, dem späten Rembrandt und einigen anderen voraus, wie wir heute nachträglich erkennen. Der entscheidende Schwellenwert zur Auslösung einer fortschreitenden Bewegung wurde jedoch erst von Cézanne überschritten. Von hier ab wird eine zunehmende Schwerpunktverschiebung ins Psychologische unaufhaltsam. Diese fünfte und vorläufig letzte Stufe der Bildnerei wird als psychologisch zentrierte Kunst das, was man unter dem Begriff »modern« zusammenfaßt. Trotzdem will sich der allgemeine Sprachgebrauch von der Gewohnheit, Kunst mit »ästhetisch zentriert« gleichzusetzen, bis heute noch nicht lösen. Die Schwerpunktverschiebung der avantgardistischen Kunst wird vom Kollektiv nicht als Entwicklungsvorgang einer reifenden Kultur verstanden, sondern als kulturzerstörender Schock und »Ende der Kunst« erlebt – so sehr ist im Laufe von zwei Jahrtausenden abendländischer Kultur die Vorstellung aus dem allgemeinen Gesichtskreis verschwunden, Kunst könne etwas anderes als Suche und Ausdruck des Schönen sein.

Nun kann freilich selbst dort, wo die Moderne sich bewußt dagegen sträubt, das ästhetische Moment zur Zielvorstellung ihres Ausdrucksgestaltens zu machen, der Künstler der allgemein menschlichen, biologisch bedingten Grundstruktur unseres in erster Linie optisch orientierten Weltbildes und körperbedingten Proportionserlebnisses nicht entrinnen. Das bedeutet, daß alles, was er gestaltet, dem daraus entspringenden Erleben von Formen und Farben entspricht. So kommt es, daß auch Werke, die sich ausschließlich auf ihre psychologische Aussage konzentrieren, im gleichen Maße der ihnen innewohnenden Aussagekraft hohen ästhetischen Formalansprüchen genügen. Diese unlösbare Koppelung der psychisch gerichteten Aussage an ästhetischen Formalismus ist einer der zahllosen Beweise der Identität von Physis und Psyche, denen der unvoreingenommen Forschende auf Schritt und Tritt begegnet. Das bedeutet: Trotz bewußter Abkehr vom Ästhetischen als künstlerischem Zentralerlebnis steht hinter aller Bildnerei nach wie vor das mit dem psychischen Ausdruck identische Erleben des Zusammenspieles von Form und Farbe. Der Vollkommenheitsgrad seines Gelingens ist der Nachweis für die Qualität der dahinter stehenden psychologischen Aussage, die nun, wenn auch weitgehend unbewußter, so doch primärer künstlerischer Antrieb wird. Nun stößt die Bildgestaltung im Bemühen um hemmungslose Spiegelung der eigenen Individualstruktur ohne Rücksicht auf das Verständnis des Bildbetrachters immer bewußter auf einen äußersten Expressionismus vor, der schließlich je nach Malerpersönlichkeit zu einer der beiden Grenzformen vorgegenständlicher und surrealistischer Malerei führt, wobei das formalästhetische Erlebnis des Malers nur noch als selbstverständliches Ausdrucksvehikel dient. Da das Kollektiv bisher die Standpunktverschiebung von der ästhetisch zur psychologisch zentrierten Kunst nicht mitzuvollziehen vermochte, bleibt ihm die avantgardistische Kunst bis auf weiteres wesensfremd und bedrohlich wie eine Gefahr im Dunkeln – während umgekehrt der avantgardistische Maler sehr wohl imstande ist, die Qualitäten klassischer Malerei zu würdigen, wie eben höhere Bewußtheit geringer bewußte Zustände nachzufühlen vermag, aber nicht umgekehrt. Nur ist es vom psychologisch zentrierten Kunststandpunkt aus unmöglich geworden, Werke einer ästhetisch zentrierten Malerei, die heute entstehen, als lebenden Kulturausdruck anzuerkennen. Denn sie korrespondieren nicht mit dem Zeitgeist der heutigen, sondern einer vergangenen Epoche. Vom Standpunkt der fünften Stufe des Kunstbegriffs aus werden Werke, die heute aus dem Geist der vierten Stufe geschaffen werden, als mehr oder minder geglückte stilistische Nachahmungen von Kulturausdrücken einer vergangenen Epoche erlebt, nicht anders als heute gefertigte Renaissance- oder Rokokomöbel. Man sagt von solchen Nachahmungen, sie seien nicht »aus der Zeit« und rechnet sie einem besonderen – nämlich dem historisierenden – Zweig des Kunstgewerbes zu. Was also dem breiten Publikum von heute als Kunst gilt, sind neben den echten Zeugen der Vergangenheit deren kunstgewerblich und damit problemlos gewordene Nachahmungen, deren Bedeutung sich auf eine geschmäcklerische, dekorative Wirkung beschränkt. Der lebendigen Kunst der eigenen Zeit dagegen steht das heutige Massenpublikum bis auf weiteres mit dem primitiven Grundsatz gegenüber: »Was der Bauer nicht kennt, das frißt er nicht.« Wie sich diese Einstellung auswirkt, darauf soll noch genauer eingegangen werden. Doch zuerst zum besseren Verständnis einige Worte über die Stellung des modernen Künstlers zu seinem Tun.

Wie wir wissen, pflegt die bewußte Auseinandersetzung des modernen Malers selber mit seinem Werk kaum über die formale Seite hinauszugehen, auch wenn diese Einstellung nicht immer jene geradezu dogmatische Form annimmt wie in der vorgegenständlichen Malerei. Es ist also keineswegs so, daß der Maler im allgemeinen ein besonderes Bedürfnis nach gesteigerter intellektueller Bewußtwerdung in sich trüge, wie wir es für unseren analytischen Zweck anstreben. Dies gilt in der Regel umso mehr, wenn es sich um echt schöpferische Persönlichkeiten und nicht um nachahmende Kompilatoren handelt. Selbst der vergleichsweise intellektuell besonders bewegliche und interessierte surrealistische Künstler hat mehr die schillersche Devise »Bilde, Künstler, rede nicht!« im Sinn als irgend eine persönliche Psychoanalyse. Denn im Mittelpunkt auch seines künstlerischen Erlebens steht wie bei jedem echten Maler das Bedürfnis nach schöpferischer Entladung im Werk und nicht etwa nach Seelenklitterung. Selbst der klassische Surrealismus eines Chirico, Dali, Magritte entäußert sich optisch-materiell seiner aus dem Unbewußten andrängenden Einfälle, und obwohl er sich vom freudschen Weltbild angezogen fühlt, hütet er sich vor persönlicher Analyse in der untrüglichen Ahnung, das bildhafte Ausdrucksbedürfnis durch Bewußtmachung zu untergraben, wenn nicht zum Erlöschen zu bringen, ähnlich wie im Laufe einer Neurosentherapie mittels Traumanalyse oder unbewußter Bildnerei der Bilderstrom mit der Auflösung des Komplexes zu versiegen pflegt. Der bildende Künstler verlöre damit den Antrieb und die Befriedigung, die er im Dynamismus des Schaffens erfährt. Psychoanalytisch gesehen, bedeutet eine derartige bildnerische Auseinandersetzung mit dem Unbewußten nicht Verdrängung, sondern vorbegrifflichen Ausdruck des kollektivkulturellen Zwiespalterlebnisses unserer Epoche im Bedürfnis nach möglichst intensivem Erleben jener Umwelteinflüsse, die mit ihren Wandlungen den ins Künftige weisenden Zeitgeist ausmachen. Dieser Drang stammt aus dem Bereich des spezifischen menschlichen Bedürfnisses nach Bannung unbekannter Gefahren.

Bei einer solchen Auseinandersetzung mit dem Selbst verschreibt sich der echte Künstler freilich der Leidenschaft seines Ausdrucksschaffens, unbekümmert um sein sonstiges Wohl und Wehe – bis zum Kon-

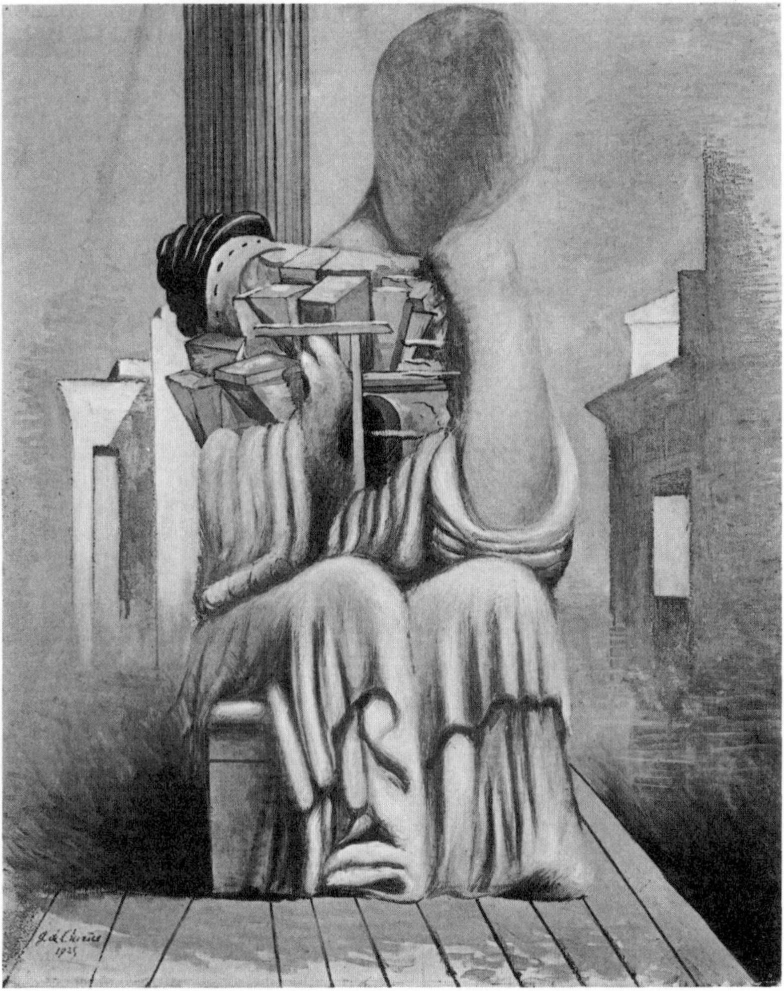

Giorgio de Chirico, Der Philosoph, 1925; Privatbesitz

Vincent van Gogh, Landschaft mit Olivenbäumen, 1898; Privatbesitz

flikt mit den elementaren biologischen Selbsterhaltungstendenzen. In diesem für seine bürgerlichen Zeitgenossen völlig unverständlichen Verhalten ist der Künstler nicht selten bereit, seine ganze äußere und innere Sicherheit seiner nicht anders als dämonisch zu nennenden Besessenheit zu opfern, wie es das Schicksal eines Gauguin oder van Gogh beweist, um zwei Maler zu nennen, deren Ausdrucksprägungen inzwischen weitgehend ins kollektive Verständnis eingedrungen sind. Ein solches dämonisiertes Verhalten führt nicht nur häufig genug zur Verkürzung des Lebens, es beeinträchtigt auch die jedem Individuum durch den biologischen Prozeß des Alterns nahegelegte Tendenz zu Wandlung und Reife. So kommt es nur selten zu einer Intensivierung des Ausdrucks, wie sie dem alten Rembrandt gelang, sondern meistens nur zu einer schwächlichen Resignation dem eigenen Erleben gegenüber. Ein häufiges Formalzeichen hierfür sind die kitschig-süßen Farben und

Farbstellungen, die sich auf vielen Alterswerken moderner Maler finden. Die Gefahr einer solchen Verflachung des Ausdrucks ist in der modernen Malerei umso größer, je mehr sie sich von der Außenwelt abwendet und in einen Solipsismus versinkt, der das Selbst dem biologisch Elementaren entfremdet. So droht dem extremexpressionistischen Maler auf seiner Lebensreise durch die eigene Innenwelt einerseits die Gefahr des Sichverlierens und andererseits die des Sichfestfahrens. Zusammen mit der über die alltägliche Wirklichkeit hinausgreifenden Ahnung überpersönlicher Kulturkonstellationen macht dies den modernen Maler selbst inmitten des größten Propagandawirbels, der um ihn herum aufgezogen wird, im psychologischen Sinn weit mehr zum Außenseiter der Gesellschaft, als es seinen Kollegen in den vergangenen Jahrhunderten widerfuhr. Dies findet seine Bestätigung durch die Geschichte der Malerei; selbst unter Berücksichtigung der vergrößernden Perspektive zeitnaher Erscheinungen wird doch der Eindruck vermittelt, daß sich die lauten Skandale um die stille Kunst der Malerei im letzten Jahrhundert gehäuft haben. Auch ist es kein Zufall, daß die Debatten um Kunst in der Gegenwart immer mehr mit allgemein weltanschaulichen und politischen Ideologiekämpfen vermischt wurden. Im Gegensatz zu früheren Jahrhunderten hat sich zwischen den Künstlern der Avantgarde und der bürgerlichen Öffentlichkeit eine Kluft aufgetan, die sowohl als Tatsache an sich wie auch in der besonderen Art ihres Verlaufes kennzeichnend für unsere Kulturepoche ist.

1. Die Malerei der Avantgarde und ihr Publikum

Nachdem wir nun über die Stellung des modernen Malers zu seinem Tun genügend Klarheit gewonnen haben, sind wir in der Lage, auf die Stellung des Publikums zu seiner Kunst einzugehen. Den hierfür entscheidenden Hinweis haben wir bereits mit der Feststellung erhalten, daß die Masse die Verschiebung des Erlebnisschwerpunktes von der ästhetisch zur psychologisch zentrierten Kunst noch nicht wahrgenommen, beziehungsweise nichts davon verstanden hat. Dies ist nicht anders zu erwarten, wie die Erfahrungen der Massenpsychologie lehren, also jenes Zweiges der Psychologie, der sich mit dem Verhalten des

Menschen befaßt, soweit er nicht gewillt oder in der Lage ist, individuell in das Umweltgeschehen einzugreifen, sondern als anonymes Teilchen eines Kollektivs den mehr oder minder gewaltsam auf ihn eindringenden Umwelteinflüssen unterliegt. Dies kann aus zwei verschiedenen, oft sich vermischenden Gründen erfolgen. Der eine ist Mangel an Tatsachenwissen und Urteilskraft, so daß der Mensch, ohne sich darüber klar zu sein, zum Spielball von außen gesteuerter Meinungen wird. Der zweite mögliche Grund kann sein, daß der Mensch eine Gefahr für sich und seine Interessen darin sieht, anderer Meinung zu sein als das Gruppenkollektiv, von dem er sich abhängig, bzw. dem er sich verbunden fühlt. Häufig bestehen gleichzeitig mehrere verschiedenartige Gruppenbindungen, deren Interessen sich widersprechen. Daraus entspringen jene Zwiespalte im Individuum, die es hindern, zu einem einheitlichen Weltbild mit eindeutigen Zielvorstellungen zu gelangen. Mit diesem wenig erfreulichen, innerlich unbefriedigenden Zustand suchen die Betroffenen dadurch fertig zu werden, daß die öffentlich gezeigte Haltung auf unauffällige Übereinstimmung mit der in der Umwelt herrschenden Meinung ausgerichtet und die innere Haltung auf die wirtschaftlichen und sonstigen persönlichen Interessen konzentriert wird, während das tiefenschichtig verankerte Erleben mehr oder weniger wirksam psychischer Verdrängung anheim fällt.

Leitmotive des Publikumsgeschmacks

Wenn wir unter diesen Gesichtspunkten das Verhalten der breiten Masse gegenüber den avantgardistischen Kunstausdrücken beobachten, so fällt auf, daß dieses Verhalten selten ganz gleichgültig, sondern meist eindeutig ablehnend zu sein pflegt. Der dabei zum Ausdruck gebrachte Affektivitätsgrad reicht von den scheinbar gleichgültigen, abfälligen Äußerungen einfacher Gemüter zu dem »kindischen« oder »verrückten Zeug« über erbitterte Polemiken Gebildeter und solcher, die sich dafür halten, bis zum handgreiflichen Vorgehen geschlossener Gruppen. Ganz abgesehen von dem staatlich organisierten Kesseltreiben des Hitlerregimes gegen die damals so genannte »entartete« Kunst, also in einer Zeit, in der in Deutschland jedes selbständige Denken offiziell bekämpft wurde, finden sich Demonstrationen von Kleingruppen gegen moderne Kunst auch anderwärts. Man denke beispielsweise an den heftigen Protest gegen Manets berühmtes Werk »Le déjeuner sur l'herbe« (Frühstück im Grünen) auf dem Pariser »Salon des Refusés« von 1863, der von einem Damenkollektiv als Aufstand der beleidigten Mütter organisiert wurde. Selbst 1947 war es noch notwendig, moderne Kunst unter Polizeischutz zu stellen, als in London eine mit Regenschirmen gegen eine Picasso-Ausstellung anstürmende Damentruppe abgewehrt werden mußte. Dieser Akt leidenschaftlicher Erregung ist nicht ohne weiteres verständlich. Insofern es sich auf Manets Frühstücksbild um die lebensgroße, naturalistische Darstellung einer splitternackten Dame handelt, die ihre Reize inmitten einer wohlgekleideten Herrenrunde vermarktet, ist die Empörung eines prüden Zeitalters immerhin eine nicht unerwartete Reaktion. Dagegen will das Ärgernis bei Picassos bis zur Unkenntlichkeit verzerrten menschlichen, vor allem weiblichen Gestalten in ihrer oft formelhaft schematischen Darstellung zunächst nicht recht einleuchten. Hier wurde offenkundig eine weit tiefere Erlebnisschicht der Betrachterinnen nachhaltig irritiert und im wörtlichsten Sinn erschüttert durch den Eindruck kraftvoller Geschlechtlichkeit, die die Werke Picassos in ihrem zur Abstraktion gesteigerten Expressionismus ausstrahlen. Die Damen fühlten sich durch den Anblick offenbar geradezu vergewaltigt und waren empört. Sie selbst hätten ihren Zustand wohl nicht in dieser Weise eindeutig benennen können, aber er wurde von ihren Tiefenschichten so verstanden, und ihre Abwehrreaktion war entsprechend heftig. Dabei ist es gleichgültig, ob sich diese dem Unbewußten sehr wohl verständliche künstlerische Formensprache im einzelnen männlicher oder weiblicher Motive bedient. Beide Male wird jenes faunisch-chtonische Element wirksam, dem gegenüber, wie man sieht, noch vor wenigen Jahrzehnten gar nicht wenige Frauen in jener quasi neurotischen Weise reagierten, wie es nur bei Tabuverletzungen zu erwarten ist. Picasso konnte sich keinen überzeugenderen Beweis für die von ihm angestrebte und sichtlich erreichte Bildkraft wünschen.

An der Tatsache, wie fremd den heutigen Zeitgenossinnen derartige Überreaktionen geworden sind, wird der mit der inzwischen fortgeschrittenen weiblichen Emanzipation erfolgte Tabu-Abbau erkennbar. Gerade an den verschiedenen Unterleibsreaktionen wird das Enttabuisierungsgefälle seit der Epoche der Romantik besonders deutlich ables-

Pablo Picasso, Sitzende Frau am Strand, 1929; The Museum of Modern Art, New York

bar. Wenn zur Goethezeit die Frauen der »besseren Kreise« Sexualappelle standesgemäß mit Ohnmachtsanfällen zu beantworten hatten, dann protestierten sie zur Zeit Manets lauthals, und in der Mitte unseres Jahrhunderts griffen sie gegen Picasso sogar tatkräftig zum Regenschirm, während sie sich 1980 vor den gleichen Bildern in überfüllten Ausstellungen als kunstverständig erläuternde Führerinnen ihrer Geschlechtsgenossinnen bewähren, die sich andächtig lauschend um sie drängen ... und es sind jeweils die besonders aufnahme- und erlebnisfähigen unter ihnen, deren Verhalten sich im Verlauf einiger Generationen so grundlegend gewandelt hat. Dieser Prozeß der kollektiven Bewußtwerdung, den in erster Linie Sigmund Freud vor rund achtzig Jahren eingeleitet hat, greift täglich weiter um sich, ohne daß die Beteiligten es im einzelnen gewahr werden. Mit ihren Tabuauflösungen hat die moderne Psychologie eine Jahrtausendzäsur gesetzt, die mit dem zeitweiligen Sittenverfall in manchen früheren Geschichtsabschnitten nichts zu tun hat. Denn heute handelt es sich weder um sittliche Verwilderung noch um verspielte Sinnenfreude, sondern um das Ergebnis einer tiefgreifenden allgemeinen Weltbildwandlung auf Grund zunehmend verbreiteter Einsicht in biopsychologische Zusammenhänge.

Die Stellung des avantgardistischen Künstlers zum Kollektiv

Die Folgen dieser Bewußtwerdung vollziehen sich als unaufhaltsamer, vielfältiger Rückkoppelungsprozeß, dessen Ende nicht abzusehen ist. Eine dieser Folgen besteht darin, die Künstler der Avantgarde auf dem Weg eines hemmungslos individualisierten Expressionismus immer weiterzuführen. Damit werden ihre Werke der naiven Betrachtung immer unzugänglicher und auch dem Analytiker enthüllt sich das Wesen dieser mehr und mehr hermetischen Kunst nur schichtweise. Der Bildausdruck wird so komplex-rätselhaft und vielschichtig verschlossen wie der dahinterstehende Mensch, der ihn geschaffen hat. Genau genommen gilt diese Identität eines Bildausdrucks mit seinem Erzeuger natürlich seit den frühesten Zeiten der Höhlenmalerei. (In diesem Zusammenhang sei daran erinnert, daß die psychologische Analysepraxis von der Gleichung »Bildverständnis gleich Selbstverständnis« seit vielen Jahrzehnten im Rohrschach- und manchem anderen Test routinemäßig Gebrauch macht.) Nur »verhielt sich« das Bildwerk noch nie so abweisend gegen den Beschauer wie in der zum extremen Expressionismus sich steigernden Moderne. In vorkünstlerischen Frühzeiten mit ihrer vergleichsweise noch geringen Erlebnisindividuation innerhalb der primitiven Herde kann man von weitgehend homogenem Gruppenerleben sprechen, bei dem jeder jeden unmittelbar verstand. Auch während der ganzen langen Periode der ästhetisch zentrierten

Paul Klee, Schwebendes (vor dem Anstieg), 1930; Klee-Stiftung, Bern

Kunst weisen die Bildwerke den naiven Betrachter nicht ab. Sie bieten ihm selbst ohne mitteilenden Inhalt ihre zwar mehr oder minder vollkommene, aber auf jeden Fall für jedermann unmittelbar verstehbare, kanongerechte schöne Oberfläche, unter die zu dringen sich kaum jemand bemüßigt fühlte. Dies beginnt sich – zunächst unmerklich – in dem Maße zu ändern, wie der Mensch und damit vor allem der sensible Künstler sich seiner Individualität bewußt zu werden beginnt, bis schließlich in der sich eben dadurch von der klassischen Malerei abhebenden Moderne die immer steilere Abfahrt in solipsistische Tiefenschichten eintritt, die wir unter der Bezeichnung »psychologischer Expressionismus« zusammengefaßt haben. Dieses bewußtheitliche Brodeln, als welches sich dem heutigen Betrachter vorgegenständliche Malerei und Surrealismus sowie die künstlerischen Folgeerscheinungen darstellen, ist dabei, nicht nur die verhärteten Vorstellungsstrukturen, die sich mit dem bisherigen Kunstbegriff verbinden, aufzubrechen und niederzureißen, sondern, wie wir im Verlauf unserer Analyse gesehen haben, darüber hinaus das Verhältnis zur Begrifflichkeit des abendländischen Denkens zu verändern. In dieser Atmosphäre zunehmender Verunsicherung zwingt der Künstler der Avantgarde den Betrachter seiner Werke dazu, von seiner eigenen kreativen Begabung Gebrauch zu machen, nachdem diese daran war, vom begrifflich erstarrten Schemadenken erstickt zu werden. Die Bildbetrachtung wird nun zu einem nicht viel geringeren Kunstwerk als die Bildherstellung, wobei an die Stelle der maltechnischen Fertigkeit die dichterische Einfühlung tritt.

Auf diese Weise kommt es zu einem bewußten Gebrauch unserer zwar etwas verschütteten, aber unverlierbar im Unbewußten wurzelnden Gabe der kollektivmenschlichen, spontanen Wahrnehmungsfähigkeit, ohne die es keine zwischenmenschliche Verständigung gäbe. Inzwischen ist es ein Modethema unserer Tage geworden, daß es an der Zeit sei, sich wieder auf dieses natürliche soziale Bindemittel zu besinnen, um nicht in einem im wahrsten Wortsinn unmenschlichen Umweltklima zu vereinsamen, das zunehmend von apparativen Kommunikationen mittels formelhafter Chiffren bestimmt wird. Der Umgang mit der Kunst der Avantgarde, für die, entsprechend ihrem Wesen als Schau in künftige Erlebnisformen, sprachliche Umschreibungen noch weitgehend fehlen, wird zum Anstoß für eine bewußt intensivierte Beschäftigung mit jenem physiognomischen vorbegrifflichen Sinnverstehen, das Menschen aneinanderbindet und zwangsläufig auch jeder Bewußtseinssteigerung vorangeht. Angesichts dieser Tatsachen wird im Verhalten der bilderstürmenden Damen von 1947 hinter dem Protest gegen die richtig verstandenen faunischen Erlebnisansprüche eines malenden Mannsbilds in einer noch tiefer liegenden Schicht eine andere noch weit unbewußtere Bedürfnisvorstellung sichtbar, nämlich der Protest gegen eine Gesellschaft, die Sexualansprüche ins Abseits des Tabus verweist. Mit ihrer Reaktion beweisen die Damen, daß ihnen die Fähigkeit des physiognomischen Sinnverstehens wie auch die Kraft, auf diesbezügliche Appelle zu antworten, nicht verloren gegangen ist, nur wird diese Kraft durch zivilisatorisch-kulturelle Kanalisation fehlgeleitet. Umso aufschlußreicher ist es, wenn wir heute feststellen, wie weit bewußtmachende emanzipatorische Tabuentbindung das abendländische Kollektiv bereits über die unklaren Vorstellungen jener Regenschirmschwingerinnen von 1947 in wenigen Jahrzehnten hinausführen konnte. Hier wird einer der kollektiven Bewußtwerdungssprünge sichtbar, die unserer Theorie der biologisch zwangsläufigen, Hochkulturen kennzeichnenden Bewußtseinssteigerung als Beweis dienen und die in Anbetracht des heute erreichten kollektiven Bewußtseinsstandes die Berechtigung erkennen lassen, vom zwanzigsten Jahrhundert als dem Beginn des psychologischen Zeitalters zu sprechen. Unter diesem Aspekt gewinnt der Wandel des ästhetisch zentrierten Kunstbegriffs der vierten Stufe zum psychologisch zentrierten der fünften Stufe eine noch weiterspannende Bedeutung, als es zunächst den Anschein haben mochte.

Avantgardistische Kunst als gesellschaftskritisches Moment

Im Lichte des psychologisch zentrierten Kunstbegriffs kann der so unversöhnlich scheinende Zwiespalt zwischen den Weltbildern des avantgardistischen Künstlers und seiner noch in der ästhetisch zentrierten Kunsttradition steckenden Zeitgenossen auf zwei Erlebniskomponenten zurückgeführt werden, von denen die eine als eindeutiges Mißverständnis erkannt wird, während die andere in der grundsätzlich verschiedenen Einstellung zur Zukunft beim avantgardistischen Maler einerseits und der Masse andererseits besteht. Das Mißverständnis ist, daß der Anhänger des klassischen Kunstbegriffs dem Avantgardisten vorwirft, mit seinen angeblich »dekadenten« Werken »kulturzersetzend« zu wirken, wobei er übersieht, daß der Avantgardist nicht einen Wunschzustand vor Augen hat, sondern dem gerade im Kollektiv sich artikulierenden Zeitgeist ersten, noch vorbegrifflich bildhaften Ausdruck verleiht. Daß diese Schau in Künftiges zur Zeit und wohl auch noch weiterhin keineswegs glücklich stimmt, wie wir auf Grund der begrifflichen Ausformung der Elementaren Erlebniskette hinter den modernen Kunstausdrücken feststellen mußten, kann wahrlich nicht dem seinen Eindrücken und Ahnungen sensibel nachtastenden Künstler angelastet werden, ist doch die ganze Moderne von Anfang an ein ununterbrochener Protest gegen die das Wohlbefinden beeinträchtigenden, wenn nicht gar lebenszerstörenden Tendenzen unserer Epoche, so daß kein richtungsmäßiger Unterschied besteht zum ebenfalls keineswegs sehr rosigen Bild, das sich der abendländische Biedermann von seiner gegenwärtigen und künftigen Lage macht. Indem also die Kunst der Avantgarde als »zersetzend und sittenverderbend« angefeindet wird, erfolgt dies in Verwechslung von Ursache und Wirkung, und wenn die ästhetisch zentrierte Kunst dem unerfreulichen Zeitgeist gemäß dem Motto: »Ernst ist das Leben, heiter die Kunst« begegnet, so ist dies ein Verdrängungsverhalten gegenüber der wirklichen Lage. Mit anderen Worten: Der avantgardistische Künstler mit seinen »ärgerniserregenden«, »empörenden« Darstellungen erweist sich als protestierender Moralist, während der dem ästhetisch zentrierten Kunstbegriff Verhaftete sich als ein Zeitgenosse von infantiler Harmlosigkeit, um nicht zu sagen: von verantwortungsloser Gleichgültigkeit entlarvt.

Was hat moderne Kunst mit Kunst zu tun?

Mit dieser Klarstellung des Mißverständnisses, mit dem der Biedermann dem avantgardistischen Künstler begegnet, stoßen wir auf die zweite Erlebniskomponente, durch die ästhetisch, beziehungsweise psychologisch zentriertes Kunstverständnis bestimmt wird. Es ist dies die individuelle Haltung, mit der der Mensch dem mehr oder minder intensiv erlebten Zeitgeist begegnet – entweder, indem er sich mit ihm auseinandersetzt, sei es gefühlsmäßig als ahnungsvoller Künstler der Avantgarde, sei es als analysierender Kritiker, oder, indem er damit verbundene unerfreuliche Vorstellungen weitgehend verdrängt. Wer psychologisch zentrierte Kunst als »verderblich« mißversteht, um die Stimme eines lästigen Mahners zum Schweigen zu bringen, wird zwangsläufig alle schmerzlichen Eindrücke in der ästhetisch zentrierten Kunstdarstellung abschwächen, wie die süßlichen, kulinarischen Darstellungen der Passion Christi beweisen. Darauf, daß Ausnahmen wie Grünewalds Isenheimer Altar uns deshalb heute als Vorläufer expressionistischer Malerei erscheinen, wurde bereits hingewiesen. Daraus versteht es sich von selbst, daß ästhetisch zentriertes Kunsterleben dem modernen, auf zunehmend gesteigerte, psychologische Vertiefung hin tendierenden Ausdrucksbedürfnis grundsätzlich mit tiefer Ablehnung gegenüberstehen muß. Ebenso zwangsläufig folgt daraus, daß der Vertreter der ästhetisch zentrierten Stufe des Kunsterlebnisses die Welt vor einem metaphysisch beschönigenden Hintergrund zu sehen liebt, während derjenige, der zur psychologisch zentrierten Stufe des Kunstverständnisses vorgedrungen ist, auf eine schonungslos enthüllende und damit metaphysiküberwindende Erlebnisdarstellung zielt, soweit ihm Ehrlichkeit gelingt. Hier prallen sichtlich zwei gegensätzliche Welten aufeinander, und es wird verständlich, wenn der Ästhetisch-Zentrierte schließlich fragt: »Was hat moderne Kunst mit Kunst zu tun?«

Diese zunächst etwas spöttisch gestellte Frage können wir nun durchaus ernsthaft beantworten, indem wir zusammenfassend feststellen: Kunst ist ein Wandelbegriff für jenen Vorstellungs- und Ausdrucksbereich, der sich in musisch komplexer Weise an das erst geahnte, noch in geheimnisvollem Dunkel liegende, künftige Wissen herantastet, um von einer weiteren, gesteigerten Bewußtwerdung begrifflich erschlossen zu werden. Diese vorbegriffliche Bedeutung des bildnerischen Gestaltens ist in der Kunst der vierten und fünften Stufe noch genau so Niederschlag des Bilddenkens, das auch den allerfrühesten, vorkünstlerischen Ausdrucksstufen zugrunde liegt als Vorform allen begrifflichen Denkens – ein Erlebnisvorgang, der nach Meinung der Tierpsychologen auch den höheren Tieren eigen ist. Das daraus sich entwickelnde spezifisch menschliche Begriffsdenken kann demnach in allgemeinster Form als Symbolerleben verstanden werden, insofern hierbei eine Erlebnisform in eine andere übersetzt wird. Die bei dieser Übersetzung jeweils erreichte Bewußtheitshöhe wird bestimmt durch den Grad, in dem es gelingt, das komplexe Denkbild, das als »Einfall« ins Bewußtsein tritt, in Einzelheiten aufzulösen und in seinem Gefüge aus diesen Einzelmerkzeichen begrifflich zu beschreiben. Wenn eine solche Beschreibung zu sehr feinen Einzelheiten und der Darstellung ihrer gegenseitigen Abhängigkeiten vordringt, sprechen wir von Analyse. Wenn im Gegensatz dazu auf jede begriffliche Beschreibung verzichtet, und statt dessen der Bildeinfall unter Anwendung ästhetischer Gesichtspunkte wiedergegeben wird, pflegte man bisher von Kunst schlechthin zu sprechen; nun aber sollte man bereit sein, dort, wo die Wiedergabe eines Bildeinfalls nicht unter Betonung des ästhetischen Moments erfolgt, sondern auf das persönliche Erlebnis konzentriert wird, von psychologisch zentrierter Kunst zu sprechen. Dort wo die dahinterstehende Elementare Erlebniskette noch besonders gering bewußt ist, weil in unserem Weltbild noch die Begriffe dafür fehlen, begegnen wir der aktuellen Avantgarde. Bei ihrem Bildausdruck handelt es sich also, zwar fünf Bewußtseinsstufen höher, aber grundsätzlich um den gleichen Erlebnisvorgang wie beim Urmenschen mit seinen an die Höhlenwand projizierten Vorstellungen, nämlich um begrifflos, sprachlos Erfühltes, aus dem heraus in weiteren unzähligen Wiederholungen Elementarer Erlebnisketten allmählich die erhellenden Begriffe erwachsen. Mögen sich diese Wiederholungen über Stunden, Tage, Jahre oder Generationen hinziehen: Der Vorgang des sinnlichen Einfalls, der nach und nach zur Begrifflichkeit abstrahiert wird, ist stets der gleiche: Kunst ist ihrem vorbegrifflichen Wesen nach Kunst auf allen Bewußtseinsstufen und in allen ihren kulturellen Entwicklungsstadien. Um darüber zu sprechen, das heißt, sich darüber begrifflich zu verständigen, bedarf es, sollen keine Mißverständnisse entstehen, der genauen Angabe der jeweils gemeinten Bewußtheitsstufe. Daß der in seinem Schaffen psychologisch zentrierte, moderne Maler wie auch der Liebhaber seiner Werke sehr wohl auch die Schöpfung der ästhetisch zentrierten Kunst in ihrer Bedeutung zu würdigen vermag, bedeutet für manchen auf der vierten Stufe Stehengebliebenen noch ein zusätzliches Ärgernis.

Die Kriterien der Wertschätzung der Werke der vierten Stufe vom Standpunkt der fünften aus unterscheiden sich allerdings von denen des ästhetisch zentrierten Künstlers bzw. Kunstfreundes dahingehend, daß der erstere auch die ästhetisch zentrierten Werke vor allem nach Stärke und Schwäche der dahinterstehenden, im Ausdruck sichtbar werdenden Künstlerpersönlichkeit, also ebenfalls in erster Linie psychologisch zentriert beurteilt. Vom bewußtheitshöheren Standpunkt der fünften Stufe aus läßt sich nun mit beliebiger Genauigkeit definieren, worin die zunächst nur erfühlte malerische »Pranke« besteht. Mittels des psychologisch zentrierten Kunstbebegriffs wird es selbstverständlich, daß formale Bildvollkommenheit nicht die geringere Stärke einer Malerpersönlichkeit ausgleichen, wohl aber deren

Pablo Picasso, Mandoline und Gitarre, 1924; The Solomon R. Guggenheim Museum, New York

überlegene Wucht sogar gelegentliche formale Mängel der Darstellung vergessen machen kann. Dessen werden wir bewußt, wenn wir in der ästhetisch zentrierten Malerei zum Beispiel Goya über Watteau oder in der psychologisch zentrierten Picasso über Matisse stellen. Auf die besondere Bedeutung der malerischen Pranke gerade in der Moderne werden wir gleich noch zu sprechen kommen.

Avantgardistische Kunst als kulturkritisches Moment

Aus der Sicht der psychologisch zentrierten, fünften Stufe ist die Geschichte der bildenden Kunst seit ihren frühen Anfängen von der Urzeit bis heute an Hand des im Bewußtsein aufsteigenden Erlebnisschwerpunkts als Beitrag zum Weltbild der Psychoanalyse neu zu schreiben. Um diese riesige und vielschichtige Aufgabe wird die kunstgeschichtliche Forschung nicht herumkommen. Ihre Notwendigkeit anzudeuten, gehört zur vergleichsweise bescheidenen Aufgabe unserer vorliegenden Untersuchungen, in denen es das Wesen des Wandels des Kunstbegriffs von der vierten zur fünften Stufe herauszuarbeiten galt, um der noch allgemein herrschenden einseitigen Kunstvorstellung aus ihrer ästhetischen Fixierung herauszuhelfen. Trotz dieser Vorstellungsfessel kann längst nicht mehr von einer totalen »Seelenblindheit« des Durchschnittsabendländers gegenüber den avantgardistischen Kunstausdrücken seiner Kultur gesprochen werden – sonst gäbe es keine Diskussionen darüber. Was diese Auseinandersetzungen bedeuten, wird klar, indem man sich in einem Gedankenexperiment vorstellt, man könne die Werke eines Kandinski, eines Picasso, eines Dali Menschen des 12. Jahrhunderts darbieten. Es ist anzunehmen, daß ein solches Publikum aus einem anderen, weniger bewußten Zeitalter diesen Malern völlig reaktionslos gegenüberstehen und deren Werke sicher nicht als »zersetzend« oder »empörend« erleben würde, wie es heute so vielen Betrachtern widerfährt. Im übrigen ist festzustellen, daß in der westlichen Welt während der letzten Jahrzehnte die Feindseligkeit der öffentlichen Meinung gegen die Kunst der fünften Stufe abgenommen hat. Von einigen Vandalismen bilderstürmender, meist geistig abartiger Einzelgänger abgesehen, hört man immer weniger von gegen moderne Kunstwerke gerichteten Gewalttaten. Das bedeutet freilich noch lange nicht, daß die Künstler der Avantgarde allgemeine Anerkennung als Kulturträger finden. Eine protestlose Hinnahme der Kunst der Avantgarde würde jedoch bedeuten, daß das verdrängungsfreudige bürgerliche Unbewußte nicht mehr von ihr in seiner sprichwörtlichen Trägheit schmerzlich getroffen werden könnte, womit in der Tat das Ende der lebendigen Kunst erreicht wäre.

Bei immer zahlreicheren Menschen ist ein, wenn auch oftmals snobistisch gefärbtes Interesse an moderner Kunst festzustellen. Dazu trägt nicht zuletzt der Gewöhnungseffekt durch die einander jagenden Ausstellungen moderner Kunst bei, die ihrerseits wiederum nur durch das steigende Interesse daran ermöglicht werden. Dort, wo die Bildausdrücke psychologisch zentrierter, extrem expressionistischer Kunst nach wie vor auf heftige Ablehnung stoßen, handelt es sich um jede tiefere Wesensschau ablehnende Menschen, die sich aber trotzdem immer weniger dem Gefühl entziehen können, mit ihren bisherigen Schimpfkanonaden gegen die moderne Kunst wie auch gegen das wesensver-

Henry Moore, König und Königin, 1952–53; Freiluft Museum, Antwerpen

wandte psychoanalytische Weltbild bei vielen Zeitgenossen nicht mehr recht »anzukommen«. Die Künstler der Avantgarde selber pflegen in ihrer eigenen, freilich ganz anders begründeten Analysefeindlichkeit nicht nur nichts zur Änderung dieses Konfliktzustandes beizutragen, sie scheuen im Gegenteil keine Mühe, ihn durch sorgfältig inszenierte Herausforderungen der bürgerlichen Entrüstung anzuheizen. »Epater le bourgeois«, »den Biedermann verblüffen« ist nachgerade ein wesentlicher Teil der künstlerischen Wirkung. Sie gelingt umso leichter, als die vorbegriffliche, wortlos beredte Bildkunst dem Analyseunfähigen bzw. -unwilligen keinen begrifflichen Ansatzpunkt liefert, seinen Ärger sprachlogisch zu begründen, so daß ihm in der Tat nur affektgeladenes, mißverstehendes Schimpfen bleibt. Dem über seinen ästhetisch zentrierten Kunsthorizont Nichthinaussehenden wird nicht einmal klar, mit welcher ungeheuren soziologischen – früher hätte man gesagt: moralischen – Kraft er sich mit seiner Ablehnung der modernen Malerei in eine Auseinandersetzung einläßt, in der er im Zuge der biologisch zwangsläufigen, kollektiven Bewußtheitssteigerung letztendlich nur unterliegen kann. Denn schließlich versucht er nichts Geringeres als gegen die Urkraft aller bildlichen Aussage und damit gegen die keimende »Ein-Sicht« anzukämpfen, die allem Begrifflichen vorausgeht. Dessen Wirkung kann aber nur der beeinflussen, der gerade das tut, was der Verdränger am meisten scheut, nämlich die Zusammenhänge analytisch zu durchleuchten. In diesem Punkt könnte ihm der avantgardistische Künstler auch dann nicht behilflich sein, wenn diesem statt an Herausforderung an versöhnender, analytischer Aufklärung gelegen wäre, einer Aufklärung also, die seinem bildschöpferischen Dämon den Garaus machen würde. So bleibt der Künstler der Avantgarde ein sich selbst nicht verstehender, wortloser Moralprediger, dem sich der Biedermann ohne Argumente und damit weit hilfloser ausgeliefert fühlt als jedem wortgewaltigen Moralisten. Da ein solcher im Gegensatz zur komplexen Bildsprache stets von einer dogmatischen, einseitigen Begrifflichkeit ausgeht, fordert er eine Auseinandersetzung auf dieser begrifflichen Ebene heraus, in deren Verlauf er wie jeder Einseitige früher oder später unterliegen muß. Das heißt: sein Savonarola-Schicksal, auf dem Scheiterhaufen des entfachten Widerspruchs verbrannt zu werden, ist auf die Dauer unvermeidlich. Das Bild dagegen gleicht einer unvermerkt beigebrachten, bewußtseinserweiternden Droge, deren geheimnisvoller Wirkung auf die physiognomisch gesteuerte, tiefste Erlebnisschicht der Gefühle sich seit den Urzeiten der Höhlenmalerei niemand entziehen kann.

2. Der psychologisch zentrierte Kunstbegriff und seine Folgen

Wie das bisherige, spontan ablehnende Verhalten des breiten Publikums gegenüber der modernen Malerei im allgemeinen und der Kunst der jeweiligen Avantgarde im besonderen zeigt, stellt der homo cupidus rerum novarum, der angeblich stets auf neue Erlebnisse so lüsterne Mensch, keineswegs die Regel, sondern eher die Ausnahme dar. Sein Verhalten ist Ausdruck eines kulturell fortgeschrittenen Zustandes, der im Gegensatz zur Geisteshaltung des sprichwörtlich »furchtsamen Wilden« steht, welcher vor allem Neuen scheu zurückweicht. Psychologisch folgerichtig findet sich diese primitive Scheu als Aberglaube auch noch in weit fortgeschrittenen Kulturstadien in Erlebnisbereichen, die dem Unbewußten verhaftet sind. Diese Scheu schlägt im hochbewußt gewordenen homo cupidus rerum novarum, darunter die überzeugten Anhänger avantgardistischer Kunst, in Neugier um, wenn dieser anläßlich der Vorstellung eines neuen Kunstausdrucks ein Überraschungseffekt glückt. Diese Neugier ohne Scheu bewahrt den der Moderne Aufgeschlossenen vor jener Seelenblindheit gegenüber Unerwartetem, der frühere, geringer bewußte Epochen in hohem Maße ausgeliefert waren. Ihre Überwindung in einer immer schnelleren, bewußten Eingliederung alles Neuen in das bestehende Weltbild wird hier in einem Feedbackprozeß zu einem immer wirksamer werdenden Werkzeug der Bewußtheitssteigerung. Diese forscherische Neugier drückt auch der lebenden Kunst unserer Tage ihren Stempel auf. Da im Zusammenhang damit ein für unsere Kultur typisches Phänomen sichtbar wird, wollen wir uns mit dem Wesen dieser Neugier und den Folgen für die Kunst der Avantgarde nun noch etwas beschäftigen.

Im immer vorurteilsloser beschleunigten Ablauf der Elementaren Erlebnisketten der Erfahrungen erweist sich das menschliche Bewußtsein mit seiner unter allen Lebewesen einmaligen Freizügigkeit der Vorstellungen als ein lebendes System von besonders hoher Entwicklungsfähigkeit. Dies bedeutet gleichzeitig ein System von höchst labilem Gleichgewicht, das nach jedem Bewußtwerdungsschritt neu eingestellt werden muß. Aus dieser Entwicklungslabilität ergibt sich eine gesteigerte Gefahr von Fehlentwicklungen. Dies wird bestätigt durch die Tatsache, daß solche Fehlentwicklungen im Vorstellungsablauf in Gestalt von Neurosen dann anzutreffen sind, wenn die individuelle Bewußtwerdungsfähigkeit eines Individuums durch die Lebensumstände überfordert und damit der psychische Gleichgewichtszustand gestört wird und bleibt, wenn nicht kompensatorische Maßnahmen getroffen werden.

Das Ausdrucksprinzip der modernen Kunst

Die allmähliche Verschiebung des künstlerischen Erlebnisschwerpunktes vom Ästhetischen ins Psychologische, die mit dem Impressionismus einsetzt, stellt eine solche gleichgewichtserhaltende Maßnahme mittels einer Reihe kleiner Bewußtwerdungsschritte dar. Wir erkennen in diesen Schritten die gemeinsame, verbindende Tendenz einer fortschreitenden Entbindung der musisch komplexen Einfälle von überkommenen Vorstellungen, so daß dieser kontinuierliche Enthemmungsvorgang als das künstlerische Gestaltungsprinzip schlechthin der gesamten Moderne von ihrem Beginn bis auf unsere Tage bezeichnet werden kann. Es dürfte sich also auch für das analytische Verständnis des in die Zukunft verlängerten Gesamtkomplexes »Moderne Malerei« als fruchtbar erweisen, diese Enthemmungsschritte als Leitfaden weiterer Überlegungen zu benützen, die über die beiden Grundformen der vorgegenständlichen und surrealistischen Malerei hinausführen.

Wenn wir zu diesem Zweck die von diesen beiden Richtungen geprägten Enthemmungsbemühungen in ihrem zeitbedingten erlebnismäßigen Umfeld betrachten, so fällt uns als erstes auf, daß sie zusammentreffen mit einer anwachsenden, von außen kommenden zivilisatorisch-technisch bedingten Reizüberflutung auf Grund der immer schnelleren und weiträumigeren Umweltkommunikationen durch die Entwicklung der Verkehrs- und Medientechnik. Diese Schwemme von pausenlos anbrandenden Eindrücken, denen sich der Mensch der Gegenwart gegenübergestellt sieht, führt zu einer besonderen Art der Gefährdung des Individuums. Die Erfahrung zeigt, daß Angehörige sogenannter primitiver Völker wie auch nicht wenige Abendländer, die auf Grund ihrer Individualstruktur in ähnlich hohem Grad so gut wie ausschließlich ihrem Unbewußten ausgeliefert sind, von dieser Eindrucksflut, die sich vor allem in den großen Städten auswirkt, binnen kurzem in persönlichkeits- und damit lebenszerstörender Weise verunsichert werden. Einer solchen Verunsicherung standhalten, das heißt im psychischen Gleichgewicht bleiben, kann nur ein Mensch von ausreichend gesteigerter Bewußtheit, um im Erkennen seines Bedürfnisses nach Selbstschutz eine sinnvolle Auswahl der Eindrücke zu treffen, die er erlebnismäßig verarbeiten will. Damit wird klar, daß und warum nicht nur primitive, sondern auch besonders sensible Menschen, wie vor allem die Künstler und unter ihnen wiederum besonders die der Avantgarde, in weit überdurchschnittlicher Weise gefährdet sind, wie dies die hohen Selbstmordzahlen in ihren Reihen bestätigen. Was den Künstler wie ein Bollwerk vor den Gefahren seiner Sensibilität schützt, ist sein bildnerischer Schaffensdrang. Durch ihn bleibt er dem tätigen Leben verhaftet; durch ihn wird er gehindert, in dumpfer Verzweiflung zu versinken, wenn ihn düstere Stimmungen zu überschwemmen drohen. Er hilft damit sowohl sich als den seiner Kunst aufgeschlossenen Zeitgenossen. Die lebenssichernde Wirkung der avantgardistischen Kunstausdrücke für den empfänglichen Betrachter besteht vor allem darin, daß diesem im Kunsterlebnis bewußt wird, mit seinen quälenden Elementarängsten über die Grenzen der in ihren lebenssichernden Qualitäten verbrauchten Traditionen hinaus – solamen miseris – nicht allein zu sein.

So dient die musisch komplexe Reaktion im künstlerischen Ausdruck zur Aufrechterhaltung des psychischen Gleichgewichtes. Die Sehenden werden in einem von Generation zu Generation fortschreitenden Bewußtwerdungsprozeß an immer tiefere Bereiche der eigenen Struktur herangeführt. Die solipsistische Malerei der Avantgarde mit ihrem immer dichter die eigene Person umspinnenden Expressionismus gelangt freilich zwangsläufig zu Ausdrücken, die dem Außenstehenden zwar zunächst mehr und mehr verschlüsselt erscheinen; diese sind aber trotzdem nicht dem physiognomischen Sinnverstehen entzogen. Der ähnlich Strukturierte nähert sich ihnen in unmittelbarer, stimmungsmäßiger Nachempfindung, der zur Analyse Begabte ergründet die dahinterstehenden, aus dem Unbewußten auftauchenden Elementaren Erlebnisketten. Dabei zeigt sich: Jede Zeit hat die Kunst – nicht »die sie verdient«, wie eine dogmatisch verklemmte Moral meint, sondern die sie braucht. Aus der bewußtheitlich gesteigerten, individualisierten Weltbildproblematik ergibt sich, daß eine noch so hochstilisierte, ästhetisch zentrierte Kunst der Wahrung des psychischen

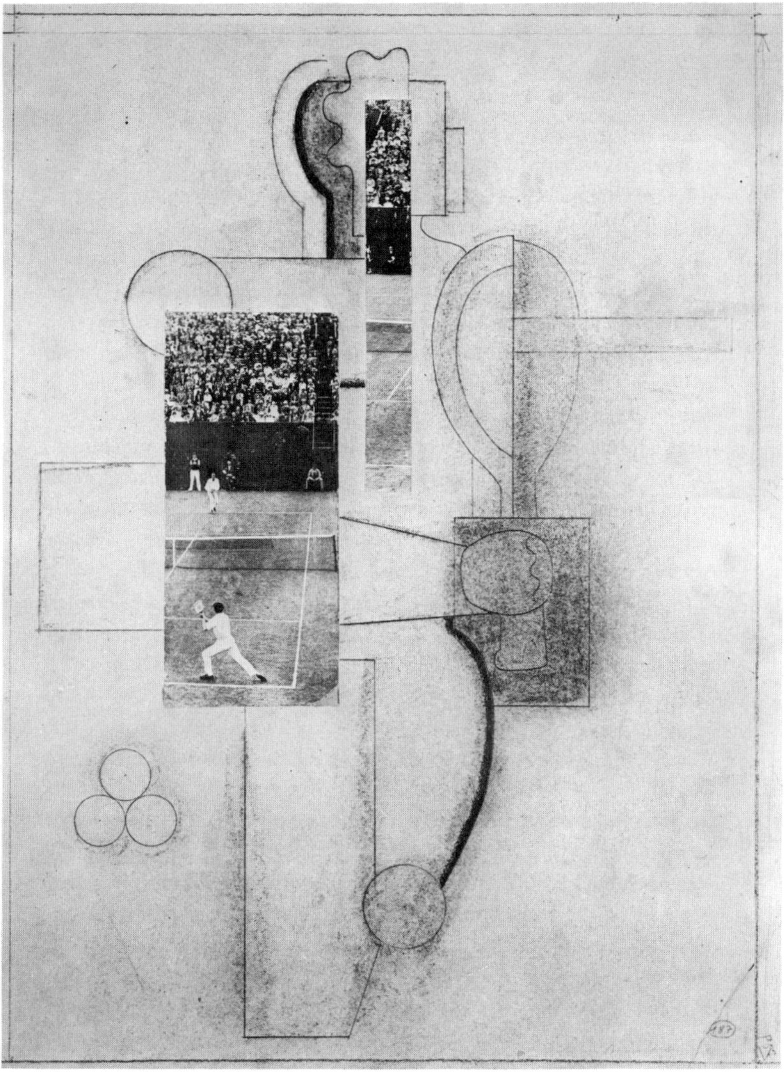

Willi Baumeister, Tennisspieler, 1927; Privatbesitz

Gleichgewichtes nicht mehr dienlich sein kann, sondern nur eine das Wesentliche unserer Zeit aufspürende, reaktionsfähige, das heißt psychologisch zentrierte. Nur diese verdient die Bezeichnung »lebende« Kunst.

Die Erlebniseindrücke, mit denen sich diese lebende Kunst auseinanderzusetzen hat, sind quantitativ gekennzeichnet durch ihre im Vergleich zu früheren Epochen ins Ungeheure vermehrte Zahl und qualitativ dadurch, daß der überwiegende Teil davon als passive Schau, also ohne wesentliche eigene Leistung erlebt wird: Als Zuschauer von Veranstaltungen, als Sight-seeing-Reisender, als Medienkonsument. Nicht grundlos ist das Wort »show« seit längerem eines der häufigsten und haltbarsten Modeworte geworden. Diese vorüberrasende Lebensschau ist wenig zu jener gefühlsmäßigen Erlebnisvertiefung angetan, die früheren, in einem ganz anderen Sinn be-schaulichen Zeiten selbstverständlich war. Das heutige Grundgefühl, man könne etwas versäumen, das sich als permanente Lebenshetze wie eine jeden Einzelgeschmack verdeckende, einmal süße und einmal herbe Einheitssauce über alle Gerichte eines reichgedeckten Tisches ergießt, führt dazu, daß der Abendländer inmitten seiner einseitig von Eile geprägten Eindrucksfülle gerade in dem für das psychische Gleichgewicht entscheidenden Erlebnisbereich, nämlich dem des Gefühls, unterversorgt bleibt. Er sucht deshalb seinen diesbezüglichen Bedarf zu decken, wo immer sich Gelegenheit bietet. Soweit ihm dies nicht in der Intimität gelingt – und da sieht es aus Gründen, die hier nicht zur Debatte stehen, für viele Menschen mager aus – gibt es, nachdem die Kirche für die meisten in Wegfall gekommen ist, neben Kino, Theater und für die Jugend die Diskothek, kaum mehr Orte, wo der Zeitgenosse sein Gefühlsdefizit decken kann.

In diese Lücke stoßen unter anderem die zunehmend zahlreicheren, großen Kunstausstellungen, die unter Bezugnahme auf alle nur denkbaren Stichworte und Jubiläumsdaten zusammengestellt werden, um dann von einer Großstadt in die andere zu ziehen. Ihre erstaunlichen Besucherzahlen bestätigen die Bedeutung dieses Ausstellungstrends, der sowohl ästhetisch wie psychologisch zentrierte Kunst betrifft.

Dabei ist die psychische Wirkung von beiden grundverschieden. Wenn die der ästhetisch zentrierten Kunst am allgemeinsten etwa mit einem Wort wie »erhebend« bezeichnet werden kann, ist bei der psychologisch zentrierten das Wort »bewußtheitssteigernd« angemessen. Wer sich mit modernen Bildern nicht nur oberflächlich befaßt, macht die Erfahrung, daß die Begegnung mit ihnen stets den Charakter einer Auseinandersetzung annimmt, insofern der moderne Kunstausdruck seinen Daseinssinn nicht aus dem dargestellten Gegenstand, sondern aus der Persönlichkeit des Malers bezieht. Diese wird dadurch weit mehr ins Scheinwerferlicht der Öffentlichkeit gerückt als je zuvor. Die Kunst der fünften Stufe entkleidet in ihrem erklärten Personenbezug die Werke jeden sachlichen Mitteilungsgehaltes und macht sie zum ausschließlichen Gefühlsträger ihres Erzeugers, der mit seinem nach und nach von allen Vorstellungsschranken sich befreienden Expressionismus als Zeugnis einer Selbstentblößung bezeichnet werden muß. Dies führt dazu, daß in der Moderne ganz andere Persönlichkeitsstrukturen die Malerszene bestimmen als in der Blüte des ästhetisch zentrierten Kunstverständnisses. Dieser Weg zur Introspektion im psychologisch expressiven malerischen Schaffen ist der wesentlichste Grund, warum sich heute so viele Menschen von der Tätigkeit des Malens angezogen fühlen. Kein Versuch der Selbstfindung scheint schmerzloser und liefert so »anschauliche« Ergebnisse wie das Malen. Da in unserem psychologischen Zeitalter alles Didaktische perfektioniert wird, ist jedem Malfreudigen der Erwerb einer handwerklichen Fertigkeit möglich, die ausreicht, um nach einiger Zeit der geduldigen Übung seine Vorstellungen mit ausreichender Deutlichkeit auf Papier oder Leinwand bringen zu können. Die von der Person untrennbare malerische Pranke ist freilich unlehrbar; deshalb ragen aus der ständig anschwellenden Flut mittelmäßiger Bilder prozentual immer weniger heraus.

Verwunderlich erscheint dabei die Tatsache, daß trotz der vielen, immer vollkommeneren Bildreproduktionen von Meisterwerken eine beträchtliche Anzahl schlechter Bildoriginale Käufer findet. Wenn dies bei Bildern der vierten Stufe aus kunstfremden Gründen erfolgt, wie der begrifflichen Wertung des »handgemalten Künstlerbildes« oder der ebenso begrifflich bestimmten Vorlieben für gewisse Sujets, vom Landschafts- oder Blumenstück fürs Wohnzimmer bis zum frivolen Schlafzimmerbild, so werden dagegen Werke der fünften Stufe nur von Leuten erworben, die zur psychologisch zentrierten Kunst eine tatsächliche innere Beziehung haben. Wenn auch in diesem Bereich höchst mittelmäßige Werke ihre Liebhaber finden, so ist das in einer individuellen, strukturbedingten Sympathie des Betrachters begründet, nicht anders als in Beziehungen von Mensch zu Mensch auch. Der persönlichkeitsgeprägte expressionistische Bildausdruck zieht den Betrachter an oder stößt ihn ab auf Grund der physiognomisch sinnverstehenden Reaktion seiner eigenen Persönlichkeitsstruktur auf die im Bild erfühlte des Malers – wobei Interpretationsirrtümer und Mißverstehen ebenso häufig unterlaufen wie in allen zwischenmenschlichen Beziehungen. Auch wird wie im unmittelbaren menschlichen Verkehr keineswegs alles Große und Eindrucksvolle stets als wünschenswerter Umgang erlebt. So kommt es, daß selbst die malerische Geniepranke eines Picasso, deren Wirkung sich kaum jemand entziehen kann – man denke an die sexerregten Damen – nicht einmal Sache jedes erklärten Freundes psychologisch zentrierter Malerei sein kann; denn nicht jeder möchte sich von dieser Pranke beim täglichen Anblick von der Wand herunter erschlagen lassen.

Daß unter den Malern der Moderne die Künstler ihres Beginns, also die Impressionisten vom Publikum bevorzugt werden, nimmt im Zusammenhang mit Picasso nicht Wunder, wenn man sich vor Augen hält, daß die Stilperiode des Impressionismus heute immerhin von weiten Kreisen psychologisch verkraftet wird, da hier das gewohnte ästhetisch zentrierte Kunsterlebnis noch bei weitem überwiegt. Dank dieser Mischung von Ästhetik und struktureller Künstlerindividualität genießt bekanntlich der Impressionismus den Ruf, der Höhepunkt der abendländischen Malerei zu sein. Ein Bildbetrachter freilich, der für weiter fortgeschrittene psychologisch zentrierte Malerei aufgeschlossen ist, erlebt die Begegnungen mit ihm sympathischen Werken dieses gesteigerten Expressionismus wie ein intimes Gespräch mit einem Freund. Darüber hinaus erfährt er in der einfühlenden Rückübersetzung des bildhaften Ausdrucksgehaltes in die Erlebnisstruktur der dahinterstehenden Malerpersönlichkeit die Befriedigung einer gleichsam schöpferischen Eigenleistung. Eine derartig intensive Bildbetrachtung erschließt das unmittelbare Verständnis für die meditative Hingabe des Malers bei seiner Ausdrucksfindung. Vielleicht wird mit diesem Hinweis auf die Bedeutung der strukturbedingten Zwiesprache zwischen einem echtgeschöpften, avantgardistischen Kunstausdruck und seinem aufgeschlossenen Betrachter auch demjenigen, der sich für moderne Kunst bisher nicht erwärmen kann, wenigstens vom Begrifflichen her verständlich, daß selbst an der extremsten Moderne »etwas dran ist«.

3. Die drei Faktoren der Publikumswirkung avantgardistischer Kunst

Durch das Schmücke-dein-Heim-Bild, das wir als Kunstgewerbe verstanden haben und das in den verschiedensten Preislagen und für jeden Geschmack auf den Markt kommt, wird der Kunsthandel in zwei Bereiche geteilt, die sich ohne Berührungspunkte nebeneinander entwickelt haben: In den Allerwelts-Jahrmarkt billiger bis teurer Scheinästhetik, sprich Kitsch, einerseits und andererseits in die Vermittlung der Moderne an ernsthaft Kulturbetroffene nebst ihrem – freilich oft snobistischen – Anhang. Wer zu dieser oder jener Gruppe von Bildkonsumenten zählt, hängt von der individuellen Charakterstruktur und von der umweltbedingten Persönlichkeitsentwicklung ab. Dieses Zusammenspiel einer inneren und einer äußeren Komponente läßt sich in seiner Grundsätzlichkeit in folgende drei Punkte zusammenfassen, mit denen die Kunst der Avantgarde in ihrer allgemein-psychologischen Wirkung gekennzeichnet wird:

1. Das sinnenhafte Unterscheidungsvermögen des Augentieres Mensch ist im optischen Bereich am größten, und zwar gilt diese Sensibilität sowohl hinsichtlich der unmittelbar physiologischen als auch hinsichtlich der davon abgeleiteten physiognomisch-sinnverstehenden, psychischen Ansprechbarkeit.
2. Das Unbewußte nimmt ohne Unterlaß eine Flut sinnlicher Eindrücke auf. Indem diese unterhalb der individuell sehr verschiedenen Reizschwelle bleiben, lösen sie keine Elementaren Erlebnisketten im einzelnen aus. Nichtsdestoweniger wirken unbewußt wie bewußt wahrgenommene Sinneseindrücke gleicherweise persönlichkeitsprägend, wobei die Wirkung der unbewußt gebliebenen am ehesten durch

Henry Moore, Liegende Mutter mit Kind, 1960–61; Privatbesitz

Bewußtmachung beeinflußt werden kann. Unbewußte wie bewußte Sinneseindrücke wirken in allen Vorstellungen und Erlebnissen zusammen. Dieses Zusammenspiel bestimmt insbesondere den »Ersten Eindruck« von Situationen und Personen, der von vielen Menschen als besonders zutreffend erfahren wird, da hier Zu- und Abneigung als spontane physiognomische Eigenreaktion und damit als von begrifflichen Vorurteilen noch unverzerrte Spiegelung der eigenen Persönlichkeitsstruktur erfolgt. Wer sich also selber gut kennt, kann in diesem Selbst-Vergleich den besten Gebrauch von seinen Ersteindruckserlebnissen machen. Zumal gefühlsbetonte, musische Menschen pflegen ihre Sympathie-Antipathie-Verteilung vom Ersteindruck abhängig zu machen.
3. Die spontane Zu- bzw. Abneigung fällt besonders heftig aus, wo mit dem Eindruck unmittelbar elementare Gefühle, also vor allem die Sexualität, angesprochen wird – positiv etwa in der bekannten »Liebe auf den ersten Blick«, negativ beim Ansprechen tabuisierter Vorstellungen. In Situationen, wo beides gleichzeitig erfolgt, zeigt sich, wie weit das Individuum einem Dressat unterliegt. Gesteigerte Abneigungstendenzen pflegen sich im übrigen bei älteren Individuen einzustellen, die sich durch neue, ungewohnte Vorstellungen in ihrem bisherigen Weltbild und den darauf aufgebauten Sicherungsvorstellungen bedroht fühlen. Diese Abneigungsreaktion älterer wie auch jüngerer Individuen gegen verunsicherndes Neues steigert sich in Zeiten schneller, von außen aufgezwungener, technischer Veränderungen.

Angesichts dieser drei Punkte ist die ablehnende Haltung der breiten Masse der avantgardistischen Kunst gegenüber ebenso selbstverständlich wie die Umkehrung: Ein Künstler, dem vom Kollektiv keine Ablehnung widerfahren ist, kann kein Avantgardist sein. Der Widerstand des Publikums wirkt indessen auf den echten avantgardistischen Künstler keineswegs lähmend, wie man vielleicht meinen möchte, sondern bestärkt ihn gerade in seinem ständigen Protest, der die avantgardistische Malerei zur Trägerin einer permanenten Revolution macht. In der Folge fällt ein bißchen von diesem Schimmer auf alles, was mit Leinwand und Farbe zu tun hat. Deshalb üben die sogenannten Künstlerviertel der Großstädte eine magische Anziehungskraft auf Kultursnobs und junge Leute aus. Wenn auch die meisten ihrem Schaffensdämon sich unterwerfenden, wirklichen Künstler längst schon in stillere Gefilde entwichen sind, bleibt der traditionsreichen Stätte noch lange der Ruf, eine Wetterwarte des Kulturgeschehens zu sein.

Bewußtheitssteigerung durch Auseinandersetzung mit der Moderne

Die bildhaft komplexe Zwiesprache des avantgardistischen Künstlers mit der dünnen Schicht der seiner Kunst nicht nur als Angeber, sondern aus dem Bedürfnis nach Weltbilderweiterung und aus intellektueller Neugier Aufgeschlossenen führt zu einer wechselweisen Anregung der Bewußtheitssteigerung hinsichtlich der dahinterstehenden Elementaren Erlebnisketten. Die ersten begrifflich ausgeformten Folgeerscheinungen entstehen dort, wo der Begriff noch am unmittelbarsten gefühlsgesteuert wird, nämlich in der Form der lyrischen Dichtung, die in ihren jeweils modernsten Ausdrücken der Masse ebenso unzugänglich erscheint wie die auslösende Malerei. Die unabhängig davon nach wie vor auf verschiedenstem geistigen Niveau entstehende Allerweltslyrik spielt im Vergleich dazu die gleiche Rolle wie die auf ästhetisch zentrierten Stil ausgerichtet bleibende kunstgewerbliche Malerei. Die avantgardistische Lyrik dagegen bildet den natürlichen Einstieg in die begriffliche Auseinandersetzung mit dem im Anschaulichen auftauchenden neuen Weltbild. Damit ist der Weg zur weiteren Bewußtheitssteigerung beschritten. Er führt als nächste Station nach Art der Mythenbildung der zweiten gesamtkulturellen Bewußtheitsstufe zum gleichnishaft personifizierten Ausdruck der dramatischen oder erzählenden Form. Von hier aus erfolgt der Vorstoß zur Abstraktion im philosophischen Essay und weiter zur psychologischen Analyse. Ein Beispiel dafür stellen unsere Betrachtungen dar. Dieser Weg zur wissenschaftlichen Durchleuchtung ist der für den abendländischen Kulturkreis arteigene zur Weltbilderweiterung.

Sinngemäß ähnliche Beziehungen der Malerei wie die zur Literatur lassen sich natürlich auch zur Musik aufdecken, deren Moderne bekanntlich den meisten Zeitgenossen nicht weniger verschlossen bleibt als die der bildenden Kunst. Eine vergleichende Musikanalyse würde in noch höherem Maße als ein Eingehen auf die literarische Parallele den Rahmen unserer Betrachtungen zur bildenden Kunst sprengen. Es soll an dieser Stelle lediglich darauf hingewiesen werden, daß der musikalische Impressionismus mit seinen klangmalerischen Harmonien – etwa eines Debussy – dem malerischen entspricht, weshalb beide Impressionismen, als noch im wesentlichen ästhetisch zentriert, heute bereits breite Zustimmung finden – während die atonale Antimelodik und darüber hinaus gar die zuweilen zum Happening aufbereitete Geräuschmusik Stockhausens oder Kagels als fortgeschrittene, psychologisch zentrierte Kunstausdrücke von höchst individualistischer, extrem expressionistischer Prägung neben die jüngsten Formen der bildenden Kunst gleicher Tendenz treten – Formen, die für die Mehrzahl der Zeitgenossen noch gleichermaßen unverdaulich sind.

Trotz des erklärten Bruches der malenden wie der tönenden Avantgarde mit der traditionellen kartesianischen Vernunft wird der Grundpart im abendländischen Kultur- und Zivilisationskonzert nach wie vor vom wissenschaftlich ausgerichteten Denken gespielt. An dessen Primat vermag ein von ein paar Außenseitern und ihrem Anhang gerade wieder einmal in Szene gesetzter, wissenschaftsfeindlicher Vorstoß nicht zu rütteln. Selbst eine politisierte, grünangestrichene Wissenschaftsfeindlichkeit größeren Ausmaßes kann nur die durchaus segensreiche Rolle des Hechts im Karpfenteich spielen, um das Augenmerk auf die bisher wildwuchernden Kinderkrankheiten der Technik mit ihrer atomaren und anderweitigen Umweltverseuchung zu lenken. Die Zeit ist reif, um in die Kritik an unserem wissenschaftlichen und technischen Weltbild, das nicht an seinem Entwicklungsende, sondern an seinem Anfang steht, zwei neue Dimensionen einzuführen, nämlich die

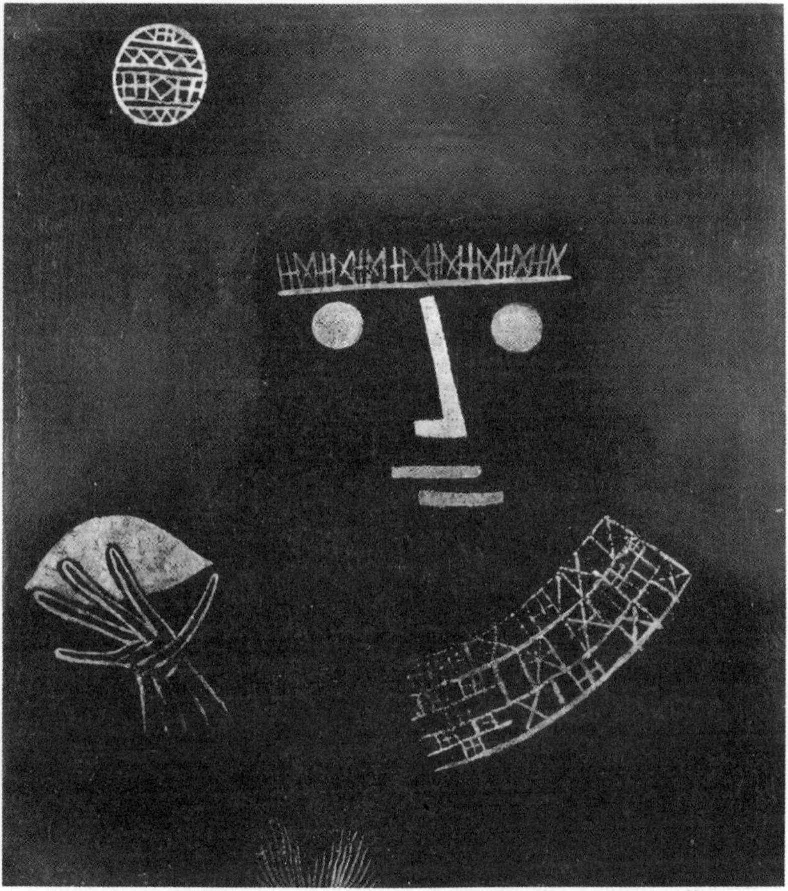

Paul Klee, Schwarzer Fürst (Prinz), 1927; Kunstsammlung des Landes Nordrhein-Westfalen

der weltumspannenden, systematischen Kontrolle der umweltverändernden Großtechnik und ferner die einer erkenntniskritisch begründeten Psychologie. Die Einsicht, daß menschliche Probleme letztenendes nur soweit gelöst werden können, als die psychologische Durchdringung ihrer Hintergründe erfolgt, ist keineswegs neu. Trotzdem sieht man sich erst neuerdings gezwungen, ernsthafte praktische

Konsequenzen aus der bisher sehr theoretischen Einsicht zu ziehen, daß alle menschlichen Beobachtungen, sowie die daraus abgeleiteten Schlußfolgerungen durch die dabei verwendeten Basiswerkzeuge – das sind die Sinnesorgane in ihrem physiologischen Aufbau und das Gehirn als die das Wahrgenommene verarbeitende Zentrale – an Strukturen gebunden sind, die einen Bereich des Erlebens- und Vorstellungsmöglichen bestimmen, der zwar unvergleichlich weiträumiger als der aller anderen Tiere, aber dennoch unvermeidbaren biologischen Zwängen unterworfen ist. Diese Grundtatsache bedeutet, erstens, eine bestimmte funktionelle Fehlerbreite für alle durch den Menschen als seinem leibeigenen Forschungsapparat gewonnenen Resultate – und sichert, zweitens, die im Vergleich zu allen anderen Lebewesen große, strukturbedingte Funktionselastizität des Forschungsapparates »Mensch« mit ihrer gewaltigen Fülle von Vorstellungs- und Erlebnismöglichkeiten diesem eine unübertroffene Anpassungsfähigkeit an die unterschiedlichsten inneren und äußeren Daseinsbedingungen. Der Reichtum dieser Möglichkeiten wird bewußt, indem man sich vor Augen hält, welche verschiedenartigsten Weltbilder von der Menschheit entwickelt worden sind und fortlaufend neu entwickelt werden. Das Verwirrendste daran ist, daß es zu jedem dieser Weltbilder Menschen gibt, die dasselbe für absolut geglaubte Wirklichkeit halten, solange sie sich nicht selbst auf die psychischen Schliche kommen, mit denen sie sich ihre zusammengebrauten, subjektiven, individuellen oder gruppenkollektiven Weltbilder als Wahrheit und Wirklichkeit vorspiegeln. Diesen Sachverhalt mit Hilfe einer erkenntniskritisch ausgerichteten Psychologie nicht nur im ungefähren Umriß, sondern als möglichst genau definierten Zusammenhang ins Bewußtsein zu heben, führt gerade die subtilste Forschung zur Einsicht: Grau ist nur die falsche, beziehungsweise unvollständige Theorie; das ist vor allem eine, welche die personengebundenen Einflüsse auf ihre Ergebnisse unberücksichtigt läßt. Die klassische Methode, diesen Mangel durch Mittelwertbildung aus den Ergebnissen verschiedener Beobachter auszugleichen, wird immer fragwürdiger, je tiefer die Forschung in jene Mikrobereiche eindringt, in denen kleinste Abweichungen vom theoretisch Erwarteten Wege zu neuen Einsichten bedeuten können. Gerade diese besonders interessanten Hinweisspuren werden durch die Mittelwertmethode unterdrückt. Deshalb geht es nicht um eine Vielzahl von Ergebnissen, sondern darum, die ermittelten Daten bis in die psychischen Bedingungen des Forschenden hinein durchsichtig zu machen, um Zufälligkeiten so weit als möglich zu vermeiden.

Vorstoß an die physiologisch gesetzten Vorstellungsgrenzen

Das grundsätzlich gleiche Bedürfnis nach sinnvoller Systematisierung des Vorstell- und Denkbaren wie im wissenschaftlichen Bereich macht sich auch in der Kunst und in den abstrakten, sogenannten Geisteswissenschaften geltend. In diesen Bereichen geht es darum, mit der universellen praktischen Anwendung von Sigmund Freuds entlarvender Psychologie Ernst zu machen und in sorgfältiger Analyse nicht nur die individuellen Vorstellungs- und Verhaltensantriebe, sondern auch deren keineswegs additiven und deshalb oft so überraschenden Zusammenklang in den kleinen und großen Kollektiven zu ergründen. Indem eine psychologisch ausgerichtete Soziologie die Funktionsweise des Mechanismus der Entstehung und gegenseitigen Beeinflussung all der verschiedenen Weltbilder mit ihren standpunktbedingten Merkwürdigkeiten ermittelt, wird die in manchen Sektoren außerordentliche Beständigkeit wie die in anderen ebenso außerordentliche Wandlungsfähigkeit der menschlichen Erlebnismöglichkeiten verstehbar. Für beide Verhaltensweisen haben wir im Wandelbegriff »Kunst« ein besonders anschauliches Beispiel gefunden, indem hier nach jahrtausendelanger, ästhetischer Zentrierung in einem steil aufschießenden Ausbruch im Laufe von etwa drei Generationen eine totale Schwerpunktverschiebung zum psychologisch zentrierten Kunsterlebnis erfolgte. Dies ist gleichzeitig ein Beleg dafür, daß große Weltbildwandlungen nicht als gleichmäßiger Fluß, sondern nach langer Inkubationszeit in revolutionierenden Weltbildschüben ablaufen, zwischen denen Jahrhunderte, aber auch Jahrtausende liegen können.

Der Mensch steht nach jedem solchen Schub erlebnismäßig einer neuen Wirklichkeit gegenüber, die in oberflächlicher Sicht so wenig mit der vorhergehenden zu tun hat, daß die Anhänger der alten und der neuen Wirklichkeitsvorstellung zwangsläufig hart aufeinanderprallen müssen, so wie wir es am Beispiel Kunst gesehen haben. Jede der beiden Gruppen erlebt die Leitbilder der anderen als abwegig – die Reaktionäre die der Gewandelten als einer wahnsinnig gewordenen, absurden Hemmungslosigkeit des Assoziationsablaufes verfallen, die Gewandelten die Vorstellungswelt der Reaktionäre als Folge einer der menschlichen Rasse unwürdigen psychischen Trägheit, die im wörtlichsten Sinn tötet. Erst eine fortgeschrittene, ins Kollektivpsychologische ausgeweitete Psychoanalyse ist in der Lage, die beiden getrennten Wirklichkeiten oder Wertwelten in ihrem Einandergegenüberstehen vom höherbewußten Standpunkt der Zusammenschau aus als zwei einander ablösende Stufen der alles übergreifenden, psychologischen Wirklichkeit als oberster Instanz menschlichen Selbst- und Weltverstehens zu erkennen. Das künstlerische Ahnungsvermögen ließ die Großvatergeneration der heutigen Avantgarde den Namen »Sur-Realismus« für ihre vom Bedürfnis nach einem bewußtseinserweiternden Weltbildwandel getragene Bewegung finden. Daß die Elementare Erlebniskette, die damals ihren Anfang nahm, noch immer nicht sehr weit über den Beginn ihrer Bewußtmachung hinausgekommen ist, kann als Beweis dafür angesehen werden, daß diese in ihren enigmatischen Formen sich ständig erneuernde Kunst der Avantgarde noch lange nicht ihr von der Reaktion ebenfalls seit Generationen prophezeites Ende erreicht haben kann.

Mit dieser Einsicht wird uns die alle anderen menschlichen Ausdrucksformen überragende Bedeutung des avantgardistischen Bildausdrucks als bohrende Speerspitze, die in das Dunkel unserer kulturellen Zukunft vorstößt, zum Bewußtsein gebracht. Deshalb erscheint keine Mühe zu groß, seine die Zeitgenossen so rätselhaft anmutende Sprache zu entschlüsseln.

4. Die Begriffserweiterung des Surrealismus in der »Irgendwas-Kunst«

Die ihrem Wesen gemäß permanent rebellierende Avantgarde der bildenden Kunst ist wie eh und je auf der Suche nach adäquaten Ausdrücken für ihr pulsierendes, unstillbares Bedürfnis, dem Zeitgeist nachzuspüren. Auf dieser Suche haben sich im Laufe unseres Jahrhunderts zwei grundsätzliche Erkenntnisse herauskristallisiert:

1. Das optische, physiognomisch sinnverstehende Erlebnis ist in der vorgegenständlichen Formensprache begründet.

2. Das Höchstmaß an Ausdrucksfreiheit und damit der Möglichkeit, dem tiefenschichtigen Ausdrucksbedürfnis zu genügen, wird erreicht, wenn es gelingt, sich der traditionellen Vorstellungen und der damit verbundenen Assoziationsketten zu entledigen, also radikal und somit utopisch ausgedrückt, tunlichst auf alle Vorstellungen aus der sogenannten Wirklichkeit zu verzichten und statt dessen neue Vorstellungsassoziationen möglichst spontan und unmittelbar aus dem Unbewußten zu schöpfen, wie es dem surrealistischen Imperativ entspricht.

Wenn diese beiden grundlegenden Erkenntnisse auch noch keineswegs mit begrifflicher Klarheit in den in besonders hohem Maße komplex erlebenden Künstlerhirnen aufgestiegen sind, so wird doch von der Avantgarde aus dem Unbewußten heraus erstaunlich folgerichtig danach gehandelt. Mögen die daraus entstehenden Gestaltungstendenzen sich im einzelnen »romantischer« oder »magischer Realismus« oder wie immer nennen oder gar auf Malerei überhaupt keinen Bezug mehr nehmen wie Land-Art, Concept-Art und andere, stets ist die surrealistische Leitvorstellung erkennbar; das heißt, die Ausdrücke werden ohne rationale Kritik ins Werk gesetzt nach dem Motto: »Mach', was dir spontan in den Sinn kommt – mach' irgendwas!« In solche sozusagen »ungebremste« Einfälle vermag dann, ebenso unbewußt, das von vorgegenständlichen Formerlebnissen gesteuerte physiognomische Sinnverstehen mit seinen kreativen Antrieben hineinzuwirken. Stets geht es darum, aus dem pragmatischen Rationalismus mit seinem angeerbten Begriffskorsett traditioneller Sinnbezüge mit den stilistischen Mitteln des Absurden methodisch auszubrechen in eine überbegriffliche, gleichsam grenzenlose Wirklichkeit der eigenen individuellen Psyche. Man kann diesen gemeinsamen Wesenszug, der die so unterschiedlich scheinende künstlerische Avantgarde beherrscht, am treffendsten mit dem Sammelbegriff der »Kunst des Beliebigen« oder »des Irgendwas« übergreifen, wobei eine psychologische Schürfung zeigt, daß hinter allen diesen Irgendwas-Ausdrücken, selbst wenn manche davon als sensationssüchtiges Machwerk entstanden sein sollten, das individuelle Persönlichkeitsgefüge des Urhebers steht, das unbewußterweise bestimmte Einfälle ermöglicht oder auswählt und andere ausschließt. Dabei bleibt der surrealistische Schaffenstrieb heute noch in seiner ganzen Spannweite weitgehend unverstanden – etwa wenn der Concept-Art, der Kunst des nur gedachten Kunstwerks, von manchen Kritikern dem Kunstbegriff widersprechender Rationalismus und unangebrachte Intellektualität vorgeworfen werden. Dieser Vorwurf zeigt, wie wenig bewußt immer noch der Zielgedanke der Begriffssprengung ist, der als tiefenschichtiges Bedürfnis hinter jedem surrealistischen Ausdruck steht. Die diesbezügliche kollektive Unklarheit der Vorstellungen wird am Extrembeispiel der »Denkkunst« besonders offenkundig, weshalb es besonders geeignet ist für eine analytische Klarstellung.

Der Extremfall »Denk-Kunst«

Etwas überspitzt wird das Kritikerproblem angesichts der Conzept-Art in der Anekdote von ihrem anerkannt größten Künstler der Welt dargestellt, der mittellos, kurz vor dem Hungertod, sich mit letzter Kraft in ein Restaurant schleppt, wo man ihm ein Glas Wasser reicht. Ehe er den Geist aufgibt, entwirft er mit dem benetzten Zeigefinger auf dem Papiertischtuch die letzte und beste Zeichnung seines Lebens, die jedoch leider mit dem Trockenwerden des Papiers verschwindet. Darauf erhebt sich der Kritikerstreit über die Frage: Ist das trockene Tischtuch die beste Zeichnung des Künstlers, ist es überhaupt ein Kunstwerk oder nicht?

Hier stehen wir vor einem borderline-Phänomen, nämlich an der Scheidelinie von optischem Vorstellungs- und dessen begrifflichem Übersetzungserlebnis. Von Oskar Wilde's *Bildnis des Dorian Gray* bis zu den Versen in Wilhelm Busch's *Maler Klecksel,* um zwei besonders verschiedene, allgemein bekannte Beispiele zu nennen, weckt das Bild als dichterisches Thema die Sehnsucht des Wortkünstlers, des Dichters, nach dem vorbegrifflichen, bildhaften Tiefenerlebnis. In unserer Epoche gesteigerten Austausches zwischen Bild und Wort sucht das Kunstwerk der Concept-Art, sozusagen »von unten« kommend, sich vom Optisch-Materiellen zu entbinden bis zum Purismus dieser Anekdote. Der von zwei Seiten her erfolgende Vorstoß zu der Grenzlinie zwischen der bildsinnlichen und der wortbegrifflichen Erlebnisschicht kennzeichnet eine kollektivkulturell fortgeschrittene Bewußtseinsstufe, in der psychische Zusammenhänge mehr und mehr zum Gegenstand erkenntniskritisch eingestellter Selbstkontrolle und psychologischer Analysen gemacht werden. Dieser Entwicklungsweg führt den musischen Menschen zwangsläufig in den bilddichterischen Bereich einer Denk-Kunst. Solche psychische Vorgänge nicht als musisch-kreativ, also als vorstellungsschaffend anzuerkennen, widerspräche dem psychologisch zentrierten Kunstbegriff, was das grundsätzliche Mißverstehen des Wesens der Moderne überhaupt bedeuten würde. Wenn schließlich von den psychologisch zentrierten Ausdrücken der Denkkunst keine tastbaren Tatbelege wie ein Bild oder eine Skulptur bleiben, sondern als Spur nur die geschichtliche Überlieferung in Form eines Berichtes über den Erlebnisablauf eines »Kunst-Tuns«, so entspricht dies dem in allen Lebensbereichen wirkenden Zug zum bewußten Dynamisieren gemäß unserem vom wissenschaftlichen Denken geprägten Weltbild; das heißt, alle Tatsachen werden als die Wahrnehmung von Abläufen verstanden. Auf die psychologisch zentrierte Kunst bezogen, würde es also einen willkürlichen Widerspruch bedeuten, wollte man den Kunstbegriff etwa der begrifflichen Abfolge den surrealistischen Dichtern zubilligen, jedoch den nicht minder erlebnisschaffenden Denkkünstlern der Concept-Art verweigern. Hinter beiden Ausdrücken wird das sich anbahnende Bedürfnis sichtbar, dem überkommenen Begriffskorsett mit seinen eingefahrenen Sinnbezügen in eine erweiterte, überbegriffliche, womöglich grenzenlos gedachte Wirklichkeit der individuellen Psyche zu entfliehen. Die Erörterung der Frage, inwiefern eine solche Grenzenlosigkeit nur eine scheinbare, nämlich psychologisch bedingte sein kann, geht über den Rahmen unserer vorliegenden Betrachtung hinaus. An dieser Stelle genügt die Feststellung, daß hier ein Freiheitsgrad erreicht wird, wie er in den absurden Gesprächen von Zenmönchen aufscheint. Aus dieser Sicht wird der surrealistische Imperativ als abendländische Vorstufe eines weltbildumschmelzenden Erschütterungserlebnisses der Gefühlsschicht erkennbar. Dabei spielt die Frage, ob Concept-Art Rationalismus und Intellektualismus ist oder nicht, die Rolle eines abendländischen Verständnistests im Stile eines Zen-Kôan. Wem also nicht einleuchtet, daß hinter der Denkkunst das Bedürfnis steht, das Denken ad absurdum zu führen, um die Einseitigkeit eben dieses Denkens zu erfahren, »gleicht einem, der den Finger, welcher auf den Mond zeigt, mit dem Mond verwechselt«, wie das bekannte Zen-Wort lautet. Der Umstand, daß dieser »eigentliche«

Erlebnisinhalt der Concept-Art bisher ihren Vertretern selbst noch nicht begrifflich bewußt geworden ist, bestätigt diese Künstler mit ihrer vorbegrifflichen Ahnung diesbezüglicher, künftig begrifflich expliziter Vorstellungen als musisch-komplex schaffende Avantgardisten »am Werk«.

Die Erweiterung des surrealistischen Imperativs

Nachdem wir den surrealistischen Imperativ in der Concept-Art und diese als Kunstvorgang aus dem Bereich der Irgendwaskunst nachgewiesen haben, sind wir in der Lage, den aus dem Surrealismus hervorgegangenen Begriff der Irgendwaskunst als Leitmotiv der gesamten Avantgarde der zweiten Surrealistengeneration anzuerkennen. Abgesehen von der schichtenverbindenden Denkkunst werden auf der Suche nach weiterhin bewußtheitssteigernden Ausdrücken einer über den nun schon klassischen Surrealismus hinausgreifenden Irgendwaskunst von der Folgegeneration noch eine Reihe anderer neuer Töne angeschlagen. So begegnen wir hier zum Beispiel einem nicht anders als fanatisch zu nennenden Bemühen um einen gesteigerten Realismus in der Wiedergabe optisch wahrnehmbarer Feinstrukturen. Zu beachten ist, daß von den Genauigkeitskünstlern des »Irgendwas« durch die bewußte Wahl besonders trivialer Motive ohne jeden Material- oder sonstigen ästhetischen Reiz zum Ausdruck gebracht werden soll, daß es sich hier nicht etwa um präraffaelitischen Supernaturalismus der Malerei, sondern um einen Ausdruck des Absurden handelt. Oft wird die Absurdität noch dadurch unterstrichen, daß für die Darstellung der in miniaturenartiger Feinmalerei ausgeführten Trivialitäten riesenhafte Formate gewählt werden, die das malerische Unternehmen schon hinsichtlich des Arbeitsaufwandes fast als Wahnsinnstat erscheinen lassen. Die Wahl gigantischer Ausmaße kann indessen auch auf andere Weise als Illustration des Absurden dienen, etwa in Form von Christos Land-Art mit ihren zuweilen meilenlangen Objekten. Eine dritte Methode, um surreal-absurde Vorstellungen sichtbar zu machen, sind absurde Konstruktionen mit begrifflichem Einschlag wie etwa Beuys' berühmt gewordene Honigpumpe. Am weitesten jedoch entfernt von dem, was man bisher unter bildender Kunst zu verstehen pflegte, sind Happenings, also Veranstaltungen absurden Tuns wie z. B. von Hermann Nitsch,

Wolf Vostell und anderen durchgeführt, deren Ablauf sich über Stunden, Tage, Wochen und noch länger hinziehen kann.

Durch ihren kommerziellen Einschlag – diesmal vom Künstler selbst und nicht von einem Galeristen oder sonstigen zwischengeschalteten Vermarkter ausgehend – sind derartige Aktionen bei manchen Kritikern in Verruf gekommen. Es stellt sich indessen die Frage, warum geschäftstüchtigen Aktionskünstlern nicht das Recht zugestanden werden soll, von ihrer Doppelbegabung ohne Zwischenhandel Gebrauch zu machen. Daß das Publikum für solche Direktgeschäfte in Denkkunst Geld locker macht, ist kein Beweis dafür, daß die hier gebotenen Erlebnisse weniger psychologisch zentrierte Kunst sind als professionelle Galerieaktionen. Selbst dort, wo psychologisch zentrierte Kunst zum publicityträchtigen, öffentlichen Gaudium jenseits der Bierernst-Grenze wird, braucht sie deswegen nicht weniger Kunst zu sein, wie selbst Picasso mit seinen gelegentlichen, clownesken Darbietungen gezeigt hat, die ihm ebenso von manchen Kritikern als »unwürdige Schaustellungen« verübelt wurden. Hier spukt sichtlich ein ideologisches, in praxi niemals gültiges, spießbürgerliches Image herum vom Künstler als welt- und geldabgewandtem Werker und Seher, der gegen seinen eigenen Vorteil blind zu sein hat ... wohl um den Zeitgeist besser ahnen zu können. Geschäftstüchtiges Gebaren allein macht auch den psychologisch zentrierten Kunstschaffenden der Avantgarde nicht reich, wenn seine Einfälle niemand für ihn einzunehmen und – fast noch wichtiger – gegen ihn aufzubringen vermögen, was beides gleichermaßen in kleinen Schritten zum unaufhaltsamen Wandel in Richtung der kollektivkulturellen Bewußtheitssteigerung beiträgt.

Um einen Überblick über die bewegte Szene der Irgendwaskunst als dem in der zweiten Generation stehenden surrealistischen Kunstausdruck zu gewinnen, seien folgende fünf Grundformen unterschieden:

1. Genauigkeits- und Wirklichkeitsfanatismus im Trivialen (Beispiel: Duane Hanson, Gertsch)
2. Gigantismus und Verhüllungen (Beispiel: Christo)
3. Absurd anmutende Environments und Konstruktionen (Beispiel: Beuys, Tinguely)
4. Absurd anmutende Happenings (Beispiel: Hermann Nitsch, Wolf Vostell)

5. Denkkunst in verschiedenen Abstraktionsgraden (Beispiel: Der Erdkilometer in Kassel von Walter de Maria); Vorläufer: Marcel Duchamp (Urinbecken, Flaschenständer).

Die Elementare Erlebniskette der »Irgendwas-Kunst«

Die »Irgendwas-Kunst« bedeutet die formale Ausweitung des surrealistischen Imperativs über den dichterischen und malerischen Ausdruck hinaus, scheinbar ohne eine wesentliche weitere Bewußtheitssteigerung im Gefolge zu haben. Ein solcher Schritt ist erst einer dritten, und zwar von Deutschland ausgehenden Surrealistengeneration vorbehalten. Um deren Bedeutung abschätzen zu können, ist es jedoch notwendig, uns noch etwas eingehender mit der vorhergehenden Irgendwaskunst auseinanderzusetzen, was, wie gewöhnlich, auf dem Wege der begrifflichen Ausformung der zusammenfassenden Elementaren Erlebniskette geschehen soll. Wollten wir bei deren Darstellung der strengen Methodik folgen, die der Analyse tatsächlich zugrundegelegen hat, so müßten wir hierfür von der formalen Wegvorstellung als den sichtbaren Elementen der Irgendwaskunst ausgehen, um dann daraus die dahinterstehende Bedürfnis- und Zielvorstellung zuerst formal und dann weltanschaulich zu ergründen. Dies hätte einen, bereits Gesagtes wiederholenden, und dadurch die Geduld des Lesers über Gebühr beanspruchenden Untersuchungsbericht ergeben, den der daran Interessierte auf Grund des Vorgetragenen unschwer nachvollziehen kann. Um der gebotenen Kürze willen sei es deshalb gestattet, bei unserer Darstellung der Elementaren Erlebniskette der Irgendwaskunst von der Tatsache auszugehen, daß es sich bei ihr um die Ausweitung des ursprünglich auf Dichtung und Malerei beschränkten, surrealistischen Imperativs auf die obengenannten fünf Gruppen verschiedener Ausdrucksweisen vom Genauigkeitsfanatismus bis zur abstraktesten Denkkunst handelt. Diese uneingeschränkte Vielfalt hat die Sammelbezeichnung »Irgendwas-Kunst« nahegelegt, hinter der eine gemeinsame, nur hinsichtlich der formalen Wegvorstellungen unterschiedliche Elementare Erlebniskette steht. Um diesen Sachverhalt darzustellen, gehen wir aus von der ursprünglichen, surrealistischen Bedürfnisvorstellung, die in weltanschaulicher Hinsicht etwa lautete: »Bedürfnis nach

Giorgio de Chirico, Die Mathematiker, 1917; The Museum of Modern Art, New York

Bewußtwerdung über die rational pragmatisch gesteuerten Erlebniszusammenhänge hinaus«. Sie hat sich in der Irgendwaskunst etwa in folgender Weise verallgemeinert und gleichzeitig um einiges bewußtheitlich gesteigert: »Bedürfnis nach Sprengung der Begriffsfesseln unseres abendländischen Weltbildes«. Dabei ist aus der ursprünglichen Vorstellung des formalen »Ausdrucksbedürfnisses nach erlebnismäßiger Entladung des Unbewußten in traumverwandter Bildersprache« ein »Formalbedürfnis nach Erkundung der Grenzen des menschlichen Vorstellungsvermögens« geworden.

Die ursprüngliche weltanschauliche, noch ungenaue Zielvorstellung des Surrealismus »Entbindung von der zivilisatorisch-konventionellen Erlebnisverödung« verdeutlicht sich zum Vorstellungsziel der »Begriffssprengung, um neue Erlebnismöglichkeiten zu gewinnen«. Im Formalen bedeutet dies die mit dem Begriff »Irgendwas« umschriebene Ausweitung der ursprünglichen, surrealistischen Zielvorstellung »Bildausdruck unter Verzicht auf die kollektiv wahrgenommenen, funktionellen Dingzusammenhänge, jedoch unter Wahrung der mehr oder minder naturalistischen Wiedergabe der einzelnen Dingteile«. Für den Künstler des erweiterten Irgendwas-Ausdrucks lautet das formale Ausdrucksziel: »Ausbruch aus dem bisherigen Bildbegriff mit allen nur erdenklichen, auch ins Abstrakte gesteigerten Vorstellungsmitteln, die nichts mehr mit Greifbar-Bildnerischem zu tun haben«. Die Spannweite dieser Zielvorstellung gestattet den Künstlern beliebige Erlebnisakzente unter dem gemeinsamen Leitmotiv »Ausbruch um jeden Preis«.

Was die weltanschauliche Wegvorstellung betrifft, die im klassischen Surrealismus von der »Entdeckung« des Unbewußten durch Sigmund Freud in der Traumanalyse ausgelöst worden war, so mußte sie zur Erbohrung des Unbewußten geradlinig zur Wegvorstellung des surrealistischen Imperativs führen, der das Tagträumen zur systematischen Erlebnismethode erhob. – In der Irgendwaskunst wird versucht, dem weltanschaulichen Erlebnisziel der Begriffssprengung auf dem Wege eines vorstellungserweiternden Weltbildwandels näherzukommen. Formal drückt sich das diesbezügliche Bemühen durch Versuche aus, die unbewußten Antriebe für das Erleben zu erkunden durch die Entwicklung von voraussetzungs- und bedingungslosen Ausdrucksmethoden, die unmittelbar, ohne Einschaltung des Verstandes, aus der Wesensstruktur des Individuums hervorgehen, ähnlich den Traumerlebnissen. Um die dabei auftretenden, individualstrukturbedingten Akzentsetzungen im einzelnen verstehen und begrifflich deuten zu können, haben wir die formalen Ausdruckswege in die obengenannten fünf Gruppen gegliedert, deren Wesen im folgenden mit einigen kurzen Worten umrissen sei, ohne an dieser Stelle auf Individualanalysen eingehen zu können. So läßt sich aus psychoanalytischer Sicht als besonderer Erlebnisakzent der surrealen Genauigkeitsfanatiker in ihrer geradezu mikroskopischen Darstellungsform von Dingoberflächen, mit denen der Mensch laufend in Berührung kommt, ein Verfremdungsgefühl feststellen durch eine ungemütliche Nähe, mit der einem die Dinge auf die Haut rücken. Wir fühlen, daß es hier nicht um eine liebevolle Bemühung ums Detail geht, was ein spießbürgerliches, totales Mißverstehen des Bildausdrucks wäre. Diese mit pedantischer Genauigkeit gemalten, oft mit Spuren des Alters und der Beschädigung behafteten Oberflächen strahlen keine gemütlich-nostalgischen Phantasien einer versunkenen heilen Welt aus, sondern die Ahnung von unter der Oberfläche verborgen drohenden Gefahren, wie dies unseren wissenschaftgeprägten Weltbildvorstellungen selbstverständlich geworden ist – Gefahren durch Gifte, Bakterien, Viren, Radioaktivität. Es bedarf keiner großen Feinfühligkeit, um mit diesen Oberflächen den Begriff »Dämonisierung der Materie« zu verbinden.

Der Neo-Dämonismus und seine Beschwörungsformeln

Wie der Urmensch wittert der avantgardistische Genauigkeitskünstler unter der Oberfläche der Dinge seines Alltags unbekannte Kräfte mit ungreifbaren, geheimnisvollen Drohungen, die bestenfalls der selbst mit geheimnisvollen Kräften ausgestattete Medizinmann bzw. der chemobiologische Fachmann mit seinen hochfeinen Analysegeräten erkennen kann. Das bedeutet, daß Urmensch und später Abendländer der Materie und den ihr innewohnenden Dämonen in gleich hilfloser Weise gegenüberstehen. Ihre Gefühlsreaktion ist die gleiche, nämlich das Erlebnis der Elementarangst vor dem Unbekannten. Um diesem Urerlebnis standzuhalten, hat bereits der Mensch der animistischen Bewußtheitsstufe zum Schutz vor den hier wirkenden Kräften und dem von ihnen ausgelösten, vorbegrifflichen Grauen das schichtenverwandte magische Mittel der Beschwörung, d. h. der Mobilisierung nicht minder geheimnisvoller Gegenkräfte erfunden. Der moderne Abendländer bezieht seine Beschwörungsmaßnahmen aus seinem von wissenschaftlichen Vorstellungen geprägten Weltbild. Seine Beschwörungsformeln tragen dann Namen wie »Makrobiotik«, »biologische Anbauweisen« und ähnlich Lebensbezügliches, oft begleitet von Beiworten wie »garantiert rein«, »naturbelassen«, »ohne Zusätze«, »ungefärbt«, »handverlesen«, »handversponnen«, »handwerklich hergestellt« und ähnlich. Die Wertschätzung derartiger Zaubermittel wird dadurch zum Ausdruck gebracht, daß die Beschaffung ihrer Rohstoffe als schwierig, ihre rituelle Verarbeitung als umständlich, mühselig und zeitraubend dargestellt wird, ihre Qualität aber unkontrollierbar und ihre Wirksamkeit in beträchtlichem Umfang glaubensbedingt ist. Nur wer sich im rechten Geist bedeutenden Mühen unterzieht (die ersatzweise durch größere Bargeldopfer auf den Altären von Spezialgeschäften abgegolten werden können), wird des Segens teilhaftig. Dieser ist wie eh und je weitgehend fiktiv und »irgendwie«, während die befürchteten Schäden sehr real sein können. Der Ritus der großen Opfer mit geringem bzw. zweifelhaftem Erfolg stellt das kultische Element unseres neodämonistischen, neoanimistischen Weltbildes dar, wie es in der neuen, absurd arbeitsaufwendigen Präzisionsmalerei der Avantgarde mit ihren trivialen Sujets in oft riesenhaftem Format seinen Formalausdruck des Zeitgeistes findet.

Vom Genauigkeitskünstler wird das Erlebnis der akuten Gefahr und die zu ihrer Vermeidung notwendige gewaltige Anstrengung einer Beschwörung nicht nur symbolisiert, sondern in seinem mühevollen Tun erlitten. Im absurden Beschwörungsritus der Irgendwaskunst wird der in der Bewußtwerdung nur verdrängte, aber in der Gefühlsschicht nicht veränderte Psychomechanismus unmittelbar ausgelebt. Die Irgendwaskunst des Genauigkeitsfanatismus und das frühkulturelle animistische Weltbild treffen sich demgemäß in der gemeinsamen Wegvorstellungskomponente der zugrundeliegenden Elementaren Erlebnisketten, die in begrifflicher Übersetzung etwa lautet: »Versuch der Beschwörung einer aus dem Unbekannten drohenden Gefahr durch rituelles (d. h. sachlich belangloses) mühevolles Tun«.

Da es sich bei jeder Bildnerei um das Dingfestmachen vorbegrifflich schweifender Vorstellungen handelt, ist in jedem Bildausdruck eine mehr oder minder starke derartige Beschwörungskomponente enthalten. Für das urzeitliche, vorästhetische wie auch für das nachästhetische, psychologisch zentrierte Bildschaffen gilt der gleiche naturgesetzliche Psychomechanismus, unabhängig davon, auf welcher Höhe der Bewußtwerdungsspirale sich das begrifflich ausgeformte Weltbild bewegt. Die Spiralumgänge umkreisen stets die gleichen, entwicklungsgeschichtlich bedingten Grunderlebnisse von Geborenwerden, Reifen, Altern, Sterben. Es ist die Tautologieschraube des Ben Akiba: »Alles schon dagewesen«. Die Aktualität der gefühlsbedingten, lebensnotwendigen Beschwörungsformel erneuert sich seit Urzeiten von Generation zu Generation in ihren gewandelten Bildausdrücken bis auf den Tag der musischen Avantgarde von heute, die in ihrer wie eh und je leidenschaftlichen Ausdruckssuche schließlich den Vorstellungsbegriff »Bild« als Fessel erlebt. Sie versucht, diese zu zerbrechen – beispielsweise in den surrealistischen Gigantismen und Verhüllungen eines Christo, die mit anderen Ausdrucksmitteln einen Verfremdungsakzent von gleicher Bewußtheitshöhe setzen. Seine Riesenverpackungen oder sein sich am Horizont der Landschaft verlierender Textilzaun (Running Fence) lassen in makrokosmischem Maßstab unter der Verhüllung oder in der unsichtbaren Ferne die gleichen Bedrohungen ahnen wie die mikrokosmisch genauen Oberflächen eines Duane Hanson oder Gertsch. Das gefühlsverunsichernde Motiv der Verhüllung und der Weite wurden im übrigen von den malerischen Ausdrücken der ersten Surrealistengeneration vorweggenommen. In den weit aufwendigeren Aktionen Christos wird also vor allem die oben besprochene Beschwörungskomponente im aufwendigen Tun betont.

In der an dritter Stelle genannten Gruppe der Irgendwaskunst-Ausdrücke, der absurden Environments und Konstruktionen wird in einem weiteren Ausdrucksmittel von gleichem Bewußtheitsgrad die Irritation durch die Dinge und der Akzent der versuchten Begriffssprengung von der Vorstellung auf die Dinge selbst bzw. deren Wahrnehmung verlagert, indem eine absurde Dingwelt aufgebaut wird.

Vom gleichen Bewußtheitsgrad der dahinterstehenden Elementaren Erlebniskette sind auch die teils von surrealistischem Humor, teils von surrealistischem Grauen, teils auch mehr von bloßer Langeweile und Einfallslosigkeit geprägten Happenings der vierten Gruppe, in denen besonders häufig die avantgardistische Freude an Publikumsempörung und Kunstskandal auf ihre Rechnung kommt.

Dagegen schimmert bei der Denkkunst der fünften Gruppe, wie wir ihr in der Anekdote vom weggetrockneten Meisterwerk des verhungerten Denkkünstlers in leichter Karikatur begegnet sind, ein Wesenszug durch, der zumindest in der anekdotischen Übertreibung an ein Zen-Kôan erinnert und damit schon etwas deutlicher auf das unbewußte Erlebnis der Begriffssprengung hinweist. Allmählich reift hier die abendländische Bewußtwerdung zur Erkenntnis, welch ahnungsvollen Schritt der genialische Spaßvogel Marcel Duchamp bereits in den zwanziger Jahren in diese Richtung getan hat, als er einmal ein Urinbecken und ein anderes Mal einen Flaschenständer im Warenhaus erwarb, um sie zu »Kunstwerken der Intentionalkunst« zu erklären.

5. »Realistische Ordnung« und »surrealistische Spannung«

In Anschluß an die Charakterisierungen der fünf Gruppen der Irgendwaskunst lassen sich aus den zugrundeliegenden Elementaren Erlebnisketten zwei Gemeinschaftskomponenten ablesen, welche in die Richtung einer künftigen, kollektivkulturellen Großwetterlage deuten. Diese beiden Komponenten können einander gegenübergestellt werden unter den Stichworten »realistische Ordnung« und »surrealistische Spannung«. Die Ordnungs-Komponente der Irgendwaskunst betrifft die Tatsache, daß der surrealistische Imperativ für die Gewinnung des Grundeinfalls in Anspruch genommen wird, wogegen die praktische Ausdrucksgestaltung außerordentlich sorgfältig geplant und durchgeführt zu werden pflegt, selbst dort, wo Zerbrochenes und Chaotisches zur Darstellung gebracht oder verwendet werden. Die Künstler der Avantgarde legen in ihren absurden Ausdrücken eine geradezu pedantische Ordnung an den Tag. Mit sorgfältigen Werkorganisationen zeigen sie, wie zum Beispiel Christo bei seinen gigantischen Unternehmungen, ein weitplanendes Organisationstalent, sowie eine Ausdauer im Verwirklichen, die jedem Industrieunternehmer Ehre machen würde. Den Zuschauern eines Irgendwas-Happenings wird auf diese Weise die Verbundenheit mit einem »wirklichsten« Wirklichkeitserlebnis ohne jede weitere Absurdität außer der des Grundeinfalls mit der Geste der größten Selbstverständlichkeit eines alltäglichen Vorgangs vorgeführt. Die stattfindenden Abläufe werden gewissenhaft registriert, dabei erbrachte Leistungen oft an Hand von Faktoren wie Art, Umfang, Genauigkeitsgrad, Zeitaufwand usw. in Form wissenschaftlicher oder pseudowissenschaftlicher Meßdaten angegeben.

Die Spannungs-Komponente betrifft das Bemühen der Irgendwaskunst, in ihren Ausdrücken die größtmögliche Ordnung bezüglich der Ausdrucksdarstellung auf einen möglichst surrealistisch geschöpften Einfall anzuwenden, also den Gegensatz zwischen zu-fallendem Einfall und sorgfältigst geplanter Durchführung herauszuarbeiten.

Wenn die avantgardistische Kunst als kollektivkulturelle Wetterwarte zur Voraussage des sich anbahnenden, ins Künftige wirkenden Zeitgeists funktioniert, so muß sich dieser aus der besonderen Art der zwei Komponenten »realistische Ordnung« und »surrealistische Spannung« der Irgendwaskunst ablesen lassen. Es soll versucht werden, das Gemeinte mit einigen Strichen andeutend zu skizzieren. In der Tat scheint mit diesen beiden genannten Stichworten der Zeitgeist zutreffend umrissen. In die Zukunft projiziert würde das bedeuten, daß die kollektivzivilisatorischen Bemühungen um Ordnung nicht nachlassen, so daß gegenläufige Tendenzen wie Wissenschaftsfeindlichkeit und Aussteigerideale wohl Randerscheinungen bleiben werden.

Die Komponente der surrealistischen Spannung entspricht den spannungsreichen Antrieben, die das Zeitgeschehen mit jener wachsenden, unsicher tastenden Vielfalt beherrschen, welche die Irgendwaskunst spiegelt. Diese suchende Unsicherheit ist nicht zuletzt Ausdruck der Bereitschaft, mit allen Einfällen die Grenze des Denkbaren abzutasten im großen Zuge nicht nachlassender Bewußtheitssteigerung. Die wachsende, allem Denkmöglichen aufgeschlossene Vorurteilslosigkeit, wie sie sich in der Irgendwaskunst äußert, greift mehr und mehr über auf das die Erscheinungen ordnende wissenschaftliche Denken. Ihm werden allmählich Begriffsfesseln fühlbar – daher die zunehmende Bereitschaft, mit neuen Arbeitshypothesen in die Vielfalt der Strukturen einzudringen, welche sichtbar wird in der aufdämmernden Erkenntnis, daß naturgesetzliche Strukturformeln nur sinnvoll sind, wenn sie auf eine bestimmte Größenordnung der damit zu beschreibenden Erscheinungen bezogen werden. Mit anderen Worten: Erst durch die Vorstellung von größenabhängigen Gesetzmäßigkeiten kann es gelingen, weiterhin in die Mikro- und Makrowelt, in deren Mitte sich der Mensch erlebt, gleichermaßen einzudringen und beide einander zuzuordnen. Quantenphysik und raumzeitliche Relativitätstheorien sind die ersten tastenden Schritte, die wohldefiniertes wissenschaftliches Denken über die Bewußtheitsschicht des kleinen Einmaleins hinausführen in einen Bereich, dessen anschaulichstes Beispiel die psychologisch zentrierte Kunst der Avantgarde mit ihrem fanatischen Ordnungsbemühen selbst darstellt. – Hier müssen wir die auf einige Andeutungen beschränkte

Zukunftschau der Irgendwaskunst abbrechen. Wir werden darauf nochmals zurückkommen im Anschluß an die Betrachtung einer Kunstform, welche die psychologisierende Erlebnistendenz unterstreicht und gleichzeitig eine neue Form von Dynamismus ins Spiel bringt. Das heißt: Die abendländische kollektivkulturelle Leitlinie der tätigen Dynamik, die auch die Irgendwaskunst bestimmt, setzt sich immer bewußter fort, etwa in dem Sinne: »Leben ist gleich Erleben. Erleben ist gleich Tun, wobei auch Denken Tun sein kann. – Alles Tun hat den Wert, den der Tuende dabei erlebt. Gleichgültig, was man tut; tut man irgendwas mit voller Hingabe, so bewegt man sich auf den Höhen des Erlebens und damit des Lebens. Eine solche Haltung der intensiven Hingabe läßt, solange sie aufrechterhalten wird, keine Frage nach dem Sinn des Lebens mit allen damit verbundenen Zweifeln aufkommen. Hier liegt deshalb der Keim zu einem neuen *élan vital*«. Dieser zweckfreie Wirklichkeitsfanatismus des Tuns um des Erlebnisses willen findet seine Krönung in der existenzialistischen Maxime Sartres »Vivre c'est agir – Leben ist Handeln«. Er kann in der Irgendwaskunst sowohl zu den riesenhaften Unternehmungen eines Christo führen als auch zum Genauigkeits-»Fimmel« eines Duane Hanson, oder auch zu abstrusen Konstruktionen wie Beuys' Honigpumpe.

Vom Haben zum Sein

Besonders in der Ausdrucksform des Happening wird die höchste Gegensatzspannung zwischen absurdem, surrealistischem Einfall und realistisch abgewickeltem Ausdruckstun als Beschwörungserlebnis wachgerufen. Hier stehen wir vor der surrealistischen Urfindung. Im Beschwörungstun unterscheidet sich ein Happening der modernen Irgendwaskunst in nichts von den kultischen Riten der Primitiven oder den Kultübungen und Gemeinschaftsgebeten der hochentwickelten Religionen. Als formalem Hauptelement begegnen wir jeweils der Wiederholungsgebärde, deren Wirkung sich niemand entziehen kann. Die damit verbundenen Individualerlebnisse weisen allerdings je nach dem dahinterstehenden Antrieb die denkbar größte Spannweite der Gefühle bis zu deren Widerstreit auf. Sie reicht von Langeweile bis zu rauschhafter Erregung, wie etwa am Beispiel eines jungen Fließband-

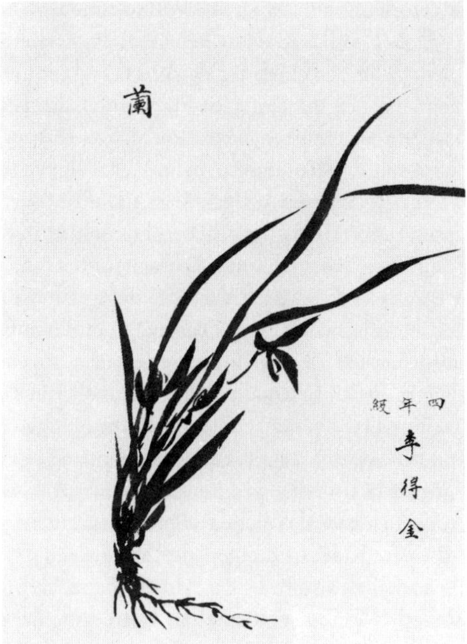

Li-Te-Sion (11jährig),
Blumen

arbeiters deutlich wird, der seine gutbezahlte Taktarbeit in einer wohlbelüfteten Fabrikhalle als widerwillig geleisteten, tödlichen Stumpfsinn empfindet. Er leistet sie nur ab, um mit dem sauer verdienten Geld sich so oft wie möglich in einer verräucherten, noch weit geräuschvolleren Diskothek in einem gleichfalls eintönigen Rhythmus bewegen zu können. Ob also ein Wiederholungstun verkrampfend oder lockernd wirkt, hängt von der Einstellung des Individuums dazu ab. Im ersteren Fall wird es als von außen aufgezwungen, im zweiten Fall als Rhythmus und elementare Selbstverwirklichung erlebt. Damit stoßen wir in allgemeinster Form auf das Kriterium für ein Kunstwerk der Concept-Art, das dem musischen Menschen ermöglicht, alles Beliebige, ja sogar sein ganzes Leben als Kunstwerk zu begreifen. Die auf dem Lebensweg des Menschen anfallenden Werke werden damit zu Spuren von Abläufen: »Hier hat jemand gelebt«. Wir sind dieser Erlebnishaltung in äußerster Folgerichtigkeit begegnet in der Tuschemalerei des Zen, die den

Malvorgang als Leben im vollkommenen, begriffssprengenden Tun versteht, von dem dann nebenbei als Erlebnisspur die Malerei übrigbleibt. Die Verschiebung der Werteskala vom Kunstwerk, das man hat, zum Erleben des Seins im Handeln als Kunstablauf deutet den in der zweiten Surrealistengeneration sich vorbereitenden kollektivkulturellen Bewußtwerdungsschritt an. Das analytische Verständnis für den Zenmaler, der sein fertiges Werk nicht als Wert achtet, zeigt freilich erst einen theoretisch-begrifflichen Fortschritt in Richtung der Zielvorstellung »Begriffssprengung«. Er reicht bereits aus, um »Haben« und »Sein« wenigstens dialektisch einander demonstrativ gegenüberzustellen, wie dies beispielsweise Erich Fromm tat. Hinzuzufügen ist, daß im Zen-Tun ausdrücklich Wiederholungserlebnisse abgelehnt werden, um jedes Tun in einem Erstmaligkeitserlebnis als Rückkehr aus der Leere zu begreifen. Dies eben macht die Vollkommenheit des Zen-Tuns aus, das damit im Gegensatz steht zum Beschwörungserlebnis des Wiederholungstuns als Bollwerk gegen die Elementarangst, wie es in den verschiedensten Ausdrucksbereichen aller Kulturstufen geübt wird, angefangen von den Kulthandlungen der Primitiven bis zu den spätkulturellen Ausdrücken von Religion, Musik, Tanz, Gymnastik und Sport, womit sich die Monotonieformel als Urfindung der praktischen Lebenshilfe erweist.

6. Versuch einer Bilanz der »Irgendwas-Kunst«

Wenn wir an diesem Punkt unserer Betrachtungen Bilanz ziehen, was der Surrealismus mit seinen geschilderten fünf Gruppen der Irgendwaskunst zur kollektivkulturellen Bewußtheitssteigerung beigetragen hat, so müssen wir feststellen, daß trotz der gewaltigen Ausweitung der surrealistischen Wegvorstellung über Schreiben und Malen hinaus das Ergebnis der praktischen Wirkung ein recht dürftiges ist, gemessen an der des psychoanalytischen Weltbildes von Sigmund Freud, der mit seiner Theorie des Unbewußten, das sich in Träumen äußert, nebenbei auch zum Stammvater des Surrealismus wurde, ohne dies für erwähnenswert zu halten. Bekanntlich blieben einige nichtssagende Kontaktversuche von seiten des Surrealistenlagers in den zwanziger Jahren ohne Folgen, obwohl inzwischen Weltanschauung und Verhalten des Kulturkollektivs auf dem Wege der enttabuisierenden Bewußtmachung so sehr verändert wurden, daß selbst die erklärten Gegner der Psychoanalyse von diesem Wandel beeinflußt wurden, ohne sich dessen bewußt zu sein. Das Nachhinken des Surrealismus ist indessen nur ein scheinbares, wie aus dem Vergleich der hinter den beiden Bewegungen stehenden Elementaren Erlebnisketten erkennbar wird.

Zwar wurzeln beide in dem gemeinsamen Erlebnis jener kulturbedingten, inneren Unruhe in Gestalt des existentialistischen Leidens an sich selbst, an dem Kierkegaard zugrundegegangen war und das gemäß Freuds Erkenntnis seinen Ausgang nimmt von einem das Denken und Handeln steuernden Unbewußten. Jedoch bereits die jeweils daraus erwachsenden Bedürfnisvorstellungen unterscheiden sich. Diese formulierte Freud dem Sinn nach als »Bedürfnis, mit der inneren Unruhe fertig zu werden, d.h. das Unbehagen an der Kultur aufzulösen«. Die entsprechende Bedürfnisvorstellung der Surrealisten dagegen würde, wenn sie je formuliert worden wäre, in ähnlicher Kurzfassung etwa lauten: »Bedürfnis, die innere Unruhe aufrechtzuerhalten und als schöpferischen Erlebnisquell zu benützen«. Ihre Bedürfnisvorstellung führt die Psychoanalyse zum praktischen Ziel, dem aus dem psychischen Gleichgewicht geratenen Individuum durch Bewußtmachung der Zusammenhänge zu einem ausgeglichenen Erlebnis- und Verhaltenshaushalt zu verhelfen. Das vordergründige, künstlerisch praktische Ziel des Surrealismus ist dagegen die individuelle Ausdrucksschaffung auf Grund der imperativen Spontanregel. Dies erfordert, sich von analytischer Klarheit soweit als möglich freizuhalten, um den im Kunstbereich verwertbaren Einfallsreichtum nicht zu stören.

Entsprechend ihrer einander entgegengerichteten Zielsetzungen kommt der Psychoanalytiker zu gesellschaftskritischen Überlegungen, indem er sich gezwungen sieht, die Umwelt seiner Patienten in die bewußtmachenden Überlegungen mit einzubeziehen, während der surrealistische Künstler auch dort in seine undurchdringliche, vorbegrifflich-musisch schauende Aura gehüllt bleibt, wo er sich in wortreichen Erklärungen begrifflich mit seiner Umwelt in Beziehung zu setzen vorgibt. Die keineswegs aus Denkunfähigkeit, sondern bewußt irrationalen Schwafelvorträge eines Dali oder Beuys haben den gefühlsmäßigen Reiz des Ich-bezogenen Kunstausdrucks durch die dahinterstehende vorbegriffliche, surrealistische Zielvorstellung, die wir mit dem Stichwort

»Begriffssprengung« ins Begriffliche übersetzt haben. Diese Zielvorstellung aber liegt auf einer Bewußtseinsebene, die Freud noch nicht zugänglich war. Sie kann erst in einem weiteren Umgang der Bewußtwerdungsspirale durchleuchtet und in Worte gefaßt werden, die über die Vorstellungswelt Freuds hinausgreifen. Zu dieser begrifflich gefaßten Vorschau haben wir bei der Betrachtung der beiden, die verschiedenen Wegvorstellungen der Irgendwaskunst übergreifenden Ausdruckskomponenten einen neuen Anlauf gemacht. Es ist gelungen, uns der Bewußtheitshöhe des Zen-Weltbildes um einen weiteren Schritt zu nähern; wir mußten aber auch erkennen, daß der abendländische Surrealismus nach wie vor im Begrifflichen stecken geblieben und ihm deshalb das Erlebnis der schichtendurchschlagenden Gefühlsumschmelzung noch nicht zugänglich ist. Immerhin ist unsere vergleichende Analyse von Zen und Surrealismus so weit gediehen, daß über die gemeinsame, biologisch verankerte Entwicklungslinie, die in Höchstbewußtheit mündet, kein Zweifel mehr bestehen kann. Dies ist auch für den erkenntniskritisch ausgerichteten Psychoanalytiker ein Trost, indem ihm damit seine eigene Zielvorstellung der Begriffssprengung als unmetaphysische Aufgabe bestätigt, er also immer sicherer wird, keinem Phantom nachzujagen.

Der gesteigerte Bedürfnisdruck

Wesentlich anders steht es dagegen mit dem analysefeindlichen Künstler. Zwei Generationen unter dem Diktat des surrealistischen Imperativs ohne grundlegenden Bewußtseinswandel haben eine Spannung der Ungeduld erzeugt, die zwar eine hektische Suche nach immer neuen Ausdrücken einer gesteigerten Dingentfremdung mit sich brachte, aber keinen spannungslösenden Bewußtwerdungsschritt. Der Erlebnisablauf eines solchen wachsenden Bedürfnisdrucks ohne das Sicherheitsventil des künstlerischen Schaffens führt einen davon Betroffenen in jenen äußersten, gefährlichen Grenzbereich des Solipsismus, des »Allein-mit-sich-selbst-Seins«, in welchem er sich erst aus dem Zusammenhang mit der Umwelt und dann seiner Innenwelt, seines Selbst gerückt fühlt. In diesem Zustand gibt es vier mögliche Verhaltensweisen: Die »Rückkehr« in Form des Verzichts auf Erlebnissteigerung, d. h. die

Resignation; den schwankenden Kompromiß zwischen der sogenannten Vernunft und einem theoretischen Spiel mit dem Erlebnismöglichen; das Zerbrechen in Selbstmord oder Wahnsinn; oder den endlichen Durchbruch zum begriffssprengenden Totalrelativismus.

Unsere Zenanalyse in Verbindung mit den Überlegungen zum musisch vorgeahnten Kulturablauf läßt das Ziel eines solchen Durchbruchs zu einer letztmöglichen Bewußtseinsstufe am Vorstellungshorizont erscheinen. Der Künstler der Avantgarde, der den Zeitgeist vorausahnt, wird vermutlich eher zu diesem Ziel gelangen als der Psychoanalytiker. Unter dem ausschließlich gefühlsgesteuerten, zunehmenden Bedürfnisdruck als Antrieb seines zukunftsträchtigen Schaffens bleibt dem Künstler selbst im Zustand nahe der Verzweiflung ein Keim von Hoffnung, wie er jedem Schaffen innewohnt. Der Analytiker ist dagegen viel stärker in sein begrifflich-einseitiges Weltbild eingebunden, aufgrund dessen er weiß, daß auch für den musisch-komplex Schaffenden trotz seines bis zur Denkkunst erweiterten Vorstellungsraumes die physiologisch gesetzten Grenzen des Vorstellungs- und Erlebnismöglichen unüberschreitbar sind. Die ganze Hoffnung des Analytikers ruht auf der Erfahrung, daß dem Künstler immer wieder etwas eingefallen ist, woran der Analytiker nicht gedacht hat. Dementsprechend wartet dieser auf den nächsten Vorstellungsschritt der avantgardistischen Kunst, der auf Grund des hohen Bedürfnisdrucks nicht mehr lange anstehen dürfte.

7. Die Entfesselte Malerei der »Neuen Wilden«

In der Tat läuft mit Beginn der achtziger Jahre in Deutschland eine aufregende Malerbewegung an. Sie nennen sich die »Neuen Wilden«, bezeichnen ihre Malerei als »heftige« und ziehen etwas anderes als Malen für den künstlerischen Ausdruck grundsätzlich nicht in Betracht. Etwas weniger weit fortgeschrittene Gruppen der neuen Richtung zeichnen sich in Amerika als »New Image Painting« und in Italien als »Arte cifra« (cifra = Chiffre, Monogramm) ab.

Dem Analytiker wie dem Kunstfreund ergeht es bei der ersten Berührung mit den Bildern der Neuen Wilden wie bei der Begegnung mit einem Menschen: Im Ersteindruck klingt ein Erlebnisakkord an, der

Gerard Kever,
Tanz in der Küche, 1980;
Privatbesitz

alle späteren, mühsam errungenen Erkenntnisse gefühlsmäßig vorwegnimmt. Im Fall der Begegnung oder richtiger: des Zusammenpralls mit der Bilderwelt dieser Neuen Wilden überfällt den spürnasigen Kunstfreund wie den Analytiker das Heureka-Erlebnis: »Das ist es! – Nun ist die hilflose Unsicherheit der Irgendwaskunst zu Ende.« Angesichts dieser zyklopenhaften Werke hat man aller Irgendwaskunst gegenüber den Eindruck von kunstgeschichtlicher Vergangenheit.

Einbruch in die Erlebnisschicht der Irrenmalerei

Was geht hier vor? – Die äußere Situation ist einfach: Junge Maler hauen grobschlächtige Malereien mit groben Pinseln und anderem Schnellmalgerät am liebsten unmittelbar auf große, weiße Wände, was freilich aus Transport- und Verkaufsgründen eine ausnahmsweise, symbolische Geste bleiben muß, um die Elementarität ihres Malerlebnisses zu demonstrieren. Ansonsten werden Tafelbilder gemalt, meist in der Größenordnung von etlichen vier Quadratmetern. Oft wird daran abwechselnd im Teamwork gearbeitet. Die Erlebnisform dieser Bilder erinnert in ihrer »Heftigkeit« an die Literaturbewegung der »zornigen, jungen Männer«, die im Schock der Nachkriegszeit versuchte, die Vernunftwidrigkeiten des Krieges gefühlsmäßig aufzuarbeiten. Die aufgebotene Begrifflichkeit hat sich indessen als ungenügendes Mittel für eine erlebnisumschmelzende Erschütterung der Gefühlsschicht erwiesen. Dies ist verständlich. Denn was aus dem Unbewußten an Bildvorstellungen ins Bewußtsein fällt und nicht gleich an der Quelle bildhaft festgehalten wird, ist dem auswählenden und erlebnisbremsenden, kollektivkulturellen Begriffsraster unterworfen und hat seine Elementarwirkung verloren. Die Erlebniswucht der noch ungefiltert ins Bewußtsein stürzenden Bilder festhalten zu können, ist offenbar das Geheimnis der Wirkung der »heftigen« Malerei, deren fremdartige Gewalt weder von den bereits »gezähmt« erscheinenden bildnerischen Ausdrücken der Primitiven, noch von den steinzeitlichen Höhlenmalereien von Altamira oder Lescaux erreicht wird. Man hat den Eindruck, die Malereien der Neuen Wilden stammen aus einer anderen, geradezu unmenschlichen Welt, einer Welt der Kälte, die keine Gefühle oder jedenfalls keine verständlichen zu kennen scheint. Die wilden Malausbrüche der jüngsten Avantgarde wurzeln offenkundig in einer noch tieferen Erlebnisschicht. Denn aus ihnen spricht die gleiche Formensprache, die wir bisher nur in den Bildnereien von Geisteskranken begegnen. Diese Gleichheit ist unverkennbar trotz der unausgebildeten zeichnerischen Fähigkeiten der Irren und der meist bescheidenen technischen Mittel, die ihnen zur Verfügung stehen. Einige auffällige Merkzeichen der Irrenkunst seien im folgenden als Hinweis zusammengestellt: Riesige Proportionsverschiebungen in den Einzelteilen; bizarre Verzerrungen und Verschmelzungen; maskenhaft leere oder fratzenhafte Gesichter; Figuren oft mit meist »gefährlicher« Symbolbegleitung; sorgfältig gesetzte Konturen, keine impressionistischen Verwaschenheiten; oft strenge, planartige Flächenaufteilungen; Leerfläche neben einem Motiv oft ornamental bis zum Bildrand gefüllt; dekorative Umgrenzungen; reiche, symmetrisch angeordnete Ornamentierung mit Unregelmäßigkeiten; Beschriftungen im Bild und darum herum, meist zusammenhanglos und oft ohne erkennbaren Bezug zum Bild; selten größere, rein weiße oder rein schwarze Bildstellen.

Die begriffliche Auflösung dieser Einzelmerkzeichen und ihre beckmesserische Auszählung allein hat nur geringe Aussagekraft. Aber sie kann dazu dienen, den Blick in kurzer Zeit zu schulen für den besonderen Zusammenklang dieser Gestaltsymptome in der Irrenmalerei, wie er am besten in der Prinzhorn-Sammlung in Heidelberg und der Dubuffet-Sammlung in Lausanne studiert werden kann sowie den im Zusammenhang damit stehenden illustrierten Veröffentlichungen. Der Betrachter wird hier dem unverkennbaren, besonderen Ausdruck begegnen, der auch in den Werken der Neuen Wilden betroffen macht. Als übergreifenden Eindruck wird man den der Gefühlskälte empfinden, selbst dort, wo das Bildthema eine Gefühlseinstellung herausfordert. Man erkennt, daß diese Bilder aus einer anderen Erlebniswelt kommen, in der die Gefühlsschicht ausgespart ist. Statt dessen scheint der bildnerische Antrieb aus einer darunterliegenden, noch nicht differenzierenden psychosomatischen Erlebnisschicht zu kommen, die dem in seine Umwelt Eingepaßten, »Gesunden« für gewöhnlich unzugänglich ist und die man die chthonische (gr. = unterirdisch) nennen möchte. Mit diesem »gefühllosen« Ausdrucksantrieb der Irrenbildnerei findet deren Fremdartigkeit eine einleuchtende Erklärung. Gleichzeitig wird die Kommunikationsunfähigkeit der Geistesgestörten verständlich, denn zwischenmenschliche Beziehungen begründen sich auf wechselseitig geübtem Einfühlungsvermögen und der Bereitschaft dazu. Auf die Malerei der Neuen Wilden angewandt, die den gleichen Ausdruck der Gefühlskälte aufweisen, bedeutet dies, daß es ihren Erzeugern offenkundig gelungen ist, die gemeinhin unvermeidbare Steuerung der Bildsprache durch die Gefühlsschicht auszuschalten und somit das gleiche Fremdheitserlebnis im Betrachter auszulösen wie die Irrenmaler.

Die »Glückliche Findung« der Entfesselten Maler

Das Ausschalten der Gefühlsschicht findet sich in den Werken der Neuen Wilden nicht immer in gleich vollständiger Weise. Sie scheinen also diese Grundstimmung nicht bewußt zu erzeugen, sondern als automatische Folge des Gesamtvorgangs bei der Bildentstehung zu erfahren. Für den Psychoanalytiker allerdings dürfte kein Zweifel darüber bestehen, hier den Kernpunkt der wilden Malerei getroffen und durch den

Bezug auf die Irrenmalerei den Einstieg in die Analyse gefunden zu haben. Es stellt sich somit als nächster zu klärender Punkt die Frage: Wieso gelingt den Wilden Malern die Ausschaltung der Gefühlsschicht? Dazu bleibt uns nur die Annahme eines autonomen, vom Charakterologischen unabhängigen Psychomechanismus. Dieser liegt nach dem, was wir über die Methode der Bildentstehung bei den Neuen Wilden wissen, auf der Hand: Er muß mit dem total verwirklichten, surrealistischen Imperativ bei Einfall und Ausführung zusammenhängen. Offenbar vollzieht sich bei dieser Art von Malerei ein Kurzschlußerlebnis, indem der Bildeinfall aus dem Unbewußten so schnell zum gemalten Bild verfestigt wird, daß sich der Einfluß der Gefühlsschicht mit ihrer kollektiv-kulturellen Prägung noch nicht auswirken kann. Wieso dies möglich ist, dafür müssen wir nun eine einleuchtende Erklärung finden.

Als erstes scheint dies mit der Bildgröße zusammenzuhängen. Diese ermöglicht nämlich psychischen Bildeinfall und physischen Vorstellungsniederschlag zum einen ohne Maßstabsveränderung in natürlicher Größe, zum anderen als Spontanhandlung durch besonders schnelles, großzügiges, »wildes« Malen. Dieses psychotechnische Vorgehen wird hier erstmals in der Geschichte der Malerei erprobt. Es stellt eine glückliche Findung der Neuen Wilden dar, wie es sich zuweilen im Kulturablauf ereignet. Auch Zen samt seinen methodischen Mitteln des Kôan, der Tuschemalerei, des Bogenschießens, des Schwertkampfes gehört dazu. Es handelt sich bei solchen Erscheinungen stets um einen so undurchdringlich scheinenden, komplexen Zusammenhang, daß man sich damit bisher zu begnügen pflegte, davon als einer »Selbstverständlichkeit« zu sprechen. Im Falle der Wilden Malerei geht es um einen innerpsychischen Vorgang, der infolge der Schnelligkeit seines Ablaufs nicht introspektiv wahrgenommen werden kann und auch keinen Ansatzpunkt bietet, um ihm apparativ messend zu Leibe zu rücken. Deshalb können seine Ablaufstufen nicht erkannt, sondern nur theoretisch erschlossen und die Theorie am Endergebnis, dem fertigen Bild, in ihrer Richtigkeit überprüft werden. Um diesen Ablauf verständlich zu machen, gehen wir von folgenden, nach unserem biopsychologischen Wissen naheliegenden Annahmen aus:

1. Jeder Einfall taucht aus dem Unbewußten in einer ersten, »unzensierten« Bildform auf.

2. Dieses Urbild erfährt nach unwahrnehmbar kurzer Zeit laufende Veränderungen durch das Weltbildraster, der sich im Individuum infolge des Zusammenwirkens von genetischer Struktur und Umwelteinfluß ausgebildet hat.
3. Die erste und wesentlichste Veränderung erfährt das Urbild als Rasterung durch die Gefühlsschicht mit ihrer kulturellen Prägung.
4. Die Malereien von Irren und Neuen Wilden stellen das einfallende Urbild, also noch ohne Weltbildprägung, ohne Gefühlseinfluß dar.

Warum dies so ist, dazu eine vorläufige Bemerkung: Die Urbild-Eigenschaft der Irrenbilder entsteht durch Störungen im Ablauf des Selbst- und Welterlebnisses, die genetisch wie auch durch Umwelteinflüsse bedingt sein können. Wir werden auf diesen Punkt gleich noch eingehender zu sprechen kommen, nachdem wir uns mit den Wilden Malern und ihrer Stellung zum Urbild-Erlebnis noch etwas vertrauter gemacht haben. Der Urbildcharakter in den Werken der Neuen Wilden bleibt erhalten durch die weitgehend unbewußte, glückliche Findung eines psychologischen Tricks. Das bedeutet, daß der Wilde Maler sein Urbild werkzeughaft wahlweise zur Bildherstellung benutzen kann, während der Irre in sein Urbild gebannt bleibt. Der Trick des wahlweisen Festhaltens des Urbildes auf der Malfläche besteht in der Ausnützung der Wirkungen, einer psychisch gerichteten und einer technisch gerichteten Komponente. Die psychische besteht in der Einnahme einer entspannten physiopsychischen Haltung, die noch gesteigert werden kann durch autogenes Training und anderes. Die technische Komponente betrifft die Vorbereitung des Malvorgangs, die ermöglicht, das aus dem Unbewußten auftauchende Urbild noch in statu nascendi in der Vorstellung festzuhalten und »pfeilschnell« auf die Malfläche zu werfen. Diese Urbildvorstellung möglichst ungehemmt aus sich herausstellen zu können, dazu dient die grobe Malweise und ebenso die Wahl der großen Malfläche, auf der sich der Maler von keiner Seite beengt in der natürlichen Größe seines Vorstellungsbildes austoben kann, also ohne einem begrifflichen Akt der Wahl für die Bildverhältnisse ausgesetzt zu sein. In dem Maße, in welchem es gelingt, den Urbildeinfall noch vor allen erlebnisprägenden und -filternden Einflüssen auf die Malfläche zu bannen, ist das auf diese Weise entstehende Werk aus der gleichen, für gewöhnlich unzugänglichen Tiefenschicht geschöpft wie die Irrenbilder.

Johann Hauser, Frau, März 1969; Collection de l'Art brut, Lausanne

Daß die beiden technischen Faktoren »Raumweite« und »Malschnelligkeit« einer besonderen psychischen Einstellung zum Ausdruck verhelfen können, zeigt auch die Tuschemalerei des Zen, die sich der gleichen Methode bedient: Auf Formaten, welche die Wiedergabe des Sujets in natürlicher Größe gestatten, wird mit dem schnellsten und feinfühligsten Malgerät, das es gibt, gearbeitet: dem Tuschepinsel. Wenn in den vielseitigen Motiven dieser Tuschemalerei keinerlei Surrealismen vorkommen, so erklärt sich dies aus der Bewußtseinshöhe der Zen-Meister, für die nach dem begriffssprengenden Erleuchtungserlebnis »Berge wieder Berge und Gewässer wieder Gewässer« geworden sind, während die abendländischen Wilden Maler von heute sich erst auf die gefahrvolle Reise in diese Richtung aufgemacht haben, ohne deren Ziel zu kennen. Sie sind dabei lediglich zufällig mittels ihres Schnelligkeitstricks zu der chthonischen Schicht durchgebrochen, in der Berge keine Berge sind und ihnen wie den Irrenmalern die Trümmer einer unvollständigen Begriffswelt um die Ohren fliegen. Ob bereits dieser oder der nächsten Malergeneration schon der Durchbruch zum »Ort der Ruhe«, d. i. die Begriffssprengung, gelingt, an dem Berge wieder Berge und Gewässer wieder Gewässer sind, kann nicht gesagt werden. Denn selbst wenn ein Mensch auf dem Wege seiner Bewußtwerdung dem Ziel schon nahe sein sollte, sind noch bevorstehende Umwege nicht abzusehen. Dies ist ein Punkt, in welchem sich abendländische Psychotherapeuten mit den Zenmeistern einig sind. Auf die im arteigenen abendländischen Weltbild gelegenen, noch besonderen, hartnäckigen Verzögerungen einzugehen, würde im Rahmen der vorliegenden Betrachtungen zu weit führen.

Die Entfesselten Maler und ihre Werke

Die der Öffentlichkeit bis 1982 bekannt gewordenen Bilder der Neuen Wilden weisen hinsichtlich ihres chthonischen Ausdrucksgehalts im Sinne der Irrenmalerei sehr verschiedene Grade auf. Das kann vier verschiedene Gründe haben:

1. Es besteht bei den Neuen Wilden noch ungenügende Klarheit über die technischen und psychologischen Zusammenhänge bei der Bildentstehung, so daß die Bildqualität weitgehend vom Zufall abhängt.

2. Die Wilden Maler wissen sehr wohl ihre Werke nach chthonischen Ausdrucksqualitäten zu beurteilen, doch gelingt nicht jedes Werk.
3. Die Neuen Wilden experimentieren in systematischer Weise mit ihrer Malerei und sind interessiert an der Verschiedenheit der Ergebnisse.
4. Den Wilden Malern kommt es nicht auf die chthonischen Bildqualitäten ihrer Werke an. In diesem Falle würde interessieren, nach welchen Qualitätskriterien sie ihre Bilder selber beurteilen.

Sicherlich steht die Wilde Malerei erst an ihrem Anfang und sie wird wie jede Richtung ihren Weg letzten Endes gemäß ihrer weitgehend unbewußten Bedürfnis- und Zielvorstellung finden. Aus der Sicht des Analytikers ist es unvermeidbar, daß sie dem »Tiefensog«, auf den sie angelegt ist, weiter folgen wird – wie geradlinig, wird sich herausstellen. Für diejenigen unter den Wilden Malern, die das Bedürfnis haben, den geraden Weg zu gehen, gilt es zunächst, ihre Ausdrucksmethode zu sichern durch Ermittlung der besten formalen Bedingungen für ihren Weg zur chthonischen, noch gefühlsleeren Schicht des Unbewußten. Dazu gehört auch die Schulung des Auges für die besondere Formensprache der Irrenmalerei als Kriterium, inwieweit ihr Mal-Tun jeweils geglückt ist.

Die in den letzten Jahrzehnten beschleunigte kollektivkulturelle Bewußtmachung, der sich auch der Künstler der Avantgarde nicht entzieht, läßt es nicht mehr abwegig erscheinen, dem Wilden Maler auf seiner nicht ungefährlichen Reise zu seinen Tiefenschichten psychologische Hilfestellung zu leisten. Nach dem bereits Gesagten ist diese Aufgabe mittels der begrifflichen Ausformung der formalen und weltanschaulichen Elementaren Erlebniskette, die hinter seinem Bildschaffen steht, unschwer zu erfüllen, ohne die schöpferische Analyseabwehr des Individuums zu beeinträchtigen. Aus Gründen der leichteren Verständlichkeit sei mit der weltanschaulichen Elementaren Erlebniskette begonnen. Diese lautet etwa folgendermaßen:
Bedürfnisvorstellung: »Nach dem jahrzehntelangen, hilflosen und zermürbenden Suchen eines befriedenden zeitgemäßen Erlebnisausdrucks endlich aus dem erwartungsvollen oder auch verzweifelten Bedürfnisdruck herauskommen! Sich entladen!«
Zielvorstellung: »Der Begriffsdespotie, welche die Vorstellungsfreiheit fesselt, ein Ende machen!«

Wegvorstellung: »Begriffssprengung! Den Vorstellungskäfig zertrümmern!«
Die formale Elementare Erlebniskette lautet:
Bedürfnisvorstellung: »Schluß mit der Irgendwas-Kunst!«
Zielvorstellung: »Ein Bild muß es sein – ein Bild an der Wand!«
Wegvorstellung: »Malen!! Ein Bild wie eine Explosion!«
In praxi heißt das: »Stelle grobes Malwerkzeug und nicht tropfende Farbe bereit und stürze dich damit auf eine weiße Wand, um sie besinnungslos wie ein Besessener von oben bis unten mit deinen Einfällen zu bemalen!«

Was sich in dem so gekennzeichneten Mal-Vorgang abspielt, ist die glückliche Findung eines vom vorbegrifflichen Bedürfnis gelenkten Zufalls. Das Gefühl der Enge im Begriffskäfig hat zur Weite der Malfläche angeregt, das Bedürfnis nach Begriffssprengung die explosive Schnelligkeit des Farbenauftrags. Der dabei eingetretene »Erlebnisknall« kann anschaulich mit dem Erlebnis des Alchimisten-Mönchs Berthold Schwarz verglichen werden, als er seine Mischung aus beiden Komponenten Schwefel und Salpeter ausprobierte und damit das Schießpulver den Chinesen nacherfunden hatte. Der Erlebnisknall der Wilden Malerei ist freilich erst eine leise Vorahnung vom »Donnerschlag« der Zen-Erleuchtung. Was die Neuen Wilden erleben, ohne sich dessen bis heute begrifflich bewußt zu sein, ist ihr gelegentlicher Durchbruch zur chthonischen, psychosomatischen Schicht durch Sprengung der vorbegrifflichen Gefühlsfessel, weshalb es sinnvoll ist, diese angeblich wilden Maler die »Entfesselten« zu nennen, was wir von nun an tun wollen. Denn Namen beeinflussen rückwirkend das Gemeinte, indem sie die Richtung der weiteren Bewußtwerdung mitbestimmen. Im übrigen sind die Primitiven, die wir die Wilden zu nennen pflegen, in ihren Tabuvorstellungen weit unlösbarer begriffs-gefesselt als der moderne Abendländer, der sich von der Psychoanalyse aus den besonders drückenden Tabufesseln zunehmend entbinden läßt. Wild waren wohl manche der Entfesselten Maler vor dem Erlebnisknall, so wild wie die vielen mit sich und ihresgleichen in unserer begriffsgelenkten Zivilisationsgesellschaft allein gelassenen Jugendlichen und weniger Jugendlichen, denen ihre Unzufriedenheit zu einem Aggressionsstau anschwillt, der der menschlichen Natur entsprechend zur Entladung drängt, was wiederum den Unberatenen und Unbeholfenen nur auf dem Weg der Gewalttätigkeit vorstellbar ist. Aus diesen verwirrten Vorstellungen heraus haben sich die von einer Demonstration zur anderen reisenden Berufsanarchisten entwicklen können, die Bürger und Behörden zittern machen.

Musische Entladung des Aggressionsstaus

Der gleiche dumpfe, zeitgeistbedingte Aggressionsstau, der Berufsdemonstranten und Terroristen mit ihrer Person ausweglos immer tiefer in innere und äußere Unruhe verstrickt, läßt die Entfesselten Maler der Avantgarde in ihren musisch-komplexen Ausdrücken einen Fluchtweg ahnen, dessen analytische Übersetzung einer in Vorbereitung befindlichen, gründlichen Untersuchung vorbehalten bleiben muß. Da wir uns im vorliegenden Rahmen auf die grundsätzliche allgemeine Darstellung der Methode zu beschränken haben, mit der die Psychoanalyse das Wesen avantgardistischer Kunst zu erschließen vermag, sei nur noch der Hinweis gestattet: »Epater le bourgeois – den Biedermann verblüffen« und ihn womöglich zur Empörung reizen, gehört auch mit zur Zielvorstellung der Malerei der Avantgarde. Denn erst durch die massive Ablehnung seiner Werke kann sich der Künstler in seinem zukunftsträchtigen Bemühen bestätigt sehen und damit in seinem originalen Ichsein, entsprechend dem psychologischen Expressionismus seiner psychologisch zentrierten Kunst. – Der Anarchist sucht das gleiche Ergebnis in einer Kurzschlußhandlung, die in erster Linie sein eigenes Leben zerstört. Er wird zum vermummten Terroristen gegen sich selbst. Der Entfesselte Maler dagegen kann sich gelassen vor seinen Werken dem Photographen stellen im Gefühl, Schöpfer einer neuen Welt zu sein – mag diese eine Weile noch so umstritten werden: Je schlimmer, desto besser für ihre Wirkung und sein Ichbewußtsein als Aufruf zu neuen Taten.

Nachdem wir nun die Kulturerscheinung der Entfesselten Malerei in ihrem Wesen umrissen haben, wird es möglich, die Erlebnislage der Geistesgestörten im Lichte der psychoanalytisch ausgerichteten Psychiatrie zu sehen, um auf diese Weise noch etwas tiefer in die neue Malerei einzudringen.

8. Die Entfesselte und die Irrenmalerei

Aus den Merkzeichen der Irrenmalerei können wir zweierlei erkennen: Erstens das zwanghafte Bemühen dieser Menschen, aus den in ihr Bewußtsein einfallenden Trümmern ein Weltbild zusammenzuflicken und aufrecht zu erhalten, um den Zusammenhang ihres Erlebnisstroms, d.h. ihr Ichbewußtsein zu bewahren. In dieser Suche nach Identität wird eine Bilderquelle erbohrt aus einer weit vorbegrifflichen Schicht, die ohne die Not einer nicht funktionierenden Gefühlsschicht selbst im Traum nicht zugänglich ist. Nachdem die Traum- als Bildschicht bereits bei höheren Tieren nachweisbar ist, kann die entwicklungsgeschichtliche Tiefe der darunterliegenden, psychosomatischen Schicht ermessen werden, mit der sich der seines natürlichen Vorstellungszusammenhangs verlustig gegangene Irre auseinanderzusetzen hat, um mit dem Bedürfnisdruck seines Angsterlebnisses so gut als möglich fertig zu werden. Seine bildnerischen Ausdrucksversuche müssen also als Beschwörungsformeln höchster Dringlichkeit verstanden werden, was durch die hartnäckige Beständigkeit bestimmter Gestaltwiederholungen unter den auswuchernden Bildformen bestätigt wird. Die durch den Ausfall oder das lückenhafte Funktionieren von psychischen Kernschichten entgleisten Vorstellungsabläufe finden ihren erlebnisbetonten, unverfälschten Niederschlag in uns abstrus erscheinenden Bildgestaltungen. Wer im Umgang mit vorgegenständlicher Malerei erfahren ist, erfühlt, hier meist nicht der Formensprache der äußeren Dingwelt gegenüberzustehen, sondern der von vorgegenständlichen Körpererlebnissen, die nicht vom Umwelt-, sondern von einem damit in Widerspruch geratenen, abartig verformten Innenwelterlebnis dynamisch bestimmt werden. Dies drückt sich in dem bizarren gestischen Verhalten Geistesgestörter aus, das nicht die kollektiven Wahrnehmungen beantwortet, sondern von Antrieben gesteuert wird, die dem gesunden Beobachter unbekannt, bzw. unverständlich sind.

In der Tat zeigt sich, daß irre Gestik und Bildnerei vom Erlebnisstandpunkt der vorgegenständlichen Malerei aus deutbar werden, oft auch ermöglichen, in die darübergelagerte, gegenständliche Individualsymbolik einzudringen, um auf diese Weise zuweilen die Kommunikationsunfähigkeit des Geisteskranken zu überwinden. Um wenigstens ein stark vereinfachtes Vorstellungsbild von der Störung zu geben,

Walter Dahn/Georg Jiri Dokoupil, Gedanken sind Feuer, 1981; Privatbesitz

gehen wir von unserem Schichtenbild aus. Wir haben uns vorzustellen, daß das, was wir als Einfall erleben, in der tiefsten Schicht des Unbewußten seinen Anfang nimmt, die wir als somatische Schicht, d. h. als Zell-Erlebnisschicht bezeichnet haben. Von einem unmittelbaren Erlebnis dieser Schicht kann natürlich keine Rede sein, wohl aber beginnt hier die zellulare Erregung, die in ihrer Fortpflanzung durch die darüberliegenden Schichten in Richtung des Bewußtseins schließlich in dessen unterer Teilschicht, also der des sinnlichen Wahrnehmens, als Bildeinfall erfahren wird. Auf der Wanderung des tiefenschichtigen Zellimpulses bis zur Bewußtheitsschicht bleibt dieser nicht unverändert. Er erfährt in einem außerordentlich komplizierten, aber im Denkmodell lückenlos abbildbaren, d. h. beschreibbaren Rückkoppelungsprozeß differenzierende Bereicherungen und Prägungen, die in der obersten Schicht durch die genetische Veranlagung und durch die Begriffe des jeweiligen kollektivkulturellen Weltbildes bestimmt sind. Geistesstörungen werden als Störungen der obersten Bewußtheitsschicht, also des sprachbegrifflichen Denkens und des Verhaltens er-

Heinrich Anton Müller, Mann mit Fliegen und Schlange, zwischen 1925 und 1927; Collection de l'Art brut, Lausanne

kannt. Da das kollektivkulturelle Weltbild begrifflich bestimmt ist, bedeuten Geistesstörungen Weltbildstörungen. Durch die Kollektivität seines Weltbildes wird rückkoppelnd die Gefühlsschicht des Individuums in der Weise geprägt, daß es sich in seine Umwelt einzupassen, d. h. mit ihr zu kommunizieren vermag. Eine Störung des Weltbildes bedeutet einen Mangel an Vorstellungen, die man mit seinen Mitmenschen gemeinsam hat, woraus sich zwangsläufig andere Vorstellungszusammenhänge, ein anderes Denken ergeben. Dadurch kann der Gefühlswelt nicht die mit der Umwelt verbindende Weltbildprägung zuteil werden. Das heißt, die Gefühlsschicht funktioniert nicht – sie bleibt großenteils inhaltsleer und die wenigen Inhalte sind in einer Weise geschaltet, die zwar als »Notschaltung« – wie sie in der Irrenmalerei sichtbar wird – bezeichnet werden kann, aber im »Außenanschluß« nicht funktionstüchtig ist. Über diese wenigen, grundsätzlichen Bemerkungen hinaus fehlt an dieser Stelle der Raum, um auf dieses für den Psychomechanismus des Unbewußten so ergiebige Forschungsgebiet einzugehen, das allerdings eine gründliche Psychoanalyse der vorgegenständlichen Malerei zur Voraussetzung hat, da es in psychosomatische Erlebnisschichten hineinreicht.

Diese tiefenschichtig ausgelösten Bildausbrüche Geistesgestörter können als vollständiger oder teilweiser Schichtenkurzschluß zwischen psychosomatischer und Bildschicht verstanden werden. Der dadurch bedingten, beunruhigenden Fremdartigkeit begegnen wir wieder – ebenfalls in verschiedenen Graden – in den Malereien der Entfesselten, denen es gelingt, diesen Schichtenkurzschluß nachzuvollziehen, ohne verrückt zu sein. Mit den Erfahrungen über das Bildschaffen Geisteskranker in ihrem angstvollen Bemühen um »irgendwelche« Zusammenhänge ist nun der Zugang zum Verständnis der formgleichen Entfesselten Malereien gefunden. Nun gilt es noch, die Verschiedenheiten im Erleben des Irren und des Entfesselten Malers einander gegenüberzustellen.

Genialität trotz Wahnsinn

Die Irrenbildnerei stellt uns den optischen Erlebnisniederschlag eines zertrümmerten Umweltbildes vor Augen, das der Betroffene in einer verzweifelten Beschwörungsgeste zum Zusammenhalt zu zwingen sucht. Infolge des gestörten Zusammenhangs innerhalb der Erlebnisschichten schlagen die Bindungsversuche auf die somatische Schicht durch, deren Signale, wenn überhaupt, sonst erst nach der Filterung durch die unteren Teilschichten des Bewußtseins (gegenständliche und vorgegenständliche physiognomische Schicht) erfahren werden. Der schicksalhafte Zustand des Wahnsinnigen trennt ihn durch die Fremdartigkeit seines Verhaltens von seinen in ihre Umwelt eingepaßten Mitmenschen. Wird dieses Verhalten als biologisch begründeter Ausgleichsversuch verstanden, um die Erlebnislücken für den Selbstgebrauch auszufüllen, so muß das Verhalten des Wahnsinnigen innerhalb seiner eigenen Welt als nicht weniger geordnet und sinnvoll erscheinen als das des in die kollektive Weltvorstellung Eingepaßten. Die in sich geschlossene Welt des Wahnsinns gestattet dementsprechend in gleicher Weise wie die »normale« jegliche Art von Begabungsunterschieden, wie dies beispielsweise die besonders bekannt gewordenen Maler-Irren Wölfli und Johann Hauser zeigen. Statt »Genialität und Wahnsinn berühren sich« muß es richtig gestellt heißen: »Genialität ist trotz Wahnsinn möglich«. Denn bereichsweise hohe Begabung und psychische Gestörtheit haben primär nichts miteinander zu tun. Dagegen ist es möglich, daß die Not geistiger Gestörtheit in bezug auf sein Icherlebnis im Individuum Kräfte freisetzt, die sonst nicht in Anspruch genommen worden wären, wie dies die allerorten auftauchenden Menschen zeigen, die nach einem langen Arbeitsleben im Greisenalter erstmals einen Pinsel in die Hand nehmen. Malerische Begabung dürfte indessen unter bildungs- und kulturfernen Lebensumständen auch heute noch häufig unentdeckt bleiben. Das heißt, ebenso oft wie Begabung das Individuum sozial auffällig werden läßt, kann erst Auffälligwerden den Gebrauch einer Begabung auslösen. Da Wahnsinn auffällig macht, kommt es in frühkulturellen Lebenskreisen mit ihren zwanghaften, manisch-religiösen Beziehungs-Setzungen in Verbindung mit allem Auffälligen zur Verehrung der Geistesgestörten als dem Göttlichen nahe.

Die Kriterien der Entfesselten Malerei

Aus den Erfahrungen mit den Malereien Irrer und der Dynamiksteigerung im Bildausdruck der Entfesselten sind wir nun in der Lage, folgende vier Kriterien aufzustellen, nach welchen Entfesselte Malerei im Einzelfall als mehr oder weniger geglückt eingeschätzt, also in ihrer Qualität beurteilt werden kann:

1. Große Malfläche;
2. Schneller, also grober Farbauftrag;
3. Klar gegeneinander abgehobene Formen;
4. Anordnung und Gewicht der Gestaltelemente, die nicht aus der Gefühlsschicht interpretierbar sind, also der Irrenmalerei entsprechen.

Wenn der Zusammenklang dieser vier formalen Faktoren Entfesselte Malerei ermöglicht, die mit der aufs höchste gesteigerten Maldynamik bei entsprechender innerer Einstellung die Mitsprache der Gefühlsschicht beim Bildausdruck umgeht und dadurch ihre Einfälle unmittelbar aus der chthonischen Schicht bezieht, so wäre für den Psychologen interessant zu erfahren, inwieweit sich diese Methode stufenweise und womöglich an Hand von Überlegungen entwickelt hat, oder ob sie als glückliche Findung eines Einzelnen in ihrer derzeitigen Gestalt als besonders dynamisches, figurales »Action-painting« auf großer, senkrecht stehender Malfläche in der Malerwelt aufgetaucht ist – womöglich in der Absicht, mit solcher Blitzmalerei die Mentaltechnik des surrealistischen Imperativs in vollkommener Weise, d. h. vom ersten Einfall bis zum fertigen Bild zu verwirklichen. Der zugrundeliegende Psychomechanismus erfordert eine routinierte, sorgfältige, methodische Strenge in der Durchführung, um zu bestmöglichen Ergebnissen zu gelangen.

Noch scheinen sich die Entfesselten Maler der Methode, zumindest über die für die Bildqualität entscheidenden Einzelheiten nicht bewußt zu sein. Vor allem wird bisher noch nicht das Irren-Kriterium als Maßstab und Qualitätskriterium angelegt. Nachdem diese Zusammenhänge nunmehr ausgesprochen sind, werden in unserem bewußtwerdungsbereiten, theoriefreudigen Zeitalter die Diskussionen darüber nicht mehr lange auf sich warten lassen. Daß die Entfesselten Maler einem methodischen Vorgehen durchaus gewachsen sind, darf angenommen werden, nachdem von ihnen erklärtermaßen neben dem Blitzangriff einer Fläche mit grober, »wilder« Malerei keine andere Ausdrucksform für geeignet angesehen wird, um zu gleich elementaren Ausdruckserlebnissen zu gelangen. Jedenfalls wurde von ihnen erstmals in der abendländischen Malerei der spontane Bildeinfall aus dem Unbewußten tatsächlich ohne Gefühls- bzw. Begriffsprägung auf die Malfläche gebannt.

Denn wo die Ausschaltung der Gefühlsprägung bisher, wie vor allem in der konstruktivistischen Malerei eines Mondrian oder Schlemmer versucht wurde, ist über die Begrifflichkeit am allermeisten von der arteigenen, abendländischen Kulturprägung in das Bild eingegangen.

Nach den angestellten Überlegungen dürfte es schwerer werden, stilistische Nachahmungen Entfesselter Malerei, die dem unnachahmlichen Irrenkriterium nicht standhalten, an den Sammler zu bringen. Als in diesem Sinne machwerkverdächtig sind auch Werke einzustufen, die nicht »irrenmäßig« ins Bild gehörende Merkmale an sich tragen oder sich bewußt an einen Stil anlehnen wie die »Arte cifra« Italiens an die »Pittura metafisica«. Solche Manierismen dürften folgerichtigerweise in dem Maße aus einer tatsächlich Entfesselten Malerei verschwinden, als sich diese ihrer optimalen Technik bewußt wird.

Der keimende Durchbruch

Nachdem wir uns mit dem Erlebnisknall »Entfesselte Malerei« in seinen Umrissen analytisch auseinandergestzt haben, ist es angezeigt, den solchermaßen bewußtheitserweiterten Blick erneut auf das dadurch wiederum um einiges klarer gewordene Erlebnisziel »höchstbewußte Begriffssprengung« zu richten. Wenn die kulturelle Bewußtwerdung des Abendlands dieses Ziel auch in der Entfesselten Malerei noch nicht erreicht hat, so ist doch nach langer Pause der wesentlichste Schritt seit dem Entstehen des Dadaismus-Surrealismus in diese Richtung getan. Wir erkennen nachträglich die Periode der Irgendwaskunst als Inkubationszeit zur notwendigen Steigerung des Bedürfnisdrucks, um die Entladung in der Entfesselten Malerei zu ermöglichen. Es steht zu vermuten, daß diese, ihrem Bedeutungsgewicht entsprechend, einen größeren kollektivkulturellen Einfluß über den eigentlichen Kunstbereich hinaus ausüben wird als die Irgendwaskunst, insofern damit ein Erlebnis verbunden ist, das nunmehr unübersehbar in die Richtung der Begriffssprengung nach Art des unmetaphysischen Zen zeigt.

Die kulturvorschauende Analyse der Entfesselten Malerei in ihrer derzeitigen Form einer zwar erst »halben« Begriffssprengung läßt die Entfaltung des erkenntniskritisch-psychologisch unterbauten, totalrelativen, wissenschaftlichen Weltbildes im Abendland unzweifelhaft

Peter Bömmels, Finis, 1981; Privatbesitz

erscheinen als vorletzte Bewußtseinsstufe vor dem Erlebnis einer die Gefühlsschicht umschmelzenden Begriffssprengung auf eine der abendländischen Psyche arteigene Weise.

Von diesem Blickpunkt aus erhebt sich bereits die Frage nach der Kunstform, die diesen Eintritt in die Höchstbewußtheitsstufe einleiten und sie begleiten wird. Da die Entfesselte Malerei offenbar dem Zustand gleicht, den Zen als den des keimenden Durchbruchs bezeichnet, in dem Berge keine Berge und Gewässer keine Gewässer sind, müßten anschließend an die gefühlsumschmelzende Begriffssprengung auch Kunstausdrücke zu erwarten sein, die in ihrer inneren Ausgeglichenheit wertweltäquivalent zu den Tuschemalereien des Zen sein könnten.

Noch ist es nicht so weit; kehren wir also wieder in die Gegenwart zurück. Zen spricht von den Gefahren des halben Weges, die nicht ohne meisterliche Hilfe bewältigt werden können. So wird eine selbst für die bekanntlich gruppenfreudigen Entfesselten Maler ungewöhnlich starke Verbundenheit untereinander verständlich. Sie kommt zum Ausdruck in ihrem Gemeinschaftsmalen zu zweit oder zu dritt an einem Werk.

Von höchstem psychologischen Interesse wird als Zeichen der Reife oder Unreife unserer Kultur die Antwort einer allmählich kenntnisnehmenden Umwelt sein auf die Herausforderung durch das »Maltoben« der Entfesselten. Wie werden sich Freunde und Gegner verteilen bei Kunst- und Kulturkritik und nicht zuletzt beim großen Publikum? Wird das Kulturkollektiv überhaupt wahrnehmen, was hier in Gang gekommen ist? Jedenfalls, noch ehe es sich an die Werke der Spitzenreiter der bisherigen Avantgarde auch nur einigermaßen gewöhnen konnte, gehen sie in die Kunstgeschichte ein. Schon drohen neue Schrecken. Dem Biedermann kann nichts Gutes schwanen. Die Sensationsgier der Medien wird wohl dafür sorgen, daß dem Bildungsbürger alsbald von den Entfesselten kräftig eingeheizt wird.

9. Der wachsende Stellenwert der avantgardistischen Kunst

Unsere mehr und mehr von Bild und Computer beherrschte Medienkultur veranlaßt die zunehmende Auseinandersetzung mit Kunst im allgemeinen und der modernen im besonderen. Das Interesse daran wird noch von der vermehrten Freizeit gefördert. Der wesentlichste Faktor für den wachsenden Stellenwert moderner Kunst aber ist das sich ausbreitende Gefühl, daß es sich dabei nicht um das Glasperlenspiel Verrückter oder einer versnobten Elite handelt, sondern um einen Kulturausdruck, dessen Wirkung man sich nicht einmal als Gleichgültiger oder Gegner zu entziehen vermag. Trotz aller auch weiterhin bestehenden und zum Teil unausrottbaren Mißverständnisse in Sachen avantgardistischer Kunst, nicht zuletzt durch die Verwechslung von Ursache und Wirkung, ist in der öffentlichen Stellung zur Moderne seit der Jahrhundertmitte eine merkbare Wandlung eingetreten, wie wir oben bereits festgestellt haben.

Alle derartigen, das Kollektiv betreffenden Veränderungen werfen in unserer materialistisch orientierten Zivilisation ihre Schatten an der Börse voraus. Die Kunstbörse macht davon keine Ausnahme. Auch sie beweist ihre Eigenschaft als Seismograph sich anbahnenden Geschehens, wobei sie sich natürlich wie jede Börse zuweilen irren kann. Doch hat man hier viel gelernt; denn noch zur Jahrhundertwende wurden die Erzeugnisse der damals jüngsten Generation der Avantgarde vom Kommerz überhaupt nicht wahrgenommen. Das hat sich inzwischen von Grund auf geändert. Heute wird mit geradezu wissenschaftlicher Akri-

Yves Tanguy, »Mama, Papa ist verwundet!«, 1927; The Museum of Modern Art, New York

bie nach jungen Künstlern gefahndet, die avantgardeträchtig erscheinen, um ihnen möglichst bald nach ihrem Auftreten Marktwerte zu verleihen, von denen nicht einmal der junge Picasso zu träumen wagte, obwohl schon mit fünfzehn Jahren an seiner überragenden Begabung kein Zweifel mehr bestand.

Heute kann man mit Bezug auf die avantgardistische Kunst von einer wahren Goldgräber- und Ölsuchermentalität sprechen. Sowohl, um möglichst schnell fündig zu werden, als auch, um einen Fund möglichst schnell auszuwerten, hat man Methoden entwickelt, die dem Begabten wie auch seinen zielbewußten Förderern zumindest zum materiellen Vorteil gereichen. Wohl finden sich zuweilen, wie es geniale Maler gibt, auch geniale Kunstkennernasen, die zu Idealgespannen von Erzeuger und Verwerter wie im berühmten Beispiel Picasso – Kahnweiler führen können. Doch gemäß dem in allen Lebensbereichen zunehmenden Professionalismus erfolgt die zeitgemäße Vermarktung avantgardistischer Kunst in Formen, die alle Zufälligkeiten auszuschalten suchen. Gruppen kunstwissenschaftlich Gebildeter machen nun systematisch Jagd auf junge Talente, die – wie im Fußballsport – geeignet scheinen, im Schnellverfahren gewinnschöpfend »gemacht« zu werden. Laienhafte Betrachter sind dann allzu leicht geneigt, von Scharlatanerie und Kunstschwindel zu sprechen, zumal in Anbetracht des vermehrten Bildungssnobismus des anvisierten Publikums das systematische Vorgehen immer besser funktioniert. Selbst wenn die Methode zuweilen daneben geht, bleiben dabei die Risiken für die beteiligten Fachleute, Maler, Kritiker und Galeristen gering, die Gewinnchancen jedoch beträchtlich. Wie an jeder Börse trägt den Schaden die Kulisse, das spekulativ eingestellte Käuferpublikum. Die Erfahrung lehrt, daß nur Künstler gemacht werden können, an denen »etwas dran ist«, das heißt, die in der Tat zu einer avantgardistischen Aussage in irgendeiner Form fähig sind. Diese sind weit seltener als die Vielzahl der Kunstbeflissenen zunächst vermuten läßt, wobei sich im übrigen die Gewichtigkeit der Aussage erst im weiteren Verlauf der Karriere erweist.

Neben dem materiellen Nutzen, der zweifellos für die geschickten »Spielleiter« der Kunstbörse am sichersten ist, aber auch für den gutberatenen Käufer beträchtlich sein kann, bringt dieser Kunstbetrieb auch für das große, nichtkaufende Publikum einen ideellen Gewinn, insofern seine Schockschwelle gegenüber den Ausdrücken der Avantgarde zunehmend abgebaut wird. Es ist durchaus vorstellbar, daß sich eine Kollektivhaltung entwickelt, in der solche Kunst zwar nicht von jedermann in den dahinterstehenden formalen und weltanschaulichen Elementaren Erlebnisketten begriffen, wohl aber als Speerspitze unserer Kultur allgemein anerkannt wird in ihrer unersetzlichen Bedeutung, in einem ersten Zugriff den sich erweiternden Raum des Denkmöglichen stets aufs neue bis zur jeweiligen Grenze ahnungsvoll abzutasten. Ein derartiger Prozeß allgemeiner Psychologisierung der abendländischen Kultur muß letztendlich zwangsläufig in eine Identität der Elementaren Erlebnisketten von psychologisch zentrierter Kunst und analytischer Psychologie münden. Mit diesem Ausblick auf ein künftiges Weltbild, wie es die heutige, weltbildformende Kunst der Avantgarde auf Grund der Analyse ihrer vorbegrifflichen Ausdrücke vermuten läßt, schließt sich der Kreis unserer Betrachtungen, in deren Verlauf die Bedeutung der bildenden Kunst als zentraler Lebensausdruck seit ihren frühesten Vorformen durch alle fünf unterschiedenen Bewußtseinsstufen hindurch in ihren Umrissen sichtbar wurde.

»Stirb und Werde« der Kultur – der Beginn der abendländischen Neuzeit

Auch weiterhin wird der Prozeß des »Stirb und Werde« sich nirgends mit größerer Anschaulichkeit vollziehen als in der Kunst, deren Ende die Ewiggestrigen jeder Generation wohl auch weiterhin stets aufs neue prophezeien werden. Auch beim Eintritt in eine dem Zen wertweltadäquate, abendländische Höchstbewußtheit mit einer Erweiterung des Bewußtseins bis zur äußersten physiologisch gesetzten Grenze kann der Wandel von einem avantgardistischen Kunstausdruck zum nächsten nicht zum Stillstand kommen. Denn diese Wandlungen sind Ausdruck des Pendelschwungs des Lebens. Seine vom Zeitgeist gesteuerte Richtung wird jeweils solange beibehalten, bis durch den Überdruck zukurzgekommener Bedürfnisse eine Änderung der Schwingungsrichtung erzwungen wird. Diese neue Bahn wird sich im Schaukelspiel zwischen Gefühls- oder Verstandesbetonung im herrschenden Weltbild niemals mit einer früheren zur Deckung bringen lassen. Das große Abenteuer der avantgardistischen Malerei wird mit biologischer Notwendigkeit weitergehen – auch nach dem Sprung ins Leere der Begriffssprengung, in welcher die Wurzeln der Psychomechanismen des Ich bloßgelegt werden.

Hat Freud das Unbehagen an der Kultur als Begriffszwiespalt von rationalem und metaphysischem Weltbild erkannt, so führt die folgerichtige Anwendung seiner Methode der Psychoanalyse dazu, jede Art von Begrifflichkeit als Vorstellungsdespotie zu erkennen, solange Begriffe nicht vom Menschen als selbstgeschmiedete Werkzeuge gehandhabt werden. Mit dieser Einsicht sind wir auf den Kern des kulturellen Unbehagens gestoßen. Nachträglich wird sichtbar, daß das allmählich heraufdämmernde Bedürfnis nach seiner Auflösung die aus dem Unbewußten aufsteigenden Bildvorstellungen seit Cézanne auf den Weg der modernen Malerei mit ihrer musisch ahnungsvollen Schau des jeweils kommenden Weltbildes geführt hat. Zwangsläufig spiegelt diese Kunst Not und Bedürfnisdruck der unbewußten Suche nach einem Ausweg aus dem immer fühlbarer werdenden Begriffskäfig – kein Wunder, daß der auf Ruhe und Sicherheit bedachte Biedermann sich von solch unablässiger psychischer Feuersnot in seinem kleinen Daseinsglück gestört fühlt.

Freuds Versuch, seinen Zeitgenossen klarzumachen, daß die Auflösung kulturellen Unbehagens mit der Bereinigung der Störungen im psychischen Haushalt des Individuums zu beginnen habe, hat nach mehr als einem halben Jahrhundert zu jenem Psycho-Boom geführt, dem das Wort »Begriffssprengung« nicht mehr fremd klingt. Der Abendländer hat für ein zunächst utopisch scheinendes, in diese Richtung zielendes Bemühen Ermunterung gefunden in der Begegnung mit dem Weltbild des Zen. Die darin zum Ausdruck kommende, höhere kulturelle Bewußtheitsstufe eines überdies dem Abendländer wesensfremden Kulturkreises muß zunächst zu metaphysischen Mißverständnissen führen. Trotzdem – und ebenso oft auch deswegen – kommt das Gefühl nicht mehr zur Ruhe: Hier ist etwas zu finden! Dazu tritt nun die Erkenntnis: Dieses Etwas muß auf eigene Art und Weise in bewußtheitsteigender Fortführung des eigenen, abendländischen Weltbildes gefunden werden.

In unserer Analyse wurden die inneren Antriebe psychologisch zentrierter Kunst soweit aufgehellt, daß ihre allgemeine kulturelle Bedeutung in einem neuen Licht zu sehen ist, in dem die Gewichtigkeit ihrer Aussage nur noch schwerlich geleugnet werden kann. Nun scheint es auch nicht mehr vermessen, von einem wohl nicht mehr allzufernen Ende des Mittelalters der abendländischen Kultur bzw. vom Anbruch ihrer Neuzeit mit dem Eintritt in eine arteigene Höchstbewußtheit zu sprechen. Angesichts des Unheils, das die Welt Tag für Tag erleidet auf Grund neuzeitlicher Vernichtungswaffen in Verbindung mit mittelalterlichen Wahrheitsideologien, dürfte die Elementarangst, die vor dem Sprung ins Leere zurückschrecken läßt, Sinn und Gewicht verlieren. So sei abschließend an die Mahnung eines pariser Mauerslogans aus dem wenn auch wirrköpfig, so doch ahnungsvoll bewegten Jahr 1968 erinnert: »Cours, camarade, le vieux temps est derrière toi! – Lauf, Kamerad, die alte Zeit ist hinter dir her!«

Sengai, Kreis; Privatbesitz
»Iß dies und trink eine Tasse Tee.«

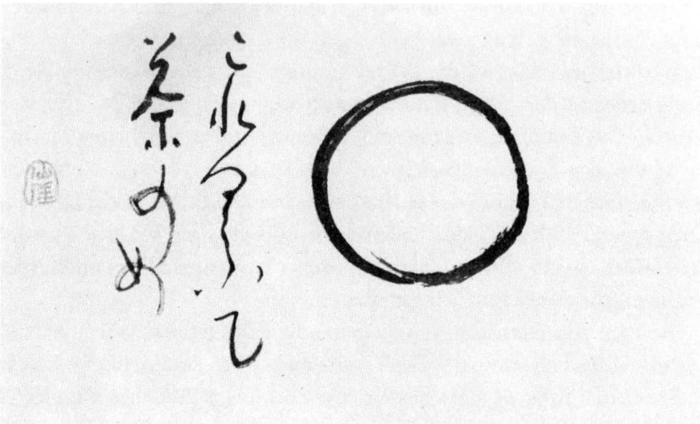

Anmerkung

Zum Begriff »Ahmung«

Unter dem Stichwort »Ahmung« beschreibt der Verfasser im Rahmen seiner psychologischen Theorie ein meist unbewußtes, jedoch ausnahmslos allen Verstehensvorgängen zugrunde liegendes Erlebnisverhalten. Wie experimental-psychologisch festgestellt, besteht es darin, daß alle Sinneseindrücke durch physische Reaktionen, darunter stets kleine muskuläre (Haltungs-)Änderungen, beantwortet werden, die freilich nicht immer so sichtbar sind, wie in dem folgenden Beispiel: Wer Betrachter eines ausdrucksstarken Kunstwerkes aufmerksam beobachtet, z. B. Besucher des Isenheimer Altars von Grünewald, kann feststellen, wie der Anblick des gekrümmten Schmerzensmannes unwillkürlich zur mehr oder minder starken, gleichsinnigen Hebung der Schulter, Neigung des Kopfes usw., also zur *Ahmung* des Geschauten mittels des eigenen Leibes führt.

Erst wo die unbewußte oder bewußte Aufmerksamkeitszuwendung zur Ahmung führt, treten Wahrnehmungen und Verstehen ein. – Ebenso zwangsläufig lösen umgekehrt Körperhaltungen psychische Stimmungen aus. Aus diesem Wirkungszusammenhang sind z. B. tänzerische und sonstige kultische Haltungen hervorgegangen. Besonders bekannt hierfür sind etwa die Yoga-Haltungen oder die in gleicher Richtung liegende, dem Abendländer unmittelbar zugängliche Wirkung des Autogenen Trainings, das mit seiner ebenfalls auf fernöstlichen Methoden fußenden Technik der aktiven Muskel- und Gefäßentspannung den leib-seelischen Zustand des Individuums beeinflußt, sei es zur Behandlung von Hochdruckleiden und anderen körperlichen Verkrampfungszuständen, sei es von sogenannten »rein« psychischen Spannungszuständen (die es bekanntlich gar nicht gibt).

Auf den allgemeinsten Nenner gebracht, führen die Erfahrungen des Ahmungsverhaltens zu der alten, wenn auch immer wieder vergessenen Erkenntnis: Kein psychisches Erlebnis ohne körperliches Parallelgeschehen – kein körperliches Erlebnis ohne psychische Parallele.

Abbildungsnachweis

Willi Baumeister, Abb. S. 69, 221 © Felicitas Karg; Peter Bömmels, Abb. S. 269 © Peter Bömmels und Galerie Maenz, Köln; Ingeborg Büttner, Abb. S. 37 © Conzett und Huber, Zürich; Marc Chagall, Abb. S. 77, 96 © 1982 by A.D.A.G.P., Paris und Cosmopress, Genf; Giorgio de Chirico, Abb. S. 201, 239 © SIAE, Rom / VG Bildkunst, Bonn; Walter Dahn/Jiri Dokoupil, Abb. S. 263 © Dahn/Dokoupil und Galerie Maenz, Köln; Salvador Dali, Abb. S. 59, 84, 176 © SPADEM, Paris / VG Bildkunst, Bonn; Albrecht Dürer, Abb. S. 197 mit freundlicher Genehmigung des Kupferstichkabinetts, Berlin; Max Ernst, Abb. S. 81, 94, 188 © SPADEM, Paris / VG Bildkunst, Bonn; Mathias Grünewald, Abb. S. 196 mit freundlicher Genehmigung des Museé Unterlinden, Colmar; Johann Hauser, Abb. S. 257 © Collection de l'Art brut, Lausanne; Paul Klee (Landschaft mit dem Vogel Ypsilon, 22. Farbige Zeichnung mit breitem Pinsel, 14×23 cm; Schwebendes vor dem Anstieg, Ölfarbe, secco, Leinwand auf Keilrahmen, 84×84 cm; Der Kleine hat Ausgang, Schwarze Kleisterfarbe, 48×33 cm; Ach, aber Ach!, Schwarze Wasserfarbe mit Kleister, 28×18 cm; Schwarzer Fürst (Prinz), Öl auf Leinwand in weißer Tempera untermalt, über Holz geklebt), Abb. S. 46, 75, 120, 208, 229 © 1982, Cosmopress, Genf; Gerard Kever, Abb. S. 252 © Gerard Kever und Galerie Maenz, Köln; Li-te-Sion, Abb. S. 247 © Conzett und Huber, Zürich; René Magritte, Abb. S. 61, 87, 102, 122, 155, 170 © 1982 by A.D.A.G.P., Paris und Cosmopress, Genf; Piet Mondrian, Abb. S. 40, 69, 176 © Beeldrecht, Amsterdam / VG Bildkunst, Bonn; Henry Moore, Abb. S. 216, 226 © Henry Moore; Heinrich Anton Müller, Abb. S. 264 © Collection de l'Art brut, Lausanne; Pablo Picasso, Frontispiz, Abb. S. 19, 38, 44, 206, 214 © SPADEM, Paris / VG Bildkunst, Bonn; Jackson Pollock, Abb. S. 31, 51 © Paul Facchetti, Paris; Henry Rousseau, Abb. S. 192 mit freundlicher Genehmigung des Kunstmuseums Basel; Curt Stenvert, Abb. S. 55 © Curt Stenvert; Yves Tanguy, Schutzumschlag und Abb. S. 271 © SPADEM, Paris / VG Bildkunst, Bonn; Jean Tinguely, Abb. S. 25 © Jean Tinguely; Vincent van Gogh, Abb. S. 43, 202 mit freundlicher Genehmigung des Museum Kröller-Mueller, Otterlo.

Literaturhinweise

Arnheim, R., Art and Visual Perception – a psychology of the creative eye. 1954 and 1960 by the Regents of the University of California, Berkeley and Los Angeles; deutsch: Kunst und Sehen. Berlin 1964
Toward a Psychology of Art. Collected Essays. Berkeley and Los Angeles 1966

Bally, G., Einführung in die Psychoanalyse Sigmund Freuds. rde 131/132, Reinbek 1961 (mit Freud-Werkverzeichnis und Literaturhinweisen)

Chu-Ch'an (J. Blofeld), Die Zen-Lehre des chinesischen Meisters Huang Po. Weilheim/Obb. 1960

Dada, Ausstellung zum 50jährigen Jubiläum. Katalog Kunsthaus Zürich, Musée National d'Art Moderne, Paris 1967 (mit Chronologie und Biographien)

Dilthey, W., Ideen über eine beschreibende und zergliedernde Psychologie. 1894

Dittmann, L., Stil, Symbol, Struktur. München 1967

Dumoulin, H., Das Wu-men-kuan oder 'Der Pass ohne Tor'. Monumenta Serica VII 1951
Zen, Geschichte und Gestalt. Bern 1959

Dumoulin, H., und R. Fuller-Sasaki, The Development of Chinese Zen after the Sixth Patriarch. New York 1953

Ehrenstein, W., Probleme der ganzheitspsychologischen Wahrnehmungslehre. 3. Aufl. Leipzig 1954

Eysenck, H. J., The Structure of Human Personality. 2. Aufl. London/New York 1960

Freud, S., siehe Bally, Marcuse, Wyss

Gendlin, Eugen T., Focusing. 1981

Gruhle, H., Verstehende Psychologie. Stuttgart 1948

Gundert, W., Japanische Religionsgeschichte. Stuttgart 1943

Hauser, A., Psychoanalyse und Kunst. In: A. H., Philosophie der Kunstgeschichte. München 1958

Herigel, E., Zen in der Kunst des Bogenschießens. München/Planegg 1951

Huelsenbeck, R., Dada. Eine literarische Dokumentation. Reinbek 1964

Humphreys, Ch., Zen-Buddhismus. München/Planegg 1951
Jacobi, J., Die Psychologie von C. G. Jung. 3. Aufl. Zürich 1949
Jaensch, E. R., Über den Aufbau der Wahrnehmungszeit. Leipzig 1923
Jung, C. G., Wandlungen und Symbole der Libido. Jb. f. psychoanalyt. u. psychol. Forschungen II, III 1911–1912, jetzt: Symbole der Wandlung. Zürich 1952
Psychologische Typen. Zürich 1920, 8. Aufl. 1950
Wirklichkeit der Seele. Zürich 1947
Die Symbolik des Geistes. Zürich 1948
Aion, Untersuchungen zur Symbolgeschichte. Zürich 1951
Kammerer, P., Das Gesetz der Serie. Stuttgart 1919 (über den Zufall)
Kemper, W., Der Traum und seine Be-Deutung. rde 4, Hamburg 1955
Kiel, N., Psychiatry and Psychology in the Visual Arts and Aesthetics, a Bibliography. Wisconsin 1965
Köhler, W., Gestalt Psychology. New York 1929, 2. Aufl. 1947
Koffka, K., Zur Analyse der Vorstellungen und ihrer Gesetze. Leipzig 1912
Principles of Gestalt Psychology. New York 1935
Kretschmer, E., Körperbau und Charakter. 20. Aufl. 1951
Kris, E., Psychoanalytic Explorations in Art. London 1953
Lebel, R., Marcel Duchamp. Mit Texten von André Breton und H. P. Roché. Köln, 1962 (mit Bibliographie); Originalausg. Paris 1959
Lersch, Ph., Aufbau der Person. 8. Aufl. 1962
Lipps, Th., Ästhetik, Psychologie des Schönen und der Kunst. Hamburg und Leipzig 1903
Metzger, W., Psychologie. 2. Aufl. Darmstadt 1954
Die Gesetze des Sehens. 2. Aufl. Frankfurt/M. 1953
Müller-Freienfels, R., Psychologie und Kunst. Eine Darstellung der Grundzüge. 2 Bde. Leipzig und Berlin 1912, 3 Bde. 1922, 1923, 1938
Nadeau, M., Histoire du Surréalisme. Paris 1945, Neuaufl. 1964, deutsch rde 240/241, Reinbek 1965 (mit umfangreicher Bibliographie)
Navratil, Leo, a + b leuchten im Klee
Gespräche mit Schizophrenen
Johann Hauser. Kunst aus Manie und Depression
Oelrich, W., Geisteswissenschaftliche Psychologie und Bildung des Menschen. Stuttgart 1950
Petermann, B., Die Wertheimer – Koffka – Köhlersche Gestalttheorie

und das Gestaltproblem, systematisch und kritisch dargestellt. Leipzig 1929
Prinzhorn, Hans, Bildnereien der Geisteskranken
Richter, H., Dada – Kunst und Antikunst. Köln 1964 (mit umfangreicher Bibliographie)
Roh, Juliane, Abstrakte Bilder der Natur. München 1960
Rohracher, H., Kleine Charakterkunde, 9. Aufl. Wien/Innsbruck 1961
Rohrschach, H., Psychodiagnostik. Bern und Berlin 1921, 7. Aufl. Bern 1954
Russel, J., Max Ernst – Leben und Werk. Köln 1966
Sander, F., u. H. Volkelt, Ganzheitspsychologie, Ergebnisse, Anwendungen. München 1962
Seckel, D., Buddhistische Kunst Ostasiens. Stuttgart 1957
Sterzinger, O. H., Grundlinien der Kunstpsychologie. Wien, Graz, Leipzig 1939
Straus, E., Vom Sinn der Sinne, 2. Aufl. Berlin/Göttingen/Heidelberg 1956
Suzuki, D. T., A Manual of Zen Buddhism. Kyoto 1935, London 1950
Die große Befreiung. Einführung in den Zen-Buddhismus. Leipzig 1939
Zen und die Kultur Japans. Stuttgart, Berlin 1941; rde 66, Hamburg 1958 (mit Literaturhinweisen)
Taubes, J., Noten zum Surrealismus. In: Poetik und Hermeneutik II; Immanente Ästhetik, Ästhetische Reflexion. München 1966
Verkauf, W., 'DADA', Monographie einer Bewegung. Teufen 2. Aufl. 1961
Waldberg, P., Der Surrealismus. Köln 1965 (mit Bibliographie)
Weinhandl, F., Die Gestaltanalyse. 1927
Wertheimer, M., Drei Abhandlungen zur Gestalttheorie. 1925
Laws of organization in perceptual forms. In: A Sourcebook of Gestalt Psychology, ed. W. D. Ellis, New York 1939
Winkler, W., Psychologie der modernen Kunst. Tübingen 1949
Wissmann, J., Collagen oder die Integration von Realität im Kunstwerk, In: Poetik und Hermeneutik II; Immanente Ästhetik, Ästhetische Reflexion. München 1966
Wyss, D., Die tiefenpsychologischen Schulen von den Anfängen bis zur Gegenwart. 1961

Sachregister

Personenregister

DuMont Taschenbücher

Stand Herbst '82

2 Janson, Malerei unserer Welt
3 Macke, Die Tunisreise
4 Schneede, Magritte
6 Thomas, DuMont's kleines Sachwörterbuch zur Kunst des 20. Jahrhunderts
7 Albrecht, Farbe als Sprache
8 Geelhaar, Klee
12 Pierre, DuMont's kleines Lexikon des Surrealismus
13 Muller, DuMont's kleines Lexikon des Expressionismus
14 Jensen, C. D. Friedrich
15 Klein, DuMont's kleines Sachwörterbuch der Drucktechnik und grafischen Kunst
18 Richter, Geschichte der Malerei im 20. Jahrhundert
22 Brückner, Elfenreigen – Hochzeitstraum
23 Keller, Chagall
25 Sterner, Jugendstil
26 Jensen, Spitzweg
27 Bihalji-Merin, Die Malerei der Naiven
29 Stützer, Die Etrusker und ihre Welt
30 Pawlik, Malen lernen
31 Selz, DuMont's kleines Lexikon des Impressionismus
32 Schneede, Grosz
33 Panofsky, Sinn und Deutung in der bildenden Kunst
35 van Uitert, van Gogh
38 Tetzlaff, Romanische Kapitelle in Frankreich
39 Elffers, TANGRAM
40 Pach, Renoir
41 Petzet, Vogeler – Zeichnungen
43 Krons, Gestalten mit Papier
44 Baumgart, DuMont's kleines Sachlexikon der Architektur
45 Jensen, Ph. O. Runge
47 Vogt, Der Blaue Reiter
48 Hofstätter, Beardsley
50 Fiedler, Schriften über Kunst
52 Krichbaum / Zondergeld, DuMont's kleines Lexikon der Phantastischen Malerei
54 Thomas / de Vries, DuMont's Künstler-Lexikon von 1945 bis zur Gegenwart
55 Schreiner, Kreatives Arbeiten mit Textilien
56 Tetzlaff, Romanische Portale in Frankreich
57 Adriani, Toulouse-Lautrec und das Paris um 1900
58 Schöttle, DuMont's Lexikon der Fotografie
59 Munsterberg, Zen-Kunst
60 Hofstätter, Moreau
61 Schuster / Beisl, Kunst-Psychologie
63 Neuhaus, Werken mit Ton
65 Küppers, Das Grundgesetz der Farbenlehre
66 Loyd / Gardner, Mathematische Rätsel und Spiele
67 Baumgart, »Blumen-Brueghel«
68 Krichbaum, Altdorfer
69 Burger, Norwegische Stabkirchen
70 Gombrich, Kunst und Fortschritt
71 Pierre, DuMont's kleines Lexikon der Pop Art
72 Schuyt / Elffers / Ferger, Rudolf Steiner und seine Architektur
73 Sterner, Barcelona: Antoni Gaudi
74 Kleßmann, Die deutsche Romantik
75 Sandtner, Stoffmalerei und Stoffdruck
76 Spies, Max Ernst 1950–1970

77 Hainke, Siebdruck
78 Rüdiger, Die gotische Kathedrale
79 Kallir, Grandma Moses
80 Wick/Wick-Kmoch, Kunst-Soziologie
81 Fischer, Erotik und Askese in Kult und Kunst der Inder
83 Kaemmerling, Bildende Kunst als Zeichensystem I
84 Leber, Plastisches Gestalten
85 Loyd/Gardner, Noch mehr Mathematische Rätsel und Spiele
86 Arnheim, Entropie und Kunst
87 Giffhorn, Kritik der Kunstpädagogik
88 Walters/Sterner, Jugendstil-Graphik
89 Tetzlaff, Griechische Vasenbilder
90 Grassi, Die Theorie des Schönen in der Antike
91 Leber, Aquarellieren lernen
93 Elffers/Schuyt, Das Hexenspiel
94 Schreiner, Puppen & Theater
95 Henning, Japanische Gartenkunst
96 Vierhuff, Die Neue Sachlichkeit
97 Thomas, Die Malerei in der DDR 1949–1979
98 Clausberg, Kosmische Visionen
99 Fischer, Wasserburgen im Münsterland
100 Schulz, Der olle Hansen und seine Stimmungen
101 Freier, Fotografieren lernen – Sehen lernen
102 Vogel-Köhn, Rembrandts Kinderzeichnungen
103 Badt, Die Farbenlehre van Goghs
104 Hansmann, Die Apokalypse von Angers
105 Foerster, Das Barock-Schloß
106 Gardner, Mathematik und Magie
107 Elffers/Schuyt/Leeman, Anamorphosen
108 Adriani/Konnertz/Thomas, Joseph Beuys
109 Fischer, Hanse-Städte
110 Spitzing, Das indonesische Schattenspiel
111 Presler, L'Art Brut
112 Adrion, Die Kunst zu zaubern
113 Bialostocki, Stil und Ikonographie
114 Schulz, Der Kuckuck und der Esel
115 Hofmann, Ton
116 Champion, DuMont's Lexikon archäologischer Fachbegriffe und Techniken
117 Assunto, Die Theorie des Schönen im Mittelalter
118 Polin/Rain, Wie man besser flippert
119 Petsch, Geschichte des Auto-Design
120 Grünebaum, Buntpapier
121 Berger, Malerinnen auf dem Weg ins 20. Jahrhundert
122 Schmidt-Brümmer, Wandmalerei
123 Winzer, DuMont's Lexikon der Möbelkunde

Im September 1982 erscheinen:

124 Dohmen, Die Lithographie
125 Vielmuth/Kandorfer, Fachwort-Lexikon Film · Fernsehen · Video
126 Kellerer, Der Sprung ins Leere
127 Schulz, Rapunzel

Im Januar 1983 erscheinen:

128 Bro, Zeichnen lernen
129 Koch-Hillebrecht, Die moderne Kunst
130 Gruber/Vedder, DuMont's Handbuch der Video-Praxis